JN117809

Satchmo's Spirit Lives on Forever

Louis Armstrong

ルイ・アームストロング

外山 喜雄 Toyama Yoshio
外山 恵子 Toyama Keiko

生誕120年 没50年に捧ぐ

ルイが少年院ウェイフス・ホームで初めて手にしたコルネット
Courtesy of the New Orleans Jazz Museum

冬青社

Contents　目次

はじめに
—ルイ・アームストロング・ニューオリンズ国際空港—

　20世紀のアメリカを代表する音楽ジャズ。サッチモの愛称で親しまれたルイ・アームストロングは、アメリカが生んだジャズを代表する"ジャズの王様"と呼ばれていた。1901年8月4日ニューオリンズに生まれ、1971年7月6日ニューヨークで死去。2021年は、この世界の"ジャズ王"の生誕から120年、そしてまた没後50年の年にもあたる。

　サッチモの誕生から100年目にあたった2001年8月、彼の故郷ニューオリンズで素晴らしい出来事が起こった。ニューオリンズ国際空港の名前が「ルイ・アームストロング・ニューオリンズ国際空港」と改名されたのだ！
　サッチモがまだ17歳の青年だった1918年、彼は街一番のバンドだったキッド・オリーのバンドに迎えられ、プロとしてスタートを切った。キッド・オリーは世界で最初にジャズを吹いた先駆者の一人で、ジャズ・トロンボーンの開祖だ。2001年当時の市長は黒人のマーク・モリアル氏で、彼はキッド・オリーの甥にあたり、根強かった多くの反対を押し切り、サッチモ空港命名の快挙を成し遂げた。

　1931年、北部で人気者となったルイが10年ぶりに里帰りした際、現在の空港からほど近い地域にあった白人専用クラブ「サバーバン・ガーデン」に出演、ラジオの実況放送でも演奏した。白人のアナウンサーは困惑し、迷った挙句「皆さん、私は"ニガー"の紹介は出来ません！！」と拒否、サッチモは自分でマイクを握ったという。それから70年、まだ人名のついた空港がニューヨーク・ケネディー空港とワシントン・ダレス空港くらいと珍しかった時代、ましてや'黒人の名前'のついた「サッチモ空港＝ルイ・アームストロング・ニューオリンズ国際空港」誕生は画期的な出来事だった。2003年、白人黒人二人の元市長の名前がついたアトランタ空港、だいぶ遅れて2019年ケンタッキー州ルイビルの空港がモハメド・アリ空港となったが、アメリカで黒人名のついた国際空港は、今でもこの3か所位かもしれない。

Part 1 ♪

ルイ・アームストロングの素晴らしき世界

Courtesy of the New Orleans Jazz Museum

Chapter 1　ボーイ・フロム・ニューオリンズ

ニューオリンズの少年

　ルイ・アームストロングは、1901 年ニューオリンズの貧民街に生まれ、11 歳で銃を発砲し少年院送りとなった。そこでコルネット（トランペットに似た楽器）と出会い、後にアメリカを代表する音楽家の一人に成長する。6、7 歳で早朝は馬車に乗り廃品回収や新聞配達、夜は石炭売りの手伝いをして母と妹との家族を助けた。小学校は 5 年生までしか行っていない。

　ジャズを生んだ街ニューオリンズの豊かな音楽の伝統に囲まれた'チビのルイ（リトル・ルイ）'。彼は常に明るく歌を歌い、手製の楽器を鳴らし、楽しく元気いっぱいの子供。不遇の環境にも拘わらず、信じられないほどの分別と常識、そして知恵と才能を持った人間に育った。小さくて真っ黒な顔に白い大きな目玉、口も大きく、開けるとまるで'柄杓（ひしゃく）'や'がま口'のよう…そこから、ディッパー（ひしゃく）やディッパーマウス、サッチェル（車掌さんのがま口）・マウスというあだ名がつき、後に "サッチモ" と呼ばれるようになる。

　世界中の人々に愛されたジャズの王様'サッチモ'の口癖は、「ボロを着た乞食だって、法王様だって、優しいハートを持っていれば皆わしの友達さ！」…生まれ育った "夜の街" の安酒場でルイのブルースに目がなかった'売春婦'たちから、イギリス国王、ローマ法王まで、だれにでも心からの音楽を吹いて捧げ世界に親しまれた。

　1964 年、「ハロー・ドーリー」という生涯最大のヒットが生まれ、世界ツアーでスケジュールが埋まった。そして次第に長年のオーバーワークから病気がちとなっていった。寿命を感じ始めていたのか、ルイは亡くなる 1 年前の 1970 年、70 歳の誕生日を記念してある曲を録音した。（実は、後に誕生日が間違っていたことがわかり、当時は 68 歳だったのだが…）それは、有名な「聖者の行進」のメロディーに乗せて一生を振り返った「ニューオリンズの少年（ボーイ・フロム・ニューオリンズ）」という曲だった。亡くなるほんの 5 か月前、1971 年 2 月 10 日テレビに出演、この曲を歌う心温まるサッチモの "遺作に近い映像" が残っている。彼は入院の合間をぬってテレビやライブの出演を続けていたのだ。体力が落ちる中でも、彼の口癖は「私を待っているファンを、がっかりさせることはできない」だった。

この曲でルイは、スローなゴスペル調の伴奏に乗せ、貧民街 'ジェーン横丁' に生まれ、ジャズを各地に広め、後に世界を廻る音楽大使となるまでの自分の一生を振り返り、心を込め語りかけるかのように歌っている。

　曲のエンディングでリズムがストップし、ポーズが入ると…彼は、天を向いてゆっくり、こう語りかけた。

　　　　そう、最後に皆さん、私がはるばる来た道は
　　　　本当に素晴らしく楽しいことばかりでした。
　オー・ロード。神様、心から感謝します。そして、皆さん、本当にありがとう。
　　　　皆さんは、この 'サッチモ爺さん' にとても親切でした。
　この年をとった、ニューオリンズ生まれの 'グッド・ルッキングな少年' にね！

　ルイはこのテレビ出演で、神へ深い感謝と世界の人々へのお礼の言葉を、遺言として残したかったに違いない。歌の中でルイは、自分の誕生日を 1900 年 7 月 4 日 (アメリカ独立記念日) と歌っている。彼の死後この誕生日が間違っていたことが分かったが、それについては、また後で述べたいと思う。

Boy from New Orleans　ニューオリンズの少年
〜サッチモの一生の物語〜　　　　　　(訳：外山恵子)

♪♪♪私が生まれたのは　その昔　1900 年 7 月 4 日
それは裏街のジェーン横丁
ニューオリンズ生まれの一人の少年のお話

5 歳くらいのころだったか…偉大なジャズ王キング・オリバーが
ニューオリンズ・ジャズを吹くのを私が聞いたのは
それは　私がよく通ったランパート通りでだった

今になってわかるんだ
なぜ私がこのラッパでジャズを吹くために生まれてきたかが

それは故郷の人々に　ニューオリンズ生まれのルイを
誇りに思ってほしかったのだと

私は　大きくなってバンドに入った
そして国中いたるところで　美しい音色で演奏したのさ
ビールストリートからセントルイスまで　ニューオリンズのジャズを吹いて

決して忘れることのできない想い出
それは　街中の安酒場やキャバレーでブルースを演奏した想い出
そしてニューオリンズのジャズは　どう演奏しようと自由がいっぱいだったのさ

ハリウッドでは　友達ビング（クロスビー）や
ミセス・グレース（ケリー）と肩を並べたんだ
そうさ　皆さんの'サッチモ爺さん'は絶好調だった
ニューオリンズ出の大スターさ！

そしてヨーロッパからもお呼びがきて　出かけたんだ
色々な大陸をまたにかけて　ジャズを吹いて
だから私は"ジャズ大使"と呼ばれるようになったんだ
ニューオリンズのジャズをスウィングしてね

♪そう　最後に皆さん……私がはるばる来た道は
ほんとうにすばらしく　楽しいことばかりでした
神さま　心から感謝します　そして　皆さん本当にありがとう
皆さんは　この'サッチモ爺さん'にとても親切でした
この年をとった　ニューオリンズ生まれの
'グッド・ルッキングな少年'にね！　ハハハ（笑）♪

Boy from New Orleans　作詞作曲 (Roberts, Katz, Thiele)

When I was born, long ago, July 4th 1900

It was Back o'Town in Jane alley

A boy from New Orleans

When I was only five or so

Down Rampart Street, I used to go

That's when I heard the great King Oliver

Blowing Jazz in New Orleans

Now I know why I was born to blow Jazz on this old horn

I wanted the neighborhood to be proud of their Louis

A boy in New Orleans

And as I grew up I joined the band

Blowing all those beautiful sounds all round the land

We started from Beal Street to St Louis

Blowing Jazz from New Orleans

I have some memories I will never forget

Blowing the blues in the Honkytonk and cabaret

And there was no prohibition

On that Jazz in New Orleans

And in Hollywood, I took my place

with my friend Bing and Mrs. Grace

Yes Old Satchmo was really swingin'

A Star from New Orleans

Now Europe called and off I went

Blowing Jazz all over the continent

That's when they named me Jazz Ambassador

Swingin' Jazz from New Orleans

Now folks all through the years

Yes I really've had a ball

Oh thank you Lord

And I want to thank you all

You were very kind to old Satchmo

Yes! Good looking boy! Hahahaha

This Ol' Boy from New Orleans

王様がこの世を去った日

　ルイ・アームストロングがニューヨーク郊外コロナの自宅で息を引き取ったのは、1971年7月6日のことだ。その年の3月、ルイはニューヨークのウォルドルフ・アストリア・ホテルで約2週間の出演をし、その直後心臓発作にみまわれた。一時は集中治療室に入るほどだったが5月初めに退院、7月に入りルイはマネージャーに電話しバンド・リハーサルの予定を組むよう希望を伝えていたという。しかし突然、7月6日の朝5時半、彼は自宅で眠ったまま息を引き取った。享年69歳、あまりにも早い王様の死だった。

　王様がこの世を去った日、私達は5年間のジャズ武者修行中だったニューオリンズで、その悲しい報にふれた。ニュースが伝わると"サッチモの故郷"ニューオリンズは街中が悲しみに沈み、テレビは1日中街が生んだヒーローの偉大な生涯を伝え続けた。ルイ・アームストロングの葬儀は、7月9日金曜日、自宅のあったニューヨーク市クイーンズ区コロナの教会でおこなわれ、ディジー・ガレスピー、エラ・フィッツジェラルドほか多くのジャズメンが参列した。ニューオリンズ式のジャズ葬式"はなかったが、歌手のペギー・リーが「主の祈り」を、アル・ヒブラーが「誰

も知らない私の悩み」と「聖者の行進」をサッチモに捧げて歌った。葬儀の前日
には、サッチモの死を悼む多くの一般の人々が参列できるよう、マンハッタンにも
別の追悼会場が用意された。NY アッパーイーストサイドにあるパークアベニュー・
アーモリー（旧第 7 連隊武器庫）の大ホールにルイの遺体が安置され、25000 人
を超える人々がお別れに訪れたという。

サッチモの精神は永遠に（Satchmo's Spirit Lives on Forever）

　ニューヨークでの葬儀の翌日、7 月 10 日土曜日、ニューオリンズに住んでいた私
たちは、ルイの故郷伝統のジャズ葬式が、地元の黒人の人々の間から自然に盛り
上がっていく素敵な光景を目撃した。故郷が生んだ英雄、サッチモのためにニュー
オリンズの黒人青年たちが立ち上がったのだ。

　現在、サッチモの銅像が立つルイ・アームストロング公園は、その昔黒人奴隷が
集まりアフリカのダンスをしたと伝わる旧コンゴー・スクエア広場の跡だ。その裏側
「トレメ」という黒人地区にあるブランデン葬儀社が、"ジャズ葬式"の出発場所と
なった。サッチモの少年時代、彼のまわりに大勢いた様なタフな街のタフな黒人
たちが、手に手にプラカードを持ち、口々に偉大な街の英雄を讃えその死を悲しん
だ。葬儀社の前にはトランペットをかたどった花輪が飾られ、入り口は人々が持
ちよった花で埋めつくされていた。

　オリンピア・ブラスバンド、オンワード、タキシード、子供のバンドのフェアビュー
…いくつものジャズのブラスバンドが集まり演奏を始め、讃美歌「主の御許近く歩
まん」の悲しい響きが流れる中、黒い大群衆は、バンドと共に霊柩車を先頭に行

サッチモの精神は永遠に

「Satchmo's Spirit Lives On Forever」　撮影：外山喜雄

進を始めた。それは、王様のための"本物のジャズ葬式"そのままの光景だった。ニューヨークで埋葬されていたサッチモも、きっと、この故郷でのジャズ葬式に目を見張った事だろう！　パレードの前を行く黒人青年たちの掲げるプラカードに

〔サッチモの精神は永遠に (SATCHMO'S SPIRIT LIVES ON FOREVER)〕

とあったのを忘れることができない。（前ページ写真）

　ニューオリンズ市主催の追悼セレモニーは、翌7月11日、日曜日に市役所前広場で開催された。市役所の施設が立ちならぶシビック・センターは、1950年代の区画整理で真っ先に取り壊されたスラム街の跡だ。サッチモ少年の家もこの広場の目の前に当たる場所だった。この日も、パレードはルイ・アームストロング公園から、若き日のサッチモが演奏した赤線地帯のあったベイズン・ストリートを抜け、パレードの終点にあたる市役所へと向かった。

　この日、市役所前広場に集まった群衆は、市の予想をはるかに超える2万人。事故を恐れた市当局が式典を短めに変更したのを覚えている。ニューオリンズ・ジャズ博物館に展示されていた、サッチモが少年時代初めて少年院で手にしたコルネットがこの日のために用意され、ウィントン・マルサリスを育てた黒人トランペッターのテディー・ライリーが、市役所の窓から悲しみをこめてこの楽器で葬送の曲「タップス」を演奏した。サッチモの長く偉大なキャリアをスタートさせた、この記念すべき楽器の哀愁を帯びた音色は、静かに黙祷を捧げる黒い大群衆の頭上を越え、まるで彼の魂が故郷へ帰ってきたかのように、サッチモが少年時代を過ごしたスラム街パーディド通りのほうへと漂っていった。

　あのとき、〔サッチモの精神は永遠に〕というプラカードを掲げていた若者たちの言葉は正しかった。サッチモの死後50年、サッチモの不滅の音楽とニューオリンズのハートは、世界のまったく新しい世代の若者たちの心に感動を沸き起こし続けている。

100年前　スペイン風邪に勝ったジャズ

　ジャズは、120年ほど前にニューオリンズで生まれた音楽だ。アフリカから連れてこられた黒人奴隷のリズムやブルージーな感覚が、白人がヨーロッパから持っ

てきた洗練された音楽と出会い、新しい'スイングする'音楽、ジャズの原型が生まれた。1917年には、そうした黒人音楽にヒントを得た白人バンド、オリジナル・デキシー・ジャス・バンド（ODJB）の初ジャズ・レコードが大ヒットし、当時JASSと呼ばれた新音楽は世界に広がり始めた。

　この、世界初のジャズ・レコードが発売された翌年1918年は、"スペイン風邪"の大流行が始まった年だ。その同じ年、ジャズの故郷ニューオリンズで一人の黒人青年が活躍を始めた。ジャズの感覚そのものを洗練させ世界中に広めた大天才、若き日のルイ・アームストロングだ！ルイの師匠で"ジャズ王"と呼ばれていたキング・オリバーが、街一番のバンドだったキッド・オリーのバンドをやめて1918年シカゴへ行き、その後釜に抜擢されたのが当時若干17歳のサッチモだった。

　後に述べるように、ジャズの楽しさは、苦しみを味わった黒人たちがその苦難から解放された〈歓喜の叫び〉を音楽に込めたところから生まれている。その楽しいスイング感はあっと言う間に世界を虜にし、スペイン風邪に勝る"感染力"を発揮した。世界が疫病から解放された1920年代には〈ジャズの時代〉が到来、スペイン風邪は数年で消えて行ったが、サッチモとニューオリンズが生んだジャズは、今も世界に〈蔓延〉している。

世界はジャズにも"感染!!"

　3年にわたったパンデミックの後、1920年代は"ジャズ・エイジ"と呼ばれ、音楽のみならず、あらゆる文化、芸術、生活の在り方までが〈ジャズ化〉した…そんな時代が世界のあちこちに到来している。フランスにおけるジャズ史に詳しい作家宇田川悟さんはこう話している。

　「ジャズがフランスに伝来したのは第1次大戦末期なんですね。本国から戦争のために派兵された黒人兵士がブラスバンドを組んで、フランスを練り歩いた。特にアメリカ文化に惹かれる知識階層が、この奇妙で斬新な音楽に強い関心を抱きました。彼らにとってベートーヴェンからはじまるクラシック音楽が、ワーグナーとマーラーによって最終形態に到達するという、まさにその段階に新大陸からやって来たジャズという音楽を初めて聴いて、度肝を抜かれたんです。彼らは心底、この音楽はいったい何だろう、西洋音楽とはまったく異なる革命的な音楽などと

驚嘆しました。そして、こうした驚愕の音楽にフランスのクラシック作曲家は果敢に立ち向かい、自身の作曲技法にジャズのリズムを採り入れた。つまり、20世紀前半に活躍したクロード・ドビュッシー、エリック・サティ、モーリス・ラヴェルや、ダリウス・ミヨーらのフランス'六人組'、さらに亡命ロシア人のイーゴリ・ストラヴィンスキーなどがジャズの技法を積極的に採用し、革新的な作曲をしたわけです。時あたかも史上最大のバブル景気に湧いていて、"ジャズ・エイジ"とも"レ・ザネ・フォル（狂気の20年代）"とも呼ばれるゴールデン・エイジに、ジャズは芸術の王道を歩みました。その頃に、国内外の芸術家（アーネスト・ヘミングウェイやスコット・フィッツジェラルドらのロスト・ジェネレーションたちもパリに滞在していた）が花の都パリを舞台に華やかに活躍していて、彼らの話題の中心にジャズが存在していたのです」

　こうしたヨーロッパの"驚き"はそのままアメリカに逆輸入され、ジャズブームの広がりを加速させた。セレブな白人社会がハーレムやスラム街に出入りする"スラミング"という単語ができたり、差別感を持ちながらも黒人的なものにカッコよさを感じる、そんな時代のはしりだったのかもしれない。こうした変革の時代が"疫病"の大きな恐怖の後に現れた…これはとても興味深い事実だと思っている。

　キッド・オリーのバンドで大人気となったルイ青年は、1919年、ミシシッピー河を北部セントポールまで往き来するリバーボート「シドニー」のバンドに入り、船上ダンスパーティーで毎日毎晩演奏、ジャズを各地に広めていった。1922年シカゴの師匠キング・オリバーに呼ばれ彼のバンドに入り、次の年には初レコーディング。そして"ジャズのABC"を作るようにジャズの牽引車となり、ジャズとジャズボーカルに信じられない影響を残していく！！！
　3密、という言葉がすっかり有名になったが、狭い船上のダンスフロア、南から北まで1600キロ。第2波第3波と、スペイン風邪が最も脅威だった日々、ニューオリンズの音楽の楽しさは各地に"ジャズバンド"を生んでいった。黒人たちの〈歓喜の叫び〉だったジャズのスイング感は、大恐慌後の時代も、その楽しさで世界中をスイング・ブームに巻き込んだ。また第2次世界大戦後、進駐軍と共にやってきたジャズが焼け野原となった日本各地に流れ、戦後の人々の心を癒したの

も記憶に新しい。

ジャズの王様

　ルイ・アームストロングは、20世紀を代表する音楽ジャズの"王様"と呼ばれる。その"称号"は、新音楽ジャズのスターとして活躍した当時の黒人、白人双方のミュージシャンから、愛着と敬意と称賛を込めてルイに捧げられた名誉の証だった。時代を数十年も先取りしたルイのジャズ感覚、けた違いの楽器のテクニック、音楽性やアイデア、フィーリングは、音楽界に大きな影響を与えた。トランペット奏者だけではない。クラリネットやサックス、トロンボーン、ピアノ、ベース、ドラム、編曲者、またクラシックの分野でも、あらゆる音楽に大きな影響を与えたのである。もう一つ忘れてはいけないことは、世界中で愛されている"ジャズボーカル"のスタイルも、若き日のルイの'歌い方'に原点があるという事だ。

　ルイの活躍は、1920年代は言うまでもなく、スイング全盛の1930年代、ニューオリンズ・リバイバルが起こった1940年代、そして映画やテレビの人気者となり多くのヒット曲を生んだ1950〜60年代の晩年にまで広がっている。

　アメリカを代表する顔の一人となり、世界を旅して廻ったルイの1年は、365日中250日以上が旅の毎日だったという。奥さんのルシールは、後年インタビューでこんなふうに語っている。

　「主人は、心のどこかでこう確信していたようでした。『自分は、音楽で人を喜ばせるこの仕事をするために、神に選ばれて天からつかわされたのだ』ってね……」

Chapter 2　聖者が街にやってくる

悲しみと歓喜のリズム

　20世紀のアメリカを代表する音楽、"ジャズ"。1900年頃に誕生したジャズは、120年程の間に色々とスタイルを変えて来た。そして、そのジャズの誕生と進歩は、ニューオリンズとサッチモを抜きに語ることはできない！デキシー、スイング、ビーバップ、モダンジャズ、フュージョン、そして前衛的なジャズまで…バンドの編成もビッグバンド、スモールコンボ、ピアノ・トリオとさまざま。ジャズボーカルもジャズの魅

ニューオリンズのジャズ葬式　　撮影：外山喜雄

力の一つだ。そのすべてに、ジャズの王様サッチモが若き日に生み出したジャズ・テクニックが影響を与えている！

　サッチモといえば、まず頭に浮かぶのは「聖者の行進」。ジャズ発祥の地、ニューオリンズの黒人教会で歌われ、サッチモによって世界的に知られるようになった曲だ。「聖者」のタイトルからも想像できるように、ジャズは宗教と救いに深い関係を持っていた。ニューオリンズには今もなお、"ジャズ葬式"の風習が残っている。ジャズバンドが讃美歌をすすり泣くように演奏しながら墓場まで葬送行進。遺体が埋葬され葬式が終わると、そのリズムは強烈なジャズに変わる。"この世の苦しみから解放された！天に召されることは悲しむことではなく祝福すること！！"集まった群衆は、手に手に飾り立てた日傘を持ち、着飾って、自慢のステップを踏みながら、"この世の苦しみは終わったぜ、ブラザー"とばかり踊り狂う。

　楽しいのは当たり前。でもどこかにブルースの響きが…ニューオリンズ・ジャズは、黒人たちの悲しいお葬式の後、踊りながら帰ってくる音楽だったのだから、当然なのかもしれない。

サッチモ牧師のジャズ説教

　聖者の行進は、もともとキリスト教バプチスト派の讃美歌だった。ニューオリンズのジャズ葬式の帰り道、"生の悩み苦しみ"からの解放を祝い"スイングする"歓喜のリズムで演奏され、南部の田舎町の黒人スラムのローカルな音楽から世界的に有名なジャズの代表曲になった。そして、子供時代"ジャズ葬式"にくっついて歩き、"葬式バンド"からジャズを学んだルイ・アームストロングこそが、この曲を世界的な永遠の名曲とした立役者なのだ。

　ジャズのスタイルによる「聖者の行進」の初録音は 1938 年（昭和 13 年）、サッチモがビッグバンドを率いていた時代の録音だ。曲が始まると、バンドが奏でる

教会風のハーモニーをバックに、こんなコミカルな "サッチモ牧師" の説教が流れてくる。「♪ レディース＆ジェントルマン！今宵お説教を担当しますのは、サッチモ牧師です！今日のお題目は "聖者が街にやってくる"。さあ、ヒギンボサム牧師がトロンボーン片手に、あちらからやってきますよ！♪」

　この録音は当時あまり大きなヒットとはならなかったが、その後のニューオリンズ・ジャズ・リバイバルの波や、1959 年の映画『五つの銅貨』のヒットがきっかけとなり徐々に人気が出始め、今では世界で知らない人のいない "ジャズの国歌" のような曲となった。

…♪ 聖者が街にやってくるとき…私も聖者の列にはいって歩くのさ！！！♪…

　奴隷として故郷アフリカからアメリカに連れてこられ、奴隷解放後も過酷な差別や貧困に苦しんだ黒人たち…この世の苦しみ、悲しみや悩みから解放され、聖者とともに天国へ召されたい。死は悲しむものではなく、祝福するもの…という彼らの気持ちが、持ち前のハッピーさと物憂いブルース・フィーリングとともに伝わってくる。

スラム街の黒人ブラザーたちの "スイング"

　私たち夫婦がサッチモのジャズとその故郷ニューオリンズにあこがれ、サッチモとジャズを生んだ社会を体験したいとニューオリンズに移り住んだのは 1968 年のことだ。もう 50 数年前になる。1968 年から 73 年まで、ジャズを生んだ黒人スラムの住人達、いわば "サッチモの隣人たち" と過ごした 5 年間は貴重なジャズ武者修行の体験だった。この体験のおかげで、どれほどジャズとルイ・アームストロングを深く理解できるようになったかわからない。

　黒人街を行くジャズ葬式やジャズパレード。ブルースのような物売りの声。目抜き通りで物乞いをする芸人やホームレスまでリズムとブルースに満ちている。黒人教会は音楽と強烈なスイングで建物が壊れそうだ！日曜日ごとの礼拝で歌われるゴスペルソング。手拍子あり、足踏みあり、踊りあり、うめき声あり、シャウトあり、何でもあり。黒人の人々が心の底から神に捧げる、悲しげな、しかし、強烈で、底抜けに明るい音楽に満ちていた。ジャズのもととなった教会音楽である。ジャズ葬式だって同様…。

"Everybody Join In!!" 皆様もバンドの演奏に参加してください。傘を持ちましょう。踊りながら、セカンド・ラインのパレードをしましょう！！

　黒人ブラザー達の強烈なリズムと躍動感は、今なお、20世紀のアメリカを代表する音楽となったジャズとアメリカ音楽の根底に脈打っている！！

五つの銅貨

　私がルイ・アームストロングの楽しい音楽に初めて触れたのは、映画『五つの銅貨』を通じてである。「聖者の行進」が今ほど有名になったきっかけは、1959年に公開されたこの映画だと思う。ダニー・ケイ扮するコルネット奏者レッド・ニコルスのヒューマンな物語、そして実にアメリカ的なデキシーランド・ジャズと"サッチモ"ことルイ・アームストロングのコクのある音楽。家内とともにジャズを長年やってきて、気が付くと音楽だけではなく、生活まですっかり『五つの銅貨』の映画を'実践'して来てしまったような気がする。私達はジャズクラブや東京ディズニーランドなど、アメリカ人の女性歌手と組んで仕事をする機会が非常に多かった。彼女たちは決まって、「ヨシオ、あなたたちの音楽やギャグのもとは、五つの銅貨のダニー・ケイやサッチモなのね。あの映画を見ていると思い当たるシーンが沢山でてくるわ」と言う。

　高校時代に見た映画『五つの銅貨』以来のサッチモ・フリーク。サッチモと私の付き合いは、もうかれこれ60年近くになる。といっても、私は彼と個人的な面識があるわけではない。しかし、私達が夫婦でジャズの故郷ニューオリンズに移り住み、黒人スラムや黒人教会に出入りし、黒人のパレードやジャズ葬式の音楽に夢中になった動機が、彼の音楽に対する信仰にも似た憧れから出ていることを考えると、私がサッチモを"知らない"ということは、信じられないことのような気がする。50数年間、いろいろな外国人と付き合ってきた中で、私が一番よく知っている外国人は、ルイ・アームストロングなのである。

　アメリカの音楽は、とてつもないパワーと魅力を持っている。ジャズ、ブルース、ソウル、ロック、ポピュラー音楽…。こうしたアメリカの大衆芸術は、黒人や白人のスラムやゲットーに始まり、やがてアメリカ中、そして世界中へと広まって行った。

幸い私は、サッチモの音楽を知ることで、ニューオリンズというジャズの故郷に触れることができた。そうしたルーツをたどればたどるほど感じさせられるのは、アメリカ音楽の懐の深さだ。そしてその深さとエネルギーがコンサーバトリー（音楽学校）ではなく、"床屋さんのコーラス"や"大道芸人の歌"、"教会の音楽"のような、隣のおじさん、おばさんたちの文化に支えられていることを考えるとき、サッチモの音楽が世界中に愛された理由も、解るような気がするのである。

王様のラッパを吹いた！
　これだけサッチモに狂ってしまった生き方をしている私が、"サッチモを知らない"。つまり個人的な面識がなかったというのは、自分でも不思議な気がする。何しろ、サッチモの事はほとんど何でも知っていると自負しているのだから。

　一度だけ、もう少しで私が"サッチモを知る"一歩手前まで行ったことがあった。1964年にサッチモが来日した時のことである。「京都会館第1ホール」での昼夜コンサートの幕間、警備の目をかいくぐってバックステージに出た私は、何とかサッチモの楽屋を探りあてドアをノックした。中からあのしわがれ声で"カム・イン"。ドアを開けると目の前に意外と小さなサッチモがいた。

　タドタドしい英語で何と言ったか覚えていないが、気がつくとテーブルの上にふたの開いたラッパのケースが、そして中には、金色に輝く彼のラッパがあった。見ていいかときくと、例の声で"イエス"ときた。興奮のせいか手に持った彼のラッパは、羽のように軽く感じた。そして、図々しいことに、私は、その天使の羽根でもはえているかのように軽い、金色のトランペットを口にあて、吹いてしまったのだ。

　当時私が得意だった、若き日のルイ・アームストロングの「バーベキュー料理で踊ろうよ」のソロをやろうとしたのだが、ルイのマウスピースは僕のよりだいぶ大きく、うまく行かなかった。1分ぐらい彼のラッパと格闘していただろうか。ついに、例のしわがれた声とともに、ラッパは取り上げられてしまった。

　若さゆえの度胸と言うか、若さゆえの無知と言うか。何故彼が、突然侵入してきた見ず知らずの青年に、勝手にラッパを吹かれて黙って見ていたのか不思議である。サッチモは、彼の音楽に対する僕のひたむきな一生懸命さを感じ取ってく

れていたのかもしれない。

　いま、彼の曲のほとんどを暗記し、彼が出演した映画のコレクターとなり、彼のように演奏し、そして歌う私を、天国のサッチモは見てくれているのだろうか。

グッドモーニング、ベトナム

　「聖者の行進」と並んで、サッチモの代表曲を選ぶとすると「この素晴らしき世界」と「ハロー・ドーリー」ではないだろうか。

　1960 年代始めから 1975 年まで続いたアメリカのベトナム戦争は、ベトナムに大きな悲劇をもたらすとともに、アメリカ国内にも深い苦悩と分断を生んだ。そんな中、1987 年に製作され世界の人々を感動させた映画が『グッドモーニング、ベトナム』だった。この映画の挿入曲だった「この素晴らしき世界」は、サッチモの歌によって、戦争の悲しさを伝える映像、ストーリーとともに世界を感動に巻き込み、映画もヒットしたが "挿入曲" は、映画をはるかに超える永遠の世界的ヒットとなった。

　私達が東京ディズニーランドに 23 年間出演していたころ、エラ・フィッツジェラルド、エロルガーナー、レイ・チャールズ等のバンドで活躍した黒人の名ドラマー、ジミー・スミスさんと共演していた。アドベンチャーランドのニューオリンズ広場に出演した私達のバンド「ロイヤル・ストリート・シックス」の正式メンバーだったのだ！！そんなジミーさんに聞いてみたことがある。

　「サッチモのワンダフルワールド！！！どうしてサッチモの音楽は良いんでしょう？」

　「いいかタヤ〜マ、"授業料" を払わなけりゃ、良いジャズも音楽も出来ないんだよ。"人生の苦しみ" と言う授業料を払わなければネ…」黒人として人種差別を体験してきたジミーさんの言葉だけに、胸を打つものがある。

　バトルフィールド、"戦場" と呼ばれるほど犯罪と暴力に溢れたニューオリンズのスラムに生まれ、11 才で少年院に入所。そこでトランペットを教わったサッチモ。その声は少年時代から石炭売りや廃品回収、新聞売りをやって鍛えられた声…確かにサッチモの払った "授業料" は十分すぎるほどだ。サッチモほど "この素晴らしき世界" を歌うにふさわしいアーチストは、いないのかも知れない。

サッチモも、この曲も嫌いだった社長

　ルイ・アームストロングの「この素晴らしき世界」が録音されたのは、『グッドモーニング、ベトナム』映画化の 20 年も前、1967 年のことだ。ジョン・コルトレーンの「至上の愛 A Love Supreme」をプロデュースした敏腕レコード・プロデューサー、ボブ・シールが、サッチモに〈ワンダフルな世界〉をテーマにした曲を歌ってもらいたいと発案、作曲家ジョージ・D・ワイスが作詞作曲を担当し録音が実現した。発売当時英国では、ビートルズ、ローリング・ストーンズを抜きヒット・チャートの 1 位となったが、アメリカでは全くヒットしなかった。当時はベトナム戦争の泥沼のなかで、反戦的なメッセージのこもったこの曲に対して、レコード会社 ABC の社長ラリー・ニュートンが冷たい態度をとったのも原因の一つだったようだ。

　ボブ・シールは、1995 年の著書『What A Wonderful World: A Lifetime Of Recordings』の中でこう語っている。「60 年代後半のアメリカは、ケネディ暗殺やベトナム戦争、人種間の争い、いたるところでの混乱というアメリカ国民のトラウマの時代だった」。幼いころからルイの大ファンだったボブは、「この偉大なミュージシャンに "素晴らしい世界" への祈りを歌ってもらうとともに、'ハロー・ドーリー' とは違った "新しいサッチモの世界" を切り開ければとも思っていた」という。

　彼はこう書いている…「人々がお互いに愛と思いやりを持てば、世界は "ワンダフルワールド" になる！尊敬する偉大なミュージシャンからそう伝えてもらいたかった。それは、世界で彼にしか出来ないことだとも思った」

　ABC レコードの社長の反発は、ベトナム戦争を進めるジョンソン政権に対する'忖度' もあったのだろう。また、「ハロー・ドーリー」的なヒットを狙っていた社長は、録音スタジオに入るや、期待とは正反対のスローなバラードで反戦的なこの曲に激怒したという。伝えられるところでは、社長は "この歌が嫌い"、"サッチモが嫌い"、"ボブ・シールも大嫌い" だったとか…！

　社長の反対で一時は暗礁に乗り上げる中、アームストロングとシールは、意思を貫きニューヨークでこの曲のレコーディングを終了した。会社がこの録音に用意した予算は、音楽家組合、ミュージシャンズ・ユニオンの最低レート。無事 9 月 1

日にシングル盤で「ワンダフルワールド」が発売されるや、怒りの収まらない社長は“曲の宣伝活動を断固拒否”して復讐を果たそうとしたそうだ。

　日本では『グッドモーニング、ベトナム』より前、1983 年のホンダの乗用車・シビックのテレビ CM にこの曲が使われ大きな話題となった。当時の CM 製作担当の方の先見の明である！！

ベトナムへ向かう兵士に歌った「ワンダフルワールド」

　サッチモは、この曲のデモテープを聞いた途端とても気に入り、ユニオンの最低レートでもいいから録音したいと、強く希望した。こうして、いろいろな障害を乗り越え、サッチモにとって最もぴったりで、また意義の深い世紀の名作が吹き込まれた。そして 1967 年の録音から 20 年後、サッチモの死後再び訪れた、映画『グッドモーニング、ベトナム』という大舞台！そこには何かに導かれた運命的なものが感じられる。

　この曲の持つそんな運命的なものを感じさせるテレビ映像がある。レコード発売の 4 か月後、1967 年 12 月 ABC テレビ網で放送された番組「オペレーション・エンターテインメント（エンターテインメント作戦）」の貴重な映像だ。テキサス州の米軍基地フォート・フードで開催された野外コンサートに、ルイ・アームストロング・オールスターズが出演、明日にもベトナムへ向かう迷彩服姿の兵士たちが地面に座り、慰問コンサートを楽しんでいる。ルイはこの日、兵士たちに 9 月に発売したばかりの新曲「この素晴らしき世界」をナマで歌いかけたのだ。若い兵士の中には、間もなくベトナムで命を落としたものもいたことだろう。彼らがサッチモの“この素晴らしき世界”に深い何かを感じ、「ハロー・ドーリー」の底抜けに明るい楽しさに、ひと時生き生きとした表情を見せる。こんな素晴らしい映像が残っていたことは奇跡でもあり、また何かに導かれているかの様だ。

　私は、初めてこの映像を見た瞬間、直感的にこう思った…‘映画『グッドモーニング、ベトナム』の監督は、偶然この映像を見る機会があり映画のアイデアがひらめいた！’…それほど心に響く映像だ。

　冒頭、司会の人気テレビキャスター、ディック・キャベットはサッチモをこう紹

介をする。

「皆さん、今日はバンドを目指す"ヤングマン"をご紹介しましょう。経験がなくキャリアはほんの50年、ファンも世界でたった2億人ほどです！ワン・アンド・オンリー！！ルイ・アームストロング！！」

2億人はちょっとオーバーかもしれないが、そのくらい世界中にルイのファンがいたのは事実だ。

ルイがそれほど有名になったきっかけは「ワンダフルワールド」録音の4年前、1963年に録音された「ハロー・ドーリー」だった。もちろん、ルイは以前から世界的存在だった。1922年にシカゴへ出てキング・オリバーの楽団に入り、1923年に初レコーディング。以来50年近くにわたり多くのヒットを生み、数えきれないほどの録音を残し、数々の映画、テレビショーにも出演。そんなサッチモにとっても「ハロー・ドーリー」のヒットは、思いもよらない"けた違いの出来事"だったようだ。

世界に2億人のファン…"大きな存在となった大スター"が歌いかける「この素晴らしき世界」のメッセージ…それが世界に伝わった時の効果は絶大。こう考えたプロデューサー、ボブ・シールは偉い！！！座布団10枚だ！！！

ハロー・ドーリー

ルイ・アームストロングの人生最大のヒットとなった「ハロー・ドーリー」は、1964年にブロードウェイで上演されたヒット・ミュージカルの主題歌だった。ルイの録音は、ブロードウェイでのヒットとなる前の1963年12月3日。当時、芝居もレコードもこのようなヒットになるとは誰も思っていなかった。しかし徐々に人気が出はじめ、1964年5月9日には、サッチモのシングル盤の売れ行きが、それまで5週連続トップだったザ・ビートルズの「Can't Buy Me Love」を抜き、ビルボード誌全米シングルチャート1位を記録したのである。ミュージカルは最初『ドーリー、えらく腹立たしい女 (Dolly, A Damned Exasperating Woman)』というタイトルだったが、サッチモのヒットを見て、プロデューサーが慌てて『ハロー・ドーリー』に変えたという！

"ジャズの王様"サッチモもびっくりの62歳での大ヒット。その年の6月には、シングル盤に続いて出たLPアルバム『Hello Dolly! 』もビルボードで第1位を獲

得、この年のグラミー賞でもソング・オブ・ジ・イヤーと、ベスト・ボーカル・パーフォマンス賞を受賞した！！

　サッチモのお抱えのベーシストで、この録音にも参加したアーベル・ショーが、予想もしなかったヒットの想い出を語っている。
　「ハロー・ドーリーを録音したとき、バンドのメンバーは誰もこの曲がヒットするなんて思わなかった。ポップス（親爺さん）もそうさ…スタジオでは譜面を見て吹き込んだんだ。終わったらそんな曲の事は憶えちゃいない。何たって、あの頃レコーディングは多かったからネ…ところが、ちょうどバンドがツアーに出ている最中、いつの間にかあの曲がヒットし始めたんだ。コンサートでハロー・ドーリー！ハロー・ドーリー！って、お客さんが叫ぶ様になって…ポップスが“ハロー・ドーリーって、なんだい…”と聞くから、ほら、このあいだスタジオでやった曲ですよって教えてあげた程さ。プエルトリコの首都サン・ファンにつく頃には、ヒット・チャートのトップになってしまった。でも、困ったことにメンバーの誰も、ハロー・ドーリーのメロディーさえも憶えていない…慌てたのは、ロード・マネージャーさ。サン・ファンの町中のレコード屋を探し回って、やっと１枚、シングル盤を見つけてきた。このレコードをバンド全員で必死になって聞いて、その晩のコンサートに間に合わせたって訳さ…」

　レコードと芝居のヒットを受け、サッチモとバーブラ・ストライザントの共演で映画が改めて製作されたのは 1968 年、翌 69 年に劇場公開された。この映画は、1970 年アカデミー賞作品賞、音楽賞、衣装、美術他 7 部門にノミネートされ、3 部門で受賞、円熟した老サッチモの姿がより多くのファンを惹きつける結果となった。

“ミスター・サッチモ　USA” で届いた手紙
　ニューヨークのクイーンズ区コロナの街に、ルイが 1943 年から、亡くなった 71 年まで住んだ家が残っている。2003 年にサッチモの家博物館（Louis Armstrong House Museum）としてオープンし、現在も一般公開されている。生前サッチモが過ごした日常や暮らしの様子がわかる貴重な、楽しい博物館だ。

'超' 大物スターにしては質素な家と暮らしに、サッチモの人柄が偲ばれる。ルシール夫人の趣味だったというオリエンタル風のベッドルーム、オープンリールのテープデッキやプレイヤーが壁に組み込まれた書斎、夫妻の衣装を収めたクローゼット、ライトブルーで統一された当時はまだ珍しかったシステムキッチン…。総鏡張りで取っ手の金具はすべて金というトイレとバスルームに思わず微笑む。2階に上がる階段には、晩年脚力が落ちたサッチモ用の小さな昇降機が付いているのが悲しい…。

　自宅で1920年代のレコードや、分野が違うカンツォーネ系の歌手のレコードをかけて一緒に練習するサッチモの自録り録音や、家中にスピーカーを仕込み、毎日お風呂やトイレでも聞いていた自分の演奏を含む愛聴曲を録音したオープンリール・テープの数々。世界中を廻ったツアーの思い出の品。もちろん彼が使った何本ものトランペット他、貴重な"宝物"の山だ。

　そんな中に、サッチモが生前受け取った手紙が残っている。世界中から届いたファンレターの中に、"ミスター・サッチモ　USA"の宛名だけで届いたというファンからの手紙が目を引く。さすがは、我らがサッチモ！！！　国名と名前だけで届くのは、サッチモとアメリカ大統領だけではないだろうか。

デキシーランド・ヒットの予感
　1917年、オリジナル・デキシー・ジャス・バンドの初ジャズ・レコード発売。これを皮切りに多くの黒人、白人ミュージシャン達が活躍を始めた。黒人によるジャズ・レコードが歴史上初めて登場したのは1922年、キッド・オリーのバンド、ロサンゼルスでの吹きこみだ。ジャズが黒人の音楽と言いながら、初レコードは白人に5年遅れてようやく登場したところに人種問題の悲しさを感じる。
　ジャズは10年後、1930年代半ばになるとビッグバンドによるスウィングジャズブームにスケールアップ。ベニー・グッドマン、グレン・ミラー、デューク・エリントン、カウント・ベイシー等、次々とビッグバンドのスターが登場する。そんな中、初のジャズ・レコードから20年目にあたった1937年頃から「一体、今ブームとなっているジャズという音楽はどこから来たのか？」という興味が盛り上がり始めた。ここにきてようやく、ジャズは黒人ルーツの音楽だという事実、そし

てジャズを生んだニューオリンズの黒人先駆者と、ルイ・アームストロングの活躍に焦点が当てられるようになる。また、40年代半ばにはスイングの人気にもかげりが見え、ビッグバンドでソロの機会も少なく自由を求めるジャズマンたちの動向も手伝って、ジャズに二つの動きが始まった。ジャズの原点へ戻ろうとするニューオリンズ・リバイバルやデキシーランド・リバイバルと呼ばれる動きと、ビーバップから現代につながるモダンジャズへの流れである。古いものへ、そして新しいものへという正反対の流れだったが、ともに大編成のバンドから小編成のグループ、スモールコンボへの回帰という変化だった。

名作『ジャズ映画』の数々

　こうした流れの影響で出現したのが、1950年代から60年代にかけ日本でも大ヒットした、ジャズの歴史物語のようなジャズメンの伝記映画『情熱の狂想曲』(1950)、『グレン・ミラー物語』(1953)、『ベニー・グッドマン物語』(1956)、『愛情物語』(1956)、『サッチモは世界を廻る』(1957)、『五つの銅貨』(1959)、また、モダンジャズを使って成功した『死刑台のエレベーター』(1958　マイルス・デイヴィス)、『危険な関係』(1959　アート・ブレイキー)につながっていると思う。こうした世相を反映し野外のジャズ祭が盛んになりだしたのも50年代後半で、代表的なジャズ祭となったニューポート・ジャズ祭の1958年の模様は、'映画詩'とも呼べる作品『真夏の夜のジャズ』(1959)となり大ヒットし、デキシーからモダンまでジャズのすべてをカバーした名作となった。2020年8月この映画の4K版が、日本公開60年を記念しKADOKAWA映画から再公開されている。1957年度のアカデミー歌曲賞、ミュージカル音楽賞を受賞した映画『上流社会』(1956)は、'風光明媚なロードアイランドの避暑地ニューポート、恒例のジャズ祭にアームストロングが来る'という設定で、ジャズ祭のスポンサーでもある大邸宅に暮らす上流社会の人々を描き、サッチモがコミカルで重要な役柄を果たし大ヒットした。こうした多くのジャズ映画が、当時、次々と『タイタニック』や『スターウォーズ』級のビッグヒットとなったのだから、良き時代である。

　ルイ・アームストロングは、こうしたジャズ映画にほとんど実名で、また『ジャズの王様』として登場している。

ビートルズの前は"トラッド・ブーム"!

　それにしても、当時突然変異のように「ハロー・ドーリー」他、デキシーランド・ジャズ・スタイルのビッグヒットが続いたのは、本当に思いがけないことに思えた！

　今思えば、その前触れは日本でも感じられた。1959年の映画『五つの銅貨』で、ダニー・ケイ演じる主人公のコルネット奏者レッド・ニコルスが吹いた、デキシースタイルの「リパブリック讃歌」（オタマジャクシは蛙の子）が、高校生、大学生のブラスバンドで大人気となり、トランペッターが皆映画の場面をまねて吹いていたこと。また、映画の中でサッチモとダニー・ケイが掛け合いで歌った「聖者の行進」も、レコード・ヒットしたわけではないが、"すごく楽しい曲"として有名になっていったことだろうか。

　1940年代、アメリカでニューオリンズ・リバイバルの動きが起こった際、サンフランシスコでは白人の若者たちが、1920年代サッチモが2番コルネットを務めたキング・オリバー楽団を模したバンドをいち早くスタートさせ話題となった。一方、英国ではジャズの原点ニューオリンズのサウンド、特に地元で港湾労働者をしていて"発見"されリバイバルしたクラリネット奏者、ジョージ・ルイスの哀愁を帯びたサウンドに若いミュージシャン達が夢中になった。バンジョー・リズムで、独特の軽めのヨーロッパ白人的サウンド〈トラッド〉と呼ばれるジャズが1950年代半ばから人気を博し始めたのだ。トラッドで世界的にヒットしたのが1962年の「モスクワの夜はふけて」だった。数年後には'英国発'ビートルズが世界の人気者になるわけだが、ビートルズ旋風の前は'トラッド旋風'。彼らのお兄さん世代は、皆トラッドをやっていた人々だ。年齢は下になるがエリック・クラプトンもブルースやトラッドをやった時期があるようで、ジョージ・ルイス楽団の「アイスクリーム」や「コリーナ・コリーナ」を、ウィントン・マルサリスと懐かしそうに演奏しているコンサートの映像もある。

「小さな花」から「ハロー・ドーリー」まで

　トラッドのヒットは、英国のクラリネット奏者モンティー・サンシャインの「小さな花」（1959）に始まり、ケニー・ボール楽団の「モスクワの夜はふけて」（1962）、アメリカ版トラッド、ヴィレッジ・ストンパーズの「ワシントン広場の夜はふけて」（1963）

等が次々とミリオンセラーとなり、そしてこうした流行の頂点で登場したメガヒットが、サッチモの「ハロー・ドーリー」(1964) だったのではないだろうか。イントロとリズムにデキシーランド・ジャズ特有の楽器バンジョーのサウンドを生かし、サッチモの超円熟した存在感で、サッチモ自身にとっても生涯最大、思いもかけない超特大の世界的ヒットとなったのである。

1933 年頃　ルイ・アームストロング
Courtesy of the New Orleans Jazz Museum

　映画版『ハロー・ドーリー』がアカデミー賞ミュージカル映画音楽賞ほか3部門で受賞した1970 年の翌年、71 年7 月にルイ・アームストロングは他界した。「ドーリー」のヒットだけでも十分に驚いて天に召されたサッチモ。昇天して 16 年、それを超える超メガヒットとして「この素晴らしき世界」が"天国からの復活"を果たすとは、お墓の中で寝返りを打ってびっくりしたことだろう。

Chapter3　世界をスイングさせた男
スイングしなけりゃ意味がない

　日本はジャズにあふれている。ショッピング街、ホテルのロビー、ちょっと洒落たスターバックスコーヒー…庶民的なうどん屋さんや定食屋に至るまで BGM がジャズなのには驚く。外国から来た人は、日本はなんてジャズブームなんだ！と驚く。ジャズ界に生きていると、とてもジャズブームの実感はないが…でも一種、隠れたジャズブームであることは確かだ。

　バンド活動を見ても日本中に大学高校のビッグバンドが生まれジャズをやっている。おじさん世代の社会人バンドや、宮城県気仙沼のスウィング・ドルフィンズのような小学生や中学生のジャズバンドも多くなってきた。中高年世代にとっては懐かしい想い出とともに蘇る青春の音楽、ジャズだが、小学生も若者もジャズの魅力の虜になっているのはなぜだろう…。ジャズの持つかっこ良いイメージやノスタルジア…理由はいろいろあるだろう。でも、ジャズが人々を虜にする大きな理由の一つは、ジャズという音楽の持つ自由さと、体が揺れてくるようなジャズのスイング感の楽しさではないだろうか！！

ジャズの巨人といわれるデューク・エリントンは 1931 年、「スイングしなけりゃ意味がない＝ It Don't Mean A Thing If It Ain't Got That Swing」という名曲を書き、ジャズの本質を見事に言いあてた。今から"90 年"も昔の事だ。

サッチモの発明　"ジャズ語"

　少年時代、貧しいけれど、豊かで強烈な音楽とリズムに囲まれたニューオリンズの黒人スラムに育ち、大天才に育ったルイ・アームストロング。彼は、南部の片田舎の音楽に過ぎなかったジャズを、アメリカを代表する音楽、そして世界の音楽へと変化させた。

　もし、ジャズを"ジャズ語"という言葉に例えたとする。すると、ジャズ語のABC、つまりアルファベットを作ったのがニューオリンズの街とルイ・アームストロングだ…。このことに気が付いている人は、今ではとても少なくなってしまった。この人々に忘れられた"ジャズ史の重大な真実"を多くの人々に思い出してもらいたい！サッチモとニューオリンズの魅力を皆さんにお伝えしたい…そんな気持ちで筆を執っている。

　アメリカ南部の片田舎の街ニューオリンズに 20 世紀とともに生まれたジャズが、瞬く間に"世界を虜"にした…私がジャズに出会った 1960 年頃、ジャズの歴史の物語はジャズ雑誌やラジオ放送でよく特集され、まるで古事記かギリシャ神話を思わせるようなロマンあふれるストーリーに、若かった私たちは魅了されたものだ。現代に比べて海外の情報が極端に少なかった時代、世界の音楽をスイングさせ、いわば"世界をジャズ化してしまった聖地ニューオリンズ"と、あたかも"馬小屋"のようなスラムに誕生した"ジャズ界のキリスト"サッチモの登場…そしてその後のジャズの変遷の歴史は、とてつもないロマンに満ちていた。私たちがサッチモに魅せられ、ニューオリンズに移り住んでしまったのは、そんなロマンの虜になったためである。

ジャズへの道

　ジャズは 20 世紀のアメリカが生んだ唯一の独創的芸術と評する人もいる。独創的となった大きな要素は、黒人奴隷たちのリズムやメロディーだったと思う。綿花畑やサトウキビ畑で働きながら奴隷たちが歌った労働の歌'ワークソング'や、

疲れてブルーな気持ちを歌った'ブルース'、キリスト教に改宗させられ奴隷小屋の礼拝所で歌った音楽'ゴスペル'が、アメリカの新しい音楽を生み始めていた。作曲家スティーブン・フォスターは奴隷制の終わりに近い1850年頃、「故郷の人々（スワニー河）」や「オールド・ブラック・ジョー」等、奴隷たちの歌うメロディーにヒントを得た曲をたくさん書いている。1880年頃になると、黒人のリズミカルなビートやメロディーを生かした'クーンソング'が流行りだす。"クーン"というのは、黒人たちを侮蔑しながら親しみも込めて呼んだ呼び名で、黒人をニガーなどと呼ぶのに似た呼び名だ。フォスター・メロディーもクーンソングも、白人コメディアンが顔を黒く塗り目と口を白抜きにし、おバカな黒人、いわゆるステレオタイプの黒人の真似をして歌い踊り笑いをとる小芝居、旅回りのミンストレルショーで歌われポピュラーになっていった。

ラグタイムとブルース

　このクーンソングが持っていた黒人的シンコペーション（はねるリズム）が、スーザのマーチやヨーロッパのカドリールなどと一緒になり生まれたピアノ音楽が、一世を風靡した〈ラグタイム〉だ。セントルイスで活動していた黒人ピアニスト、スコット・ジョプリンの「メープルリーフ・ラグ」が1899年に大ヒット。穴をあけた紙を使い、穴から空気を吸い込んだとき鍵盤が下がる仕組みの、ロールピアノと呼ばれた自動ピアノの普及とともに、あっという間に全米に広がった。また1910年、メンフィスで活動していた黒人音楽家W.C.ハンディが、農園や道路工事で働く黒人の歌うメロディーを集め『ブルース』の楽譜を出版、1914年の「セントルイス・ブルース」は大ヒットとなり、ブルース・ブームにも火がついた。

　ラグタイムもブルースも、小編成のバンド用やブラスバンド用の編曲が売りに売れ、アメリカ中の街でバンドが演奏していた。こうした音楽はジャズ誕生のもとになった重要な音楽だったが、まだジャズのような世界を熱狂させたカリスマ性と強烈さは伴っていなかった。

　人々を熱狂させる強烈さを見ることができるのは、黒人教会の光景だ。映画『ブルース・ブラザース』やウーピー・ゴールドバーグの『天使にラブ・ソングを』の中でも登場した教会のシーン。これこそが、世界を虜にした初期のジャズが持って

いた"感染力"の元だと思う。

　ルイは子供時代をこう回想している。「教会がすべての始まりさ。母に連れられて毎週日曜日、子供のころから歌っていた。牧師が歌いだすと小さな教会中が歌いだして、その美しさといったらなかった。手拍子とリズムで教会が揺れて、神にとり憑かれて卒倒する人も出る。周りの人たちが団扇であおいで…それは見ものだったね!」

ジャズ誕生

　北アメリカ大陸と南アメリカ大陸の港町、ニューオリンズとリオ・デジャネイロは、'ジャズ'と'サンバ'という世界を代表する二つの黒人系音楽を生んだ。どちらも新大陸への入り口に位置し、港町として栄えた過去を持ち、面白いことに、どちらの街もラテン文化の影響を受けてカーニバルに目がない。しかし、この二つの街が生んだ音楽は全く違って、アフリカ的なドラムやパーカッションのリズムが目立つ南米のサンバに対して、北米のジャズは、まったく異なった独特のスイング感を生んだ。

　どのようにしてこの違いが生まれたかについては、面白い説がある。アフリカではドラムは通信手段だ。そのリズムとサウンドは、アフリカの言葉のイントネーションやリズムを模倣しているという。奴隷達が新大陸に連れてこられたとき、北アメリカでは反乱や逃亡を防ぐため'通信手段でもあるドラム'の使用が禁止された。一方、南アメリカではドラムが禁止されなかった。このため北アメリカでは、手や足がドラムの代わりとなり、アフリカのリズムは奴隷たちの強烈な手拍子、足拍子によって歌やコーラスの中に受け継がれた。こうしてドラムの使用が許された南米が生んだ、パーカッション（打楽器）系のサンバとの大きな違いが生まれたというのである。なかなか興味深い説だ。

　サッチモが生まれたのは、'ジャズの原型'ができ始めたといわれる1900年初頭。ニューオリンズの人口は28万人、広さは周囲に広がる湿地帯を入れても大きいとはいえない街だった。当時は、大陸を流れる大河が国道やハイウェイの役割をして物流を担い、外輪のあるリバーボートが鉄道と並んで大きな役割をしてい

た時代。ミシシッピー河の河岸には現代のトラック・ターミナルのように船が連なり、内陸への輸送は馬車に頼っていた。重要な港町だったニューオリンズは、南部一番の都市として様々な国の人々と文化が集まる中心地だったという。ヨーロッパ系、南米系、中国系、ネイティブ・アメリカン、カリブ海と南北アメリカ大陸の黒人奴隷。宗教もカソリックからプロテスタント、アフリカ系のブードゥーからなんでもあり。文化の坩堝（るつぼ）とよく形容される。

　そんな多様な28万人が、山手線の内側半分ぐらいの場所に住んでいたと思えばいいかもしれない。様々な人種は、それぞれに寄り合って結束し、何かというとパレードや互助パーティーを主催、お葬式、結婚式、洗礼式等々、あらゆる機会に民族のダンスや音楽を楽しんだ。サッチモの言葉によると、当時、街には黒人だけでも200近いバンドがあり、いたる所で演奏していたという。黒人だけでもこの数だから、イギリス、イタリア、フランス、ドイツ、スペイン、ロシア、ユダヤ…推して知るべしである。

アップタウンとダウンタウン

　ニューオリンズの周辺にあった大農園（プランテーション）は、多くの黒人をサトウキビ畑の労働者として使っていたが、農園主たちは黒人達に楽団を作らせることも好きだったという。フランスやスペイン系の農園主と女性の黒人奴隷の間に生まれた混血児は、クレオールと呼ばれ自由の身を与えられていた。ニューオリンズはミシシッピーの流れに沿ってできた街で、目抜きの大通りキャナル・ストリートを挟んで、川上側をアップタウン、川下側をダウンタウンと呼んでいる。クレオールたちは時には高い音楽教育を受け“上流黒人”として川下側の地域、‘ダウンタウン’に住んでいた。譜面が読めたクレオールの中には、当時全米に流行したラグタイムやブルースの編曲を手に入れ街の人気バンドとなった。そんなクレオールの代表が、当時街一番のバンドといわれたジョン・ロビショーだ。一方、ニューオリンズの川上側、‘アップタウン’には、アフリカの血の濃い、肌も真っ黒な黒人たちが多く住み、譜面はもとより、字が読めない人々も多かった。南北戦争終了後、南軍の軍楽隊の楽器が放出されたため、彼らのような生活に余裕のない人々にとっても、楽器が手に入りやすかったとも言われている。そんな中‘アップタウン’に登場したのが初代ジャズ王、キング・ボールデンと呼ばれたコルネット奏者バディー・

ボールデンだった。

　アップタウンの黒人たちは、黒人教会で‘強烈にスイング’し‘神に憑かれて卒倒する’タイプの人々だった。彼らが、肌の色が薄くダウンタウンに住むクレオールや、ヨーロッパ各国の音楽を持ってきた白人と狭い地区に、また時には隣り合って住み影響しあったことで、アフリカ色の濃い強烈なスイング感を持ったジャズの原型、この街特有のユニークな“スイングするラグタイム”が生まれた。ジャズ評論家として長年活躍された油井正一さんも、こういう趣旨の指摘をされている。「黒人だけの音楽だとリズムが複合化するだけで、ジャズは生まれなかっただろう。勿論白人だけでもできない。人種と文化がいかがわしく混在していたニューオリンズだからこそジャズが発生した」と。天才サッチモが生まれたのはまさにその真っ只中であった。1900年から1920年ごろまで、この強烈に揺れ動くリズム感はニューオリンズにしか存在していなかった。世界でここにしかない〈ニューオリンズ印のスイング〉だったのだ。

マイルスの言葉

　ニューオリンズの黒人たちの伝統の中で育った若き日のルイ・アームストロングの活躍…それはニューオリンズ・ジャズのパイオニア達が生み出した伝統や、南部北部の黒人の人々の音楽、またヨーロッパの伝統豊かな音楽文化がルイの中で爆発的に“化学変化”を起こしたかのようだ。

　綿花やサトウキビ畑で働く奴隷達が口ずさんだ物憂いブルースや労働歌ワークソング、スラム街を行く物売りの声、シャウトする牧師の説教とそれに答える聴衆のうめき声が創り出すドロドロとしたブルージーなハーモニー…街行くブラスバンドが演奏する流行のラグタイムやスーザの行進曲、ロシア移民のメロディー、イタリアやフランス、アイルランドの民謡…新天地にやってきた、ありとあらゆる文化が発する歓びの音と、アフリカから奴隷として連れてこられた黒人の悲しみ、そして教会の中で彼らが見いだした救いと希望…そんな要素が混ざり合って反応し、20世紀のアメリカから世界への素晴らしいプレゼント、ジャズが生まれた。ルイの演奏には、そんなジャズのロマンとジャズの歴史を作った“ジャズ語辞典”を見るような驚きが一杯だ。

モダンジャズ界の神様のような存在ともいえるマイルス・デイヴィスは、ルイ・アームストロングについてこう言っている。「もしルイがいなかったら、私は何もできなかったと思うね。ラッパを吹いたら、必ずルイがやった何かが出てくる…そんな具合なのさ…」

　ジャズの表現方法には、一番大切な"スイング感"の他にも物憂い"ブルーノート"や自由な即興演奏"アドリブ"、楽器をうならせる"グロウル"、音を激しく揺らす"シェイク"等、数多くの表現がある。言ってみれば"ジャズのABC"…"ジャズ語"と言えるかもしれない。原型ジャズがニューオリンズに始まって間もなく、この街とサッチモが生み出した"ジャズのABC"がジャズを大きく飛躍させたのである。

　私の勝手な思い込みかもしれないが、こんな説を持っている。アフリカのドラムがアフリカの言語を模倣したという事は、奴隷たちがアメリカで初めてヨーロッパの'楽器'と出会ったとき、楽器はすべて'言葉を模倣する道具'とアフリカ的に捉えたのではないだろうか。譜面が読めない人々は、なおさら楽器は声としか思えなかったのかもしれない。ヨーロッパ起源のトランペットを考えると、お城から吹き鳴らすファンファーレだったり、馬車の警笛だったり。そこから西洋のトランペット奏法が生まれ、クラシック音楽の奏法につながった。でも、黒人の人達はラッパを持った時、故郷アフリカの伝統にしたがい声を模倣し、笑い声や泣き声、赤ん坊の声、馬のいななき等々、西洋からは邪道といえる吹き方を広めていったのではないかと思っている。

　また、サッチモが初めて歌った"バ・ジ・ドゥダッ…"という歌い方、'スキャット'もジャズのユニークな発明だ。サッチモにとっては、"楽器は声"という発想を、逆に"声は楽器"という発想に置き換えることも、まったくナチュラルなことだったのかもしれない。

世界にジャズでスイングすることを教えた男
　若いプレイヤー達に憧れのジャズマンを尋ねると、マイルス、コルトレーン、パーカー、ロリンズ、ベイシー、エリントン…。でもチョット待った。一番大切な誰か

を忘れていないだろうか、と大きな声で叫びたくなる！！

　家内が、こうつぶやいた…「サッチモがいなかったら、ジャズはどうなっていたのかな？？？」

　サッチモが生まれた頃、この街が20世紀のアメリカに送り出そうとしていたジャズは、未だ新製品の試作品段階…"荒削りなスイング感やジャズ感覚"だった。いわば、この試作品を、世界に通用する"完成品"に仕上げたのがサッチモだったのだ。

　1920年代シカゴやニューヨークに進出すると同時に、ニューオリンズとルイのジャズはアメリカ音楽に大きな影響をおよぼした。ニューオリンズ仕込みの彼の斬新なスイング感がきっかけとなって、アメリカのジャズブームが大きく膨らみ"世界中の音楽がスイング"し始めるのである。世界の数億の人口がジャズに酔うのだからスゴイ。影響はポピュラー音楽からクラシックの分野にまでおよび、音楽のみならず"ジャズ・エイジの到来"と形容されるように、ジャズは社会のあり方にまで深く影響し、社会のスタイルまでをも変えていったと言われている。

　もう一つ、ルイの果たした大きな影響がある。それは彼の持つあの魅力あふれるパーソナリティーと笑顔だ。「ルイの存在はいかにジャズを楽しい、ハッピーな音楽にしたことか…ジャズを楽しい音楽にするためにルイが果たした役割は、想像できないくらい大きなものがある。彼のキャラクターのおかげでジャズがポピュラーになった、ともいえる。もし、サッチモがいなかったら…現代のジャズは全く違ったものになっていて、これほど流行っていないかもしれない」というのは、大のサッチモファンでレコード会社社長を歴任、日本レコード協会会長も務められた佐藤修さん（現日本ジャズ音楽協会理事長）の言葉だ。

〈歓喜の叫び〉ジャズ
　黒人差別が過酷だったあの時代に、南部の田舎町のスラム出身の黒人がスラムの音楽で世界を変えた。奴隷解放から長い時間がたっても、奴隷時代と変わらない多くの差別に囲まれる黒人の人たち。〔ブラック・ライブズ・マター〕は、1863年の奴隷解放宣言後も変わらず続いている黒人たちの境遇である。

1920年代にサッチモが残した名作と呼ばれる録音の数々がある。'ホット・ファイブ' や 'ホット・セブン' というグループの録音で、サッチモが生みだした"ジャズ語"の宝庫だ。当時の演奏を聞けば聞くほど、その自由自在な"アドリブと創作"に感心する。

　ジャズのアドリブはインプロビゼーションとも呼ばれ、即興演奏。その場で自由にメロディーやフレーズ、リズムまでを作ってしまう。ジャズのアドリブの起源は、譜面が全く読めなかった黒人たちが、曲を聞き覚えし、間違えて覚えたり、忘れたところは適当に作り上げた。音楽的感覚が優れていたため、でたらめにはならず、逆に素晴らしい効果が現れた。メロディーを'崩す'、'ごまかす'、'偽物'、を意味する"フェイク"に始まったものだ。今はやりの"フェイク・ニュース"のフェイク。この"譜面が読めなかった"ことが"ジャズの自由さ"につながり、その極致が若き日のルイの発想といえる。

　様々な差別や理不尽な扱いを受けながらも"音楽の中で、自分は自由だ！！！"と感じた時、サッチモやジャズメンたちが得た解放感と〈歓喜〉はいかばかりだったかと思う。"ジャズ葬式"の帰りの歓喜の爆発と並んで、まさに初期のジャズから発散されていたのは、この自由への"喜びの叫び"や"希望の叫び"だったように思える。

　ジャズにおける、ダーティーな、ファンキーな表現もしかり。澄んだ音ではなく濁った音、まっすぐな音ではなく曲げた音、強烈な手拍子、足拍子、掛け声、叫び声。それはあたかも黒い肌の人々が、こういっている様にも聞こえる。
　「どうして譜面が読めなくてはいけないの？譜面通りでなくてはいけないの？」
　「どうして透き通った声で歌わなくてはいけないの？」
　「どうして白くなくてはいけないの？黒くてはいけないの！」

ストレート・メロディーを楽しくスイングして吹く…
　ルイが登場して世界中がスイングしはじめ、ジャズブームが到来…その頃、ジャズは誰もが楽しめる音楽だった。1940年代以降ビーバップやモダンジャズの登場

で、ジャズはある意味で進歩したが難解で技巧的になった。誰もが楽しめる“スイング感”よりも、プレイヤーの能力や技巧、“芸術性”を意識する姿勢が強くなり、一般の人々の支持をどちらかというと失ってしまっているのは残念なことだ。

モダンジャズの開祖といわれるアルトサックス奏者チャーリー・パーカーや、まだ駆け出しだったころのマイルス・デイヴィスもメンバーに雇った、伝説的ピアニストが日本に長く住み親しくさせていただいた。ビーバップ最後の生き残りと呼ばれ、2016年に96歳で亡くなった長老サー・チャールス・トンプソンさん。彼はサッチモをこう讃美していた。

1970年自宅で　ルイ・アームストロング
撮影：佐藤有三

「彼等の音楽は小難しくも何ともない。ベイシーにしたって、エリントンにしたって、メロディーがあって、スイングしていて、一般大衆が理解して楽しめるジャズなんだ。最近の音楽は、ミュージシャンが、自分がどれだけ上手かを証明してみせようとするだけのような気がしてね…。チャーリー・パーカーは大天才だったが、ジャズを難しくしすぎた…そしてジャズは人々の支持を失った…」

ジャズ評論家の草分け、油井正一氏の言葉に、私が大好きな、こんな趣旨のルイ・アームストロング評がある。「ルイ・アームストロングは、『私の演奏は芸術ではなく芸能だ』と常々言っていた。でも、芸能だと本人が言う音楽は、最高に芸術的なものだった」

このことは、世界を虜にしたあの黄金時代のジャズ、すべてに当てはまることだった。ルイ・アームストロングの言葉が胸を打つ。
♪「私が言いたいのはね…何も人々の所へ行って、彼らを叩き起こして『わかる？この音楽は芸術なんですよ』なんて大声で言うような事はしちゃいけないってこと

なんだ。それはアートに違いないサ。なぜかって、ニューオリンズで始まった私達の音楽を、世界が認めてくれたんだから。アートじゃなかったら今頃は死んで消えてしまっているヨ。でもね…アートなんて事について語るのは評論家とか、他の人達に任せておけばいいのサ…なぜかって？私達がそれを演っていた時は、ただあのステージの上で働いているのが楽しかっただけなんだ」

♪「私は、自分の出来ることをひけらかして自分の才能を証明しようなんて、思ったこともない。ただ、目の前にいる人々の為にグッド・ショーをしたかっただけさ。私の人生はいつも音楽だった。いつも音楽が最初。でも、音楽は一般の人々に理解されなければなんの価値もない。お客さんの為に生きる…それがニューオリンズのオールドタイマー達から私が学んだ事さ。"人々に喜んでもらうため"にあなたがいるのさ」

♪「"ハロー・ドーリー！"と唄うやいなや、いつもそこには誰か"イヤッー！"と言う人がいるのさ。昔、ニューオリンズを発った時、オールドタイマー達が私にこんな'はなむけ'の言葉をくれたのを思い出すよ。"いいかい、あの人々の前にいつも居なきゃダメだよ。大衆をよろこばせるんだ。"イエス！私は彼に大賛成。肝心なのは聴衆のために生きることなんだ。聴衆のために私たちがいるんだから…」

　サッチモはニューオリンズで音楽家としてスタートを切った若き日、師匠のキング・オリバーやオールドタイマー達からこんな忠告を受けている。「メロディーを忘れてはいけないよ。メロディーをストレートに吹いてスイングさせられれば、それが一番さ…」

　難しいフレーズやアップ・テンポのフレーズ、16分音符のスケールばかりがジャズじゃない！！"ニューオリンズ生まれのスイング感"こそ、自由で楽しく気楽なジャズの本質。アフリカから新大陸につれてこられ、奴隷解放後も差別と貧困を生きた黒人の人々…最下層へと追いやられた人々が持っていた音楽的、芸術的感覚が、アメリカを代表する音楽『ジャズ』を生みグレート・サッチモを育てた。それは地球上に起こった出来事の中でも、この上なく奇跡的な出来事だったと思う。そし

て世界の人々は、底辺に生きた人々のハートと底力を、ジャズとサッチモの音楽に感じ取り"不滅の音楽"とした…まさに『この素晴らしき世界』である。

　ルイの没後50年にあたり、この事実に感激を新たにするとともに、50年前、サッチモに捧げたジャズ葬式でニューオリンズの青年達が掲げていたプラカードの言葉を改めて想い出す。

　　　〔サッチモの精神は永遠に（Satchmo's Spirit Lives On Forever）〕

……この困難な時代、ルイ・ア-ムストロングの音楽は世界の明るい未来に向け、夢と希望を与えて続けてくれるのではないかと思っている。

Part 2 ♪

ルイ・アームストロング・ストーリー

Courtesy of the New Orleans Jazz Museum

アンバサダー・サッチ　—サッチモ大使—

　1987年公開の映画『グッドモーニング、ベトナム』の大ヒットとともに、ジャズの王様、ルイ・アームストロングの生涯最大のヒットが生まれた。

　"ワット・ア・ワンダフル・ワールド・オー・イエス！"

　サッチモのしわがれ声が歌う、「この素晴らしき世界」。実に死後16年、時代を超え、世代を超えた、サッチモの不死鳥のごとき復活だった。

　「ハロー・ドーリー」、「ブルーベリー・ヒル」、「バラ色の人生」、「ア・キス・トゥ・ビルド・ア・ドリーム・オン」、「聖者の行進」……。サッチモのミュージックは、今、若い人たちの間で再認識され始め、永遠の命を持ちつつある。ワンダフル・ワールドの歌声は、愛を訴える音楽家"サッチモ"が、天国から送り続ける世界へのメッセージなのである。

　ルイ・アームストロングは、"アンバサダー・サッチ"—サッチモ大使—と呼ばれる。彼がこう呼ばれるきっかけとなったのは、1955年、『ニューヨーク・タイムズ』の第1面に載った一つの記事だった。冷戦のまっただ中、タイムズのヨーロッパ特派員だったフェリックス・ピレイヤは、ヨーロッパの聴衆に熱狂的な歓迎を受けるルイ・アームストロングの音楽に深い感銘を受けていた。彼は本社宛にこんな記事を送った。

　「東西両陣営の交渉の進展には見るべきものがない。ヨーロッパにとって理解に苦しむのは、民主主義のプロパガンダのために巨額の金を使うアメリカ政府が、なぜ、世界各国を演奏旅行しているジャズの巨匠や、偉大なアメリカの音楽家を支援しないのかという事実である。今では、アメリカのジャズは世界共通の言葉となった。ジャズに国境はない。そして誰でもジャズがどの国に生まれたかを知っている……。現在アメリカが持っている、最強の秘密兵器はジャズのブルーノートだ。そしてアメリカの最も有能な大使は、ルイ・アームストロングなのだ」

　この記事は大きな反響を呼び、アメリカ政府にもジャズの持つ力の偉大さを認識させる結果となった。アメリカ国務省はこの翌年から、優れたジャズメンを国際親善の文化大使として、海外に派遣するようになった。当時のルイのオールスターズの演奏を収録したレコードに『サッチモ大使の旅』がある。イタリア語の司会に続くオールスターズの熱演と聴衆の熱狂は、名演奏の枠を超え、実に感動的で

ある。ルイのトランペットからは、喜びの叫びがほとばしっているかのようだ。

　ルイ・アームストロングは、一生、彼の音楽に対する信念と誠実さを失うことはなかった。どの時代の演奏をとってみても、彼の音楽からは必ず喜びの叫びが聞こえてくる。そして私は、この彼の崇高で芸術性高くこよなく楽しい喜びの音楽が、ニューオリンズの黒人街の貧困の中で培われたことに、大きな興味を感じるのである。

　「いろいろな評論家がね、私のミュージックのスタイルは何スタイルか、なんて議論をしているけれど、私はいつも、ニューオリンズのスタイルをやってるのさ。トランペットを吹くとき、歌を唄うとき、目をつぶるとニューオリンズの風景や、私の師匠のキング・ジョー・オリバーのラッパのフレーズが浮かんでくる……。私は、それをやってるだけなんだ」 −ルイ・アームストロング

Chapter1　生い立ち
ニューオリンズの "戦場" に生まれて
　ルイ・アームストロングは、1901年8月4日、ニューオリンズの黒人スラム街に生まれた。彼の家のあったジェーン横丁（Jane Alley）は、ギャンブラー、殺し屋、ヒモ、泥棒、売春婦など街でも指折りのならず者の住む所で、別名 "バトルフィールド（戦場）" とも呼ばれ、いつも発砲騒ぎや喧嘩が絶えなかった。

　ルイの誕生日は、長い間1900年7月4日のアメリカ独立記念日とされていた。その誕生日が何と、間違っていた事がサッチモの死後わかった！！本人も知らなかった新事実…本当の誕生日はその1年と1ヶ月後の1901年8月4日。貧しかった黒人の多くの家では誕生日が不明なことが多く、子供達の生年月日を独立記念日やクリスマス、大晦日や元旦として届けていた。ルイもそうした家庭の子どもとして生まれたのである（詳しくは 'サッチモちょっといい話18' で）。

　ルイが生まれて間もなく父と母は喧嘩別れをし、ルイは5歳になるまで白人の家の小間使いをしていた祖母のジョセフィン・アームストロングに育てられた。祖母は、

日曜には必ずルイを連れて近所の黒人教会へ出かけたものだ。黒人教会は、音楽と強烈なリズムに満ちていた。ルイはこうした教会で小さい頃から歌い方のコツをおぼえたのである。

　ルイが5歳のとき、母のマヤンが病気になり、ルイは母と妹の世話をするため、母と一緒に住むようになった。母の家はパーディド通りとリバティー通りの交わる界隈にあり、辺りは赤線ストーリービルで身体を売って暮らしているしがない娼婦たちでいっぱいだった。この界隈には角ごとに安酒場（ホンキートンク）があり、ジャズが通りにあふれていた。有名なファンキー・バット・ホールは通りの角にあり、そこでルイはニューオリンズで初めてジャズを吹いたと言われるコルネット奏者、バディー・ボールデンの演奏を聞いた。しかし子供ながらにバディは少々強く、荒々しく吹きすぎると思ったという。黒人教会の礼拝、お葬式のブラスバンド、街を行く宣伝の楽団……小さい頃から無料の音楽教育を受けて育ったルイは、5、6歳にしてジャズのテクニックや音楽の良し悪しを聴きわける、ませた耳を持っていたのである。彼のひいきのコルネット奏者は、マニュエル・ペレ、バンク・ジョンソン、そして後に彼の先生となるジョー・キング・オリバーだった。

　当時のスラムの黒人少年たちの憧れは、与太者になること、女のヒモになること、ギャンブラーになること、そして楽士になることだったという。街をブラスバンドが行進すると、子供たちはジャズに合わせて踊り狂いながら行進し、憧れの楽士たちの楽器やケースを持つ役をおおせつかろうと夢中になった。ルイは近所のフィスク小学校に入学するとすぐに新聞売りのアルバイトを始め、2、3年後には、近所の子供たち、チビのマック、赤毛のハッピー、デカ鼻のシドニーと四重唱団をつくり、街の通りを流して歩くようになった。マックはメロディーを歌い、シドニーはバス、ハッピーは楽しいショーマンでバリトン、そして"チビのルイ（リトル・ルイ）"または"ディッパー（ガマ口）"と呼ばれていたルイは、素晴らしい声でテノールを歌っていた。四重唱団は紅灯街ストーリービルの街角まで出かけ、何曲か歌うと帽子を回してチップを集めた。

少年院のラッパ手
　ルイが11歳だった1912年12月31日、子供たちの四重唱団はいつものように

通りを流して歩いていた。当時、大晦日の夜にはクラッカーやピストルを撃ち鳴らして騒いだものだった。突然、通りの向こうから誰かが小さな6連発の玩具のピストルをぶっ放した。仲間にけしかけられたルイは、家でみつけ、ポケットに入れてきた38口径の本物のピストルを取り出すと、空に向けてとてつもない音でぶっ放した。そのとき、

1913年頃　ルイが収容された少年院　ウェイフス・ホームのバンド（ルイは中央上）

ルイは刑事の強い腕で押さえつけられ、少年審判所へ連れて行かれ、少年院送りになってしまった。

　黒人少年院ウェイフス・ホームは不良たちでいっぱいだった。特に最悪のスラムからやって来たルイは、札つきの不良と思われ、厳しい扱いを受けた。少年院にはブラスバンドがあり、ピーター・デイビスという先生が黒人の少年たちを教えていた。ルイはバンク・ジョンソンやジョー・オリバーのようにコルネットを吹きたかったが、先生はなかなか彼にラッパを持たせてくれず、タンバリン、ドラム、アルトホンをやった後、やっとルイの才能に気づいたデイビス先生は、ルイをラッパ手にしてくれた。ラッパ手のラッパに合わせて、全員が起きたり行進したり、ラッパ手はとても誇り高い役目だった。まもなくルイは憧れのコルネットを吹かせてもらうようになり、少年院のブラスバンドのリーダーになったのである。少年院のブラスバンドは、休日にはニューオリンズの街を行進することを許され、ルイの家の近所を通るときなどは、仲間の与太者達が帽子を回してくれ、ブラスバンドに新しい楽器を買えるほどのチップが集まった。

　ルイはこの少年院に1年半ほどいた後出所したが、ルイが少年院で受けた教育は、彼にまったく新しい成功の道を切り開いてくれた。新聞売りや石炭売り、港湾労働者などの仕事の合間に、彼は近所の安酒場（ホンキートンク）でギャンブラーや売春婦の喜ぶブルースを演奏するようになり、音楽家としての第一歩を踏み出したのである。吹けるのはブルースだけ。まだ自分のコルネットも買えず、仕事のあるときだけ質屋から楽器を借りてくるパートタイムのラッパ吹きだったが、ブルー

スのフィーリングは抜群で、売春婦たちは大喜びし、ガーターにはさんだ札束からチップをくれたものである。

　ルイが住んでいたニューオリンズのアップタウンはブルースの宝庫だった。ワッフル売りやパイ売りの連中は、ワゴンを引きながらラッパや大きなトライアングルで音楽を奏で、バナナ売りの声は、まるでブルースそのものだった。特にクズ屋のロンゾという男は、おもちゃのブリキのラッパで自由自在にブルースを吹きながらクズを集めて回り、ルイはクズ屋の手伝いをしながらブルースを教わった。ルイは冬場になると、「♪ ストーンコール、バケツ１杯 15 セント」とブルースの節をつけて叫びながら、石炭を売り歩いた。サッチモの強靱な声帯とブルース・フィーリングはこうやって鍛えられたのだ。

恩師キング・ジョー・オリバー

　少年院を出てまもなく、ルイは偉大なコルネット奏者ジョー・オリバーに才能を認められ、ジョーからコルネットのレッスンを受けるようになる。楽器の中でも一番華やかだったコルネットは、黒人街の住人の人気を集め、人々は熱狂的に一番人気の奏者を“キング”と呼んだ。ニューオリンズで最初にジャズを吹いたバディー・ボールデンが‘キング・ボールデン’。初代ジャズ王だ。残念ながら 1906 年に精神の異常をきたし、翌年入院、そのまま引退した。２代目がキング・ケパードと呼ばれたフレディー・ケパード。大変懐疑心の強い人で、自分のスタイルを盗まれるからと、ハンカチを指にかぶせてラッパの指使いを隠していた。せっかく彼に史上初めてジャズのレコードを出す話が舞い込んだのに「スタイルを盗まれる」と断ってしまったという。彼と人気を二分したのがジョー・オリバーだった。彼は 1918 年にシカゴに移り、後に「キング・オリバーズ・クレオール・ジャズバンド」を結成して活躍している。

　ジョーは古くなったコルネットをルイに与え、ルイを自分の息子のように可愛がった。ルイはみるみる腕を上げ、テクニックを駆使してクラリネットのように早いフレーズを吹くようになったが、オリバーはもっと心をこめてメロディーを吹くように忠告した。このオリバーの忠告は、後のルイのメロディックなトランペット・スタイル形成に大きな影響を与えている。まもなくルイはオリバーの代役として、ストーリー

ビルのピート・ララの店にときおり出演するまでに上達するのである。

　アメリカが第1次大戦に参戦し国中に戦時色が濃くなった1917年、海軍大臣の命令によって赤線地帯ストーリービルが閉鎖されると、ジャズマンたちの仕事場は少なくなった。ジョー・オリバーは1918年にシカゴから出演の依頼を受け、ニューオリンズを去り、17歳のルイはオリバーの後釜としてキッド・オリー楽団に迎えられた。初めて本格的音楽家としてのスタートを切ったわけだ。

　キッド・オリーのバンドは、ニューオリンズ一の人気バンドだった。当時ニューオリンズでは馬車の上にバンドを乗せ、ダンスやボクシングの試合などイベントの宣伝をしていた。路上で馬車に乗ったバンド同士が出会うと、必ずジャズ合戦が繰り広げられたものである。この合戦はカッティング・コンテストと呼ばれ、どちらかのバンドが負けて逃げ出すまで続けられたが、時には見物人たちが2台の馬車の車輪を鎖で縛ってしまうため、数時間ジャズ合戦が繰り広げられることもあった。キッド・オリーのバンドは、カッティング・コンテストでニューオリンズ中のバンドをやっつけてナンバーワンとなり、ルイの人気も高くなっていった。

　この頃、主にニューオリンズの周辺のみで演奏されていたジャズが新しい段階を迎えようとしていた。1917年、地元の白人5人組、オリジナル・デキシー・ジャス・バンド（ODJB）が史上初となるJASS（ジャス）のレコードを録音、ジャズの人気が高まっていく。サッチモは1955年に出版された自伝『Satchmo: My Life in New Orleans』の中で、そのころビクターのラッパ型蓄音機を買った感激を書いている。「夢中になったよ。オペラ歌手のカルーソー、アイルランドのマコーマックも持っていた。ODJBのタイガーラグ、あれは最高だ。私たちの音楽を録音したのは彼らが最初だったんだ！」

リバーボート、そしてシカゴへ
　ルイがミシシッピーを行き来するリバーボートバンドのリーダー、フェイト・マラブルにスカウトされ、初めてニューオリンズを離れたのは1919年、ルイが18歳のときのこと。その前年に、世界を巻き込んだスペイン風邪のパンデミックで、ニューオリンズの夜の街が次々と閉鎖。この事がかえって幸いとなり、ルイの音楽の影響

が北部へと拡がって行ったのは大変興味深い。リバーボートは、ミシシッピー河沿いの街に停泊しては船上ダンスパーティを催し、人々は初めて聞くニューオリンズのオール黒人バンドに大喜びした。ルイたちの音楽を乗せたボートは、2000キロも上流の北部セントポールまで何度も航行し、この新しいビートの音楽を街々に広めていったのである。

　1921年に、シカゴに行った憧れのジョー・オリバーからルイ宛てに電報が届いた。リンカーン・ガーデンに出演している彼のバンドの第2コルネット奏者として、シカゴに来ないかという誘いだった。1922年の8月、21歳のルイはオリバーを頼ってシカゴへ旅立った。当時はアメリカ北部の工業化が進んだ時代、工場労働者が必要となり南部から黒人の民族大移動が起こった時期だ。北部の都市の黒人は平均20%も増え、ニューヨーク、シカゴ、セントルイス、デトロイトなど黒人が2倍に増えた街もあった。1917年にアメリカが第1次世界大戦に参戦し、黒人が徴兵され南部以外の生活を知った事も一つの原因だという。当然、故郷南部の音楽への需要が増えていった。ニューオリンズの黒人音楽家たちが移動を始め、キング・オリバーが18年シカゴへ出たのもこんな背景があったのだ。

Chapter2　1920年代
アメリカのジャズ界に革命的な影響を与えジャズを前進させた時代
シカゴ・アンド・オール・ザット・ジャズ

　ルイ・アームストロングは、キングの招きでシカゴに移りバンドの第2コルネット奏者となった。1923年に録音された"キング・オリバーズ・クレオール・ジャズバンド"のレコードはルイとオリバーの初レコードで、二人のコンビネーションがよく残されている。ルイは恩師オリバーと共演できることで、天国にも昇らん気持ちだった。ルイとオリバーという二人のコルネットの名人を抱えたクレオール・ジャズバンドの噂はアッという間にシカゴ中へ広まった。やがて評判を聞きつけた若い音楽家た

1923年　キング・オリバーズ・クレオール・ジャズバンド（シカゴにて）

ちがやって来ては、新音楽ジャズを自分たちの音楽にも取り入れようと、ワイシャツの腕のカラーに、ジャズのメロディーや即興のフレーズをメモしていったという。後のスイング王ベニー・グッドマンや、20年代後半"シンフォニック・ジャズ"と呼ばれた大編成の楽団を率い、'キング・オブ・ジャズ'と呼ばれたポール・ホワイトマンも、そんな音楽家たちの中にいた。当時この楽団の専属編曲者を務めていたのは、あの「ラプソディー・イン・ブルー」を書いたジョージ・ガーシュウィンだ。

姉さん女房とヘンダーソン楽団

まもなく、オリバー・バンドの女性ピアニストだったリル・ハーデンと結婚したルイは、彼女の影響で独自の道を歩み始める。リル・ハーデンは、メンフィスに生まれ、ナッシュビルの黒人大学を1917年に卒業、音楽の学士号を得た才能の持ち主！1918年にはシカゴに出て活躍を始め、多くのジャズ・ミュージシャンと演奏し名を知られた存在だった。1898年生まれでルイの3歳年上、理想の姉さん女房である。

オリバー・バンドのルイ、キング・オリバー、リル・ハーディン

ルイの偉大な才能を見抜いていた彼女は、オリバーの影響から抜け出すようルイに忠告した。最初は心から尊敬するオリバーのもとを離れるのを渋っていたルイも、1924年、新しいステップに飛躍するため退団、ニューヨークのフレッチャー・ヘンダーソン楽団の一員となる。当時のヘンダーソン楽団は、ローズランド・ボールルームで評判の人気バンドで、後のビッグバンド時代の編成より小さめのフルバンド、サックス3本、トランペット2本、トロンボーン1本にドラム、チューバ、バンジョー、そしてリーダー：ヘンダーソンのピアノという編成で、編曲された譜面を使って演奏していた。それまでデキシー編成、トランペット、トロンボーン、クラリネットにリズムの4人、譜面も使わず演奏していたルイにとっては、新しい領域への挑戦となった。

1924年、ヘンダーソン楽団に入団するや、ルイのトランペットの持つニューオリンズのスインギーなビートは、楽団全体のスタイルを一夜にしてすっかり変えてし

まった。その強烈なスイング感と
ジャズ感覚は、多くの模倣者を出し
た。テナーサックスの開祖といわれるコールマン・ホーキンス、また、後に有名なアレンジャーとしてスイング・ジャズ界に大きな影響を残すアルトサックスのドン・レッドマンなどは、このヘンダーソン楽団でルイの演奏に触れ、ジャズに開眼し才能を伸ばし始めたプレイヤーである。

フレッチャー・ヘンダーソン楽団（左前座）コールマン・ホーキンス（その上）ルイ（ドラムの上）ヘンダーソン

ルイはニューヨーク時代、“ブルースの女帝” と呼ばれたベッシー・スミスとの共演のレコードも多く残している。教会風の足踏み式オルガンの伴奏をバックに、ベッシーの歌に合の手を入れるサッチモのコルネット、三人だけによる名作、1925 年の「セントルイス・ブルース」、「ケアレス・ラブ・ブルース」などは、今も心を揺さぶられる不思議な '精神性' や '芸術性' を秘めている。この大きな才能との共演を通し、ブルースの女帝から若きサッチモは多くのものを吸収したのではないかと思う。

ルイ・アームストロング＆ヒズ・ホット・ファイブ
約 1 年間ヘンダーソン楽団に在籍した後、1925 年 11 月にシカゴに戻ったルイは、夫人のリルが契約をとってきた様々なクラブで活躍を始める。特に「ドリームランド・カフェ」出演では、クラブの前に〔ルイ・アームストロング　ワールズ・グレイテスト・トランペット・プレイヤー〕の大きな看板がかかった。契約の条件としてリルが店に要求したのだ！！姉さん女房大活躍である！！

シカゴに帰った直後から、ジャズ史に残るバンド “ルイ・アームストロング＆ヒズ・ホット・ファイブ” の吹き込みが始まる。当時、ニューヨークに本社のあったオーケー（OKeh）レコードは、シカゴを拠点に、“レイス・レーベル（人種盤）” と呼ばれる黒人層向けの 78 回転 SP 盤を発売し大人気だった。この会社から、ルイ

自身のバンドで録音するオファーがあり、ルイはシカゴにいた昔の仲間たちに声をかけた。こうしてニューオリンズ時代そのままのバンドが復活し、レコードとなったルイの"ジャズ語"は、黒人、白人を問わず、多くのミュージシャン達の間でセンセーションとなっていく。

ルイ・アームストロング (cor)、キッド・オリー (tb)、ジョニー・ドッズ (cl)、ジョニー・セン・シア (bj) のニューオリンズ出身の音楽家と、リル・アームストロングのピアノからなる一連のホット・ファイブの録音は 1925 年 11 月 12 日に始まった。

この時代のルイの音楽があまりに独創性に富み"芸術的"で、ジャズ史における歴史的録音と後年評価されたため、ジャズ愛好家の間では間違った〈神話〉が独り歩きしている。ホット・ファイブの音楽は"大衆向けではない崇高な芸術的創作"とされているのだ。私も長年そうした印象を持っていた一人だ。後にチャーリー・パーカーやマイルス・デイビス、ジョン・コルトレーンが登場してジャズに革命を起こし、麻薬におぼれた天才たちの奇行や自虐的な精神こそが"芸術"を生む。そんな〈芸術の神話〉がはびこった影響もあったのかもしれない。

1920 年代を生きた黒人女性の生涯を描いた映画『カラーパープル』を見て、納得したことがある。この映画は、ウーピー・ゴールドバーグのデビュー出世作だ。浮気者の亭主ミスターが元恋人の美人シンガーを家に連れ込み、三人の奇妙な共同生活が始まる。彼女が家に持ち込んできたラッパ型蓄音機から流れていたのが、ホット・ファイブの初吹込みとなった「マイ・ハート」だった。映画の中で思いもかけず登場したホット・ファイブのサウンド…それは実に当時の生活にマッチした"商品"としての音楽だったことに、私はびっくりした。手回しの蓄音機は野外でも、後年の携帯ラジオのように使われた。浜辺でロカビリーを流し若者が踊った'フィフティース'の時代の様に、ホット・ファイブのジャズも'トゥエンティース'の実用の音楽だったのだ。南部の農園やスラムから移り住んだ貧しく、教育も受けられなかった黒人の人々が好んで聞き踊った音楽、ジャズ。作る側も聞く側も芸術など意識したとは思えないのに、そ

1925 年頃　ルイ・アームストロング・アンド・ヒズ・ホット・ファイブ　左からルイ、ジョニー・センシア (bj)、ジョニー・ドッズ (cl)、キッド・オリー (tb)、リル・ハーデン (p)

の芸術性の高さと完成度に驚かされるところが多い。

スキャット…"バ・ズ・ズビ・スキャット・ディ・ダ"

　1925 年シカゴで始まったホット・ファイブ、そして、その後 1928 年まで続いたホット・セブン、サボイ・ボールルーム・ファイブ等の録音グループから名演の数々が誕生した。

　「マスクラット・ランブル」「バーベキュー料理で踊ろうよ」「コルネット・チャプスイ」「ホッター・ザン・ザット」「サボイ・ブルース」「ポテト・ヘッド・ブルース」「タイト・ライク・ジス」「ウェスト・エンド・ブルース」など、歴史的名作として名高い演奏が並んでいる。

　また忘れてはならないのは、この頃ルイがユニークなボーカリストとしても活躍を始めたことだ。1926 年にホット・ファイブで吹き込んだ「ヒービー・ジービーズ」は、ルイの初期のボーカルの歴史に残る傑作で、ルイがあみだした"スキャット唱法"の初レコードとして有名だ。"バ・ズ・ズビ・スキャット・ディ・ダ"といった、適当で意味のない歌詞をつけて歌うこのユーモラスな唱法は大ヒットし、ジャズ・ボーカルにまったく新しい道を切り開いた。このスキャット誕生については、'サッチモちょっといい話 12'で詳しく触れている。

　ルイ・アームストロングの若き日、レコードの録音方法は今とはだいぶ違っていた。1923 年キング・オリバーの時代は、大きなラッパ型の集音機に向かって音を出し、振動をレコード盤に刻み込む"ラッパ録音"で、'ラッパ型蓄音機の逆'の原理のような録音だった。その後 1925 年、レコード業界は"電気録音"を本格的に採用、マイクロフォンを使った現在の方法につながる方式で、音質の良い録音が保存できるようになった。ただし問題点があり、低音のベース、バスドラムなどは衝撃が強すぎ、当時の録音技術では録音不能だった。弦バスの出すような'ブンッ'という破裂音が録音を台無しにするが、'ブー'というチューバの音は OK で、1920 年代にチューバが入った編成やレコード録音が多いのはそのためだ。そんなわけでキング・オリバー楽団ではドラマー、ベビー・ドッズが木魚のようなウッドブロックをたたき、ベースも入っていない。またホット・ファイブも録音不可のドラム

とベースがない5名編成。ホット・セブンは、この5人の編成にチューバのピート・ブリッグスが入り、ドラマーのベビー・ドッズがシンバルだけで参加している。

コルネットからトランペットへ

　シカゴのルイ・アームストロングの人気はみるみる高くなり、ルイはベンドム劇場のアースキン・テイト楽団やサンセット・カフェのキャロル・ディッカーソン楽団など編成の大きな楽団で、深夜、明け方まで一晩に2、3のバンドをかけもちで演奏しながら、1928年までの間に"ホット・セブン""サボイ・ボールルーム・ファイブ"等のバンド名で、小編成のグループによる数々の歴史に残る名演奏を精力的に録音し続けた。

　ルイはこのころ楽器をコルネットからトランペットに換えている。ジャズは、その初期、曲の頭から最後までバンド全員で演奏する合奏（アンサンブル）が主体だったので、周りの音と混ざりやすく音の柔らかいコルネットが使われた。バンド編成が大きくなり音が突き抜ける必要が出た1920年代中ごろ、コルネットは減っていきトランペットが主流となっていく。ルイは合奏が主体だった演奏を、徐々に自由にソロを吹き自在にアドリブを入れたり、ブレイクといって一瞬リズムが止まりアドリブでメロディーを入れる…そうしたスタイルを多用しはじめ、後年のモダン・ジャズにまでつながるアドリブ形式の原型が生まれていった。こうしてルイの楽器は、長年吹いてきたコルネットから、ソロに適したトランペットへと変わっていく。

　この時代、ルイが開拓したソロやブレイクのスタイルは、トランペットはもちろん、ピアノ、トロンボーン、クラリネット、サックス、ギター、ドラムなどあらゆる楽器のジャズソロの手本となり、その後のジャズ界を大きく前進させる起爆剤としての重要な役割を果たした。その影響は現代のジャズやポップスの世界にまで残っている。また、ルイはこの頃天才的なピアニスト、アール・ハインズに出会い、大きな音楽的進歩をとげている。ルイはハインズのピアノから素晴らしいインスピレーションを授かり、またハインズはルイの奏法の影響をまともに受け、トランペット・スタイルと呼ばれるピアノ・スタイルを完成させた。ルイとハインズのコンビネーションは、二人のデュエットで吹き込まれた「ウェザー・バード」や、この時期の最も有名な演奏「ウェスト・エンド・ブルース」に、その極めつけを聞くことができる。

Chapter3　1930年代
アメリカのジャズ界…ポピュラー音楽界両方に影響を与えた時代
ニューヨーク・ニューヨーク

　1929年9月のアメリカの株価の大暴落で始まった大恐慌は世界に暗い影を落とし、エンターテインメント界も過酷な苦難の時を迎える。この頃サッチモはシカゴからニューヨークへと活動の中心を移し、主に黒人層をマーケットとする音楽家から、白人をも含むより大きなマーケットでの人気者となっていく。1929年3月、ルイのニューヨークでの初吹込みとなったのは、彼にとって初めての流行歌(ポピュラーソング)「捧ぐるは愛のみ(I can't give you anything but love)」のレコーディングだ。'サッチモちょっといい話14'でも詳しく述べるが、このレコードは、新天地ニューヨークを舞台に、"新しいサッチモの世界"の始まりを告げる画期的な録音となった。

　このレコードの冒頭、トランペットのストレート・メロディーは、'スイートでジャズ的な吹き方'で始まる。そのトランペットから流れ出る甘い感情表現は、今まで誰もやったことがなかったスタイルだったが、数年後にはトランペッターは皆この吹き方に右へ倣えをする。そして、2コーラス目に始まる彼のボーカル。これも今では当たり前になったが、当時とすれば'映倫すれすれ'のセクシーさをかもし出した歌い方。そして最後のコーラスは、サックスがソフトに奏でるストレート・メロディーをバックに、ルイのトランペットが自由自在にアドリブで主旋律への'からみ'を繰り広げる。後年、大きな弦楽オーケストラの演奏でも用いられる、主旋律に絡んで裏のストリングスがユニゾンでカウンターメロディーをかぶせる。そんなアイデアのルーツともいえるような、画期的でエンターテイニングな名演を、いとも簡単に、そして自由自在に展開している!

　こうしてルイのスタイルは、ニューオリンズの合奏中心のスタイルから、輝くようなトランペット・ソロと、ハスキーなボーカルを中心にしたよりポピュラーなスタイルへとどんどん変化し、黒人ジャズ・トランペッターの王様として押しも押されもせぬ大スターへの道を歩み始めるのである。「スターダスト」「ボディー・アンド・ソウル」「メモリーズ・オブ・ユー」「君微笑めば」「君去りし後」「シャイン」…き

らめく名演の数々はハリー・ジェームスやロイ・エルドリッジ他、黒人白人を問わずトランペッターたちに大きな影響を与え、その他の楽器にさえも、様々なスタイルの変化をもたらした。

黒人マーケットと白人マーケット

　黒人向けのレイス・レコードで人気の高かったサッチモ。しかしアメリカの人口に黒人の占める割合は、当時10パーセント。もしルイがそのまま'黒人層向け'音楽にとどまっていたら、いくら人気があったとしても彼のジャズは限られた層のマイナーな音楽で終わったかもしれない。それは後年、エルビス・プレスリーというキャラクターの出現が、ロックを黒人限定の音楽から世界のロックへと変貌させたのにも似ている。ルイの親友でもあった大歌手ビング・クロスビーは、ルイの歌とトランペットが大好きで、自分のジャズ感覚にはサッチモの影響が大きいと認めている。また、サッチモのほうもビング・クロスビーのスイートなフィーリングに憧れていたことが、この頃の彼のボーカル・スタイルから感じ取れる。黒人が白人へ、白人が黒人へ…当時の流行歌を取り上げたルイのレコードは、黒人社会のみならず、白人社会でも大きな売上げを示すようになり、お互いに大きな影響を与え合いながら、新音楽ジャズはより広い世界へと発展していったのだ。

　またこの時代のルイは、トランペットの高音、ハイトーンを好んで使うようになった。有名な「シャイン」では、最後のカデンツァでトランペットのハイトーンのCを300回ヒットし、さらにその上のFで終わるという、当時も今も、信じられないような曲芸的な演奏もしていた。「最近のトランペッターは皆ハイトーンで吹きまくっているが、あれは、昔私が火をつけたのさ…」と後年ルイは語っている。トランペットのハイトーンも、ルイとともに始まったのである。

1931年　ルイ・アームストロング　Conn社製の特に細長いトランペット
（コーンのピーシューター＝豆鉄砲）と呼ばれた
Courtesy of the New Orleans Jazz Museum

暗黒街の時代とパリでの暮らし

　大スターへの階段を上っていくと、そこには思わぬ困難も待ち受けている。シカゴ、ジャズ、夜の街、1920年代といえば、もちろんギャングである。シカゴのカポネ一家と、ニューヨーク、ハーレムのダッチ・シュルツ一家との間で、どちらがルイを仕切るかの奪い合いになったり、また1932年、専属レコード会社をオーケー（OKeh）からビクターに変えた時も大変なトラブルになり、会社のバックについていた"勢力"に脅され、結果アメリカ国内の地方巡業（ワンナイト）で逃げ回った時期があった。ついにその状況は国内には安住の地がない状態にまでなり、ルイは1932年、初めてイギリスへ渡航、その後も1933年から34年に再びヨーロッパ各地の長期演奏旅行に出る。そんなストレスと疲労の中、ハイトーンにつぐハイトーンの過激な演奏が続き、彼はオーバーワークで唇を切り長期休養を余儀なくされている。1935年にアメリカに戻ってからもしばらく音楽から遠ざかり、このケガを境にして、ルイのトランペットは晩年の枯れた味わいを持ち始めるようになる。

　この期間、ルイは休養のため、芸術の都パリのモンマルトルのアパルトメント・ホテルに約1年間滞在している。ルイにとってヨーロッパでの体験は、彼に新しい世界の存在を知るきっかけを与えてくれた。アメリカでは蔑まれ差別を受けていた黒人が、ヨーロッパではあこがれの目で慕われる。単なる娯楽とアメリカでは扱われていたジャズ。そんな'自分たちのジャズ'を、芸術として評価し、'ジャズの歴史'の本が出版され、ジャズ愛好家の団体『ホットクラブ』までできて、"新大陸生まれの芸術"ジャズを愛好し、研究し、広めるために活動している！こうした新しい発見はルイに驚きを与え、彼の意識を大きく変えたのではないかと思う。

　また、パリのオペラ座も彼に深い感激を与えたのではないかと私は思っている。実は、ニューオリンズは、1796年、アメリカで初めてオペラの公演が行われた街だ。1859年にはオペラハウス「フレンチ・オペラハウス」ができ、1919年まで盛んに公演が行われていた。劇場の天井桟敷にルイも通ったのだろう、彼は若き日、人気のあったカルーソー、マコーマック等オペラ歌手のSP盤も持っていたと語っている。パリ滞在中の1934年、ポリドールで録音した「明るい表通りで」がある。ルイは明らかにオペラを大きく意識し、そのエンディングはいかにも'俺はパ

リにいるんだぞ！’と言わんばかりだ。オペラ歌手が“大向こうを張る”エンディングのように、オーケストラのリズムが徐々に遅くなりストップ、フェルマータすると、ルイのカデンツァが入る。そしてエンディングに向けトランペットとオーケストラが、一音一音、徐々に高音に向かって緊張を高め、ルイは最後の最高音Cを、歓喜の叫びのように高らかに力強く吹きのばすのだ！このエンディングのスタイルは、その後のルイの演奏のトレードマークともなっていく。

1935年1月、ルイは2年ぶりにアメリカに帰国、ビッグバンドを率いて活動を再開した。翌36年、彼の最初となる自伝『スイング・ザット・ミュージック』を出版。明らかにヨーロッパで目にしたジャズ史の書籍に刺激され出版されたこの本は、アメリカで初めてジャズの歴史にふれた本となった。一般的にアメリカ初のジャズ研究書は1939年出版の『ジャズメン』と思われているが、その3年も前にジャズ史に触れた本をサッチモが書いていたことはあまり知られていない。

名マネージャー　ジョー・グレイザー

1935年にアメリカに戻ったルイは、以前出演していたシカゴのクラブ「サンセット・カフェ」のオーナーだったジョー・グレイザーを頼り、「ミスター・グレイザー！貴方しかいない、お願いだ」と頼み込み、マネージャーになってもらう。ジョーのおかげで、悩んでいたギャングのトラブルからも解放され、才覚あるマネージャーとの二人三脚で新しい歩みを始める。

グレイザーはルイの非常に有能なエージェントとなり、1940年に彼が立ち上げたタレント・プロダクション「アソシエイテッド・ブッキング・コーポレーション（ABC）」は、デューク・エリントン、ビリー・ホリデイ、ベニー・グッドマンからBBキング、バーブラ・ストライザント、デイブ・ブルーベック他、大物有名タレントが所属するアメリカ一のエージェントとなった。ルイに頼み込まれてパーソナル・マネージャーになったのが1935年、グレイザーはルイの運転手兼マネージャーとしてスタートした。後にアメリカ一のプロダクションとなった「ABC」の最初の“顧客”は、ルイ・アームストロングだったのだ。長い間二人は深い尊敬と友情、そして家族のような愛情で結ばれ、その関係は一生、グレイザーが亡くなる1969年まで続いた。ジョーの死から2年後の1971年にはルイもその後を追うように亡くなっている。

名マネージャー、ジョー・グレイザーに助けられ、サッチモの才能はさらに膨らみ続ける。ジョーが結んだデッカ・レコードとの専属契約は、一時RCAやコロムビアに移籍した時期を除き1950年代後半まで約20年間続いた。デッカは売れるものは何でもアーチストに演らせるので有名だ。この経営方針とも相まって、サッチモに新しい分野での活躍の場が次々と開けていった。デッカにサッチモが残した録音は、ニューオリンズ・スタイルから、ハワイアン、ラテン、タンゴ、ゴスペル、カントリー、ロシア民謡、アフリカ民謡、クリスマスソング、ヒット・チャートの流行歌と実に様々である。レコード会社とマネージャーのアイデアも素晴らしいが、その要求に忠実に従い、すべての分野で強烈な“サッチモ印”の作品を残し長年活躍をつづけたルイは、まさに他に類を見ない音楽家だとつくづく思う。

　ルイがヨーロッパから帰ったころのアメリカのジャズ界は、スイング・ジャズ全盛時代を迎えていた。ルイもビッグバンドを率いていたが、グレン・ミラー、グッドマン、エリントン、ベイシーなどの陰に隠れ目立たない存在となり、ヒットの少ない時代でもあった。その中で特筆すべき出来事は、後にジャズの国歌のようになる「聖者の行進」の初ジャズ盤のレコードを1938年に出していることだ。

初のハリウッド映画

　スイング時代はヒットをつかみかねたサッチモだったが、ジョーのマネージメントでハリウッド進出の機会をつかむ。1936年の『黄金の雨』でビング・クロスビーと共演したのをきっかけに、ほぼ毎年映画に出演するようになり、銀幕スターへの道をたどり始める。

　ちなみにルイが初めて銀幕に登場したのは、1932年、ニューヨークで撮影された短編2本だ。当時メインの映画の前に上映された10分前後の短編映画で『A Rhapsody in Black & Blue（黒とブルーの狂騒曲）』とベティーちゃんの漫画映画『I'll be glad when you're dead you rascal you（お前がおっ死んだら俺はうれしいぜ、コノバカヤロー）』。前者では豹の皮をまとった現地人として、後者では、コミカルな“人食い人種”として、アニメーションと実写で登場している。いずれの映画もニューヨークで撮影され、30歳の若々しいサッチモの姿を見られる貴重な映像だが、ビング・クロスビーという超人気者の大スターと共演したハリウッド映

画『黄金の雨』とは、メジャー度はくらべものにならない。その後、戦前の日本でも話題になった 1937 年の『画家とモデル』や、38 年の『ゴーイング・プレイセズ』と、ほとんど毎年、重要な役割で、時には年 2 本のペースで 1960 年代終わりまでハリウッド映画の出演がつづいていく！

Chapter4　1940 年代
ニューオリンズ・ルネッサンスの時代
ビッグバンド時代の終焉とルイ・アームストロング・オールスターズの誕生

　一方、音楽界は 1940 年頃に入りビッグバンド時代にもやや変化が現れる。ジャズの歴史書『ジャズメン』が 1939 年に出版され、これが先駆けとなりジャズの原点へ戻るニューオリンズ・リバイバルの動きが始まったのだ。西海岸で活動していた白人青年トランペッター、ルー・ワタースは一早く若者たちによるヤーバブエナ・ジャズバンドを結成、キング・オリバーのバンド・スタイルで演奏を始めた。また、引退していた黒人パイオニアたち、1942 年にトランペッター、バンク・ジョンソン、1943 年にはトロンボーン奏者キッド・オリーがカムバック、港湾労働者をしていた名クラリネット奏者ジョージ・ルイスも脚光を浴びニューオリンズ・リバイバルの幕は切って落とされた。突如として"伝説"のジャズマンたちがジャズシーンに登場し、ワタースのような新顔の若者達の初登場も、ニューオリンズ・リバイバルを驚愕のニュースへと押し上げていった。こうした流れに敏感に反応したデッカは、ルイ・アームストロングとシドニー・ベシェを中心にしたニューオリンズ・ジャズのレコードを 1940 年に録音、不朽の名盤となった。また、当時バンド編成が小型化した理由の一つは、世界が第 2 次世界大戦に突入、多くのメンバーを雇いコストのかかるビッグバンドが、戦時中の国民生活にとって贅沢すぎる娯楽となり衰退したことも挙げられる。

新生「ルイ・アームストロング・オールスターズ」

　こうしてジャズの原点回帰の運動と、楽団の小型化は徐々にアメリカ中へ広まっていく。ルイは 1945 年、ニューオリンズのジャズ愛好家の組識"ナショナル・ジャズ・ファウンデーション"主催のニューオリンズ市公会堂でのコンサートに出演、次の

年ファウンデーションの協力で制作された映画『ニューオリンズ』に準主役として出演した。この映画のヒットが直接のきっかけとなり、ルイはビッグバンドを解散し、カーネギー・ホールやニューヨークのタウン・ホール、ボストンのシンフォニー・ホール、シカゴのシビック・オペラなど、1947年の一連のコンサートに小編成のコンボで出演、ここに"ホット・ファイブ"、"ホット・セブン"等の時代以来、約20年ぶりのニューオリンズ・ジャズ編成による"ルイ・アームストロング・オールスターズ"がデビューしたのである。

　この1947年に再編された最初のオールスターズには、ジャック・ティーガーデン（tb）、バーニー・ビガード（cl）、ディック・キャリー、後にアール・ハインズ（p）、アーベル・ショー（b）、シドニー・キャトレット、後にコージー・コール（ds）などスター・プレイヤーが参加、ボーカルにヴェルマ・ミドルトンを加え、1948年にはニース・ジャズ・フェスティバルに出演した。

　この時代のオールスターズの演奏は、ティーガーデン（tb）とバーニー・ビガード（cl）、ルイ（tp）の、フロント・ラインの楽器3本によるアンサンブルの絡み合い、そしてリズム・セクションの気品に満ちた、流れるようなスイング感が、ジャズ界に復活した奇跡のコンビネーションを生んでいた。

　各プレイヤーの出身を見てみると、ニューオリンズ出身のルイとバーニー・ビガード。バーニーは、長年デューク・エリントン楽団の重要メンバーとしても活躍している。シカゴ時代数々の名演を一緒に創り出したピアノのアール・ハインズ。そして

1949年頃　新生ルイ・アームストロング・オールスターズ　左からコージー・コール（drms）、ジャック・ティーガーデン（tb）、ルイ、アーベル・ショー（b）、バーニー・ビガード(cl)、アール"ファーザー"ハインズ(p)
Courtesy of the New Orleans Jazz Museum

ドラムのシドニー・キャトレット、コージー・コール、一番若手25歳のベース、アーベル・ショー。この三人は、当時の最新のジャズ、ビーバップとスイング畑の出身。そしてトロンボーンのティーガーデンは、ポール・ホワイトマン楽団でも活躍しデキシーランド・スタイルのスター。ルイ・アームストロング・オールスターズは、こうしたジャズのスタイルを超越した、とんでもないジャズ名人たちの集まりだったのである。

サッチモ夫人　ルシールさん

　この時代、ルイにはもう一つ、大変ハッピーな出来事が起こっている。1942年から71年まで、最高の伴侶となるルシール夫人との結婚である。ルイは生涯に4回の結婚をしている。42年に結婚したルシール夫人は大変家庭的な人で、ルイは大きな心の安定をもらい、二人は30年近くナイスカップルとして幸せに暮らした。

1996年　ルイ・アームストロングのお墓で　マイケル・コグスウェル館長（右）　撮影：小泉良夫

　1943年から71年まで夫妻が住んだニューヨーク、クイーンズ区コロナの家は、現在"ルイ・アームストロング・ハウス・ミュージアム"となって一般公開されている。この家は、サッチモがツアーに出ている間に、ルシール夫人が見つけ購入した。ツアーから帰ったサッチモは、連絡をもらっていた住所にタクシーで到着したが、ここだという運転手の言葉を「嘘だろう、間違いだ」となかなか信じなかったという。それほど家庭的なたたずまいだったのだ。

　まだ、サッチモの家が"ミュージアム"として開館準備中だった1996年、大阪在住でジョン・コルトレーンの世界的研究家として知られる藤岡靖洋さんから、開館に必要な費用が集まらず困っていて、世界に寄付を呼び掛けているという話を伺った。早速、私達日本ルイ・アームストロング協会（WJF）会員の皆様に"サッチモの家博物館実現にご寄付を！"と呼びかけたところ、1か月で100万円を超えるご寄付が寄せられた。その年のうちに1万ドルの小切手を持ち、私たちの協会理事で夕刊フジにご勤務だった故小泉良夫さんご夫妻とニューヨークへ飛び、サッチモハウスのマイケル・コグスウェル館長を訪ねた。彼は日本のサッチモファン達からの寄付を大変喜んで下さり、サッチモ夫妻が眠るお墓に案内して下さった。その上、なんと私は1964年、サッチモの楽屋に忍び込んで吹いたあのトランペットに再会、"日本のサッチモ"という事で、今度はゆっくり"タップリ"、感激と共に'王様の楽器'を吹かせていただく特典までいただいた！！このハウス開館のために、当時のMCAビクター社も青野浩史さんのお骨折りで、ハウスのオー

プンへ 50 万円の寄付を決定、ご本人がハウスに持参してくださった。サッチモも、天国でこの日本の皆さんからの支援をきっと喜んでくれていると思う。

Chapter5　1950 年代
世界のサッチモへ…音楽大使として世界を廻った時代
名レコード・プロデューサー達
ミルト・ゲイブラーとデッカ

　1950 年頃になると、デッカ・レコードに大きな変化が起こった。1949 年に敏腕プロデューサー、ミルト・ゲイブラーがルイの担当となったのである。彼は、もともと NY でレコード店を経営し、ジャズ専門のレーベル、コモドア・レコードをリリースしていた。ゲイブラーは'ビルボード'のヒット・チャートに注目し、ルイが歌ってヒットしそうな曲を次々と取り上げ、デッカのレーベルで売り出したのである。30 年代以来デッカお気に入りのアーチストだったルイと、ゲイブラーのコラボが大当たりして生まれたのが「バラ色の人生」「セ・シ・ボン」「アイ・ゲット・アイディアズ」「ブルーベリー・ヒル」など一連のヒット作品だった。

　この時代、もう一つルイの長年の夢が実現、生涯、この出来事を喜びとともに何度も振り返って語っている。1949 年 2 月、彼はニューオリンズのマルディ・グラの祭りで、子供の頃からの夢だっだ"ズールーの王様"に選ばれたのだ。ズールーは、この祭りでパレードをする唯一の黒人団体で、サッチモは、いわば'スラム王'の王位についたわけだ。そして同じ週、王冠を頭に載せたルイの似顔絵が『タイム誌』2 月 21 日号の表紙を飾った。タイムの表紙になるという事は並大抵のことではない。ルイの人気が高まっていったことがわかる画期的な出来事であるとともに、マネージャーのジョー・グレイザー、デッカのミルト・ゲイブラーの手腕の高さをも証明していると思う。

1949 年 2 月 21 日号　タイム誌

ジョージ・アバキアンとコロンビア

　1950年代に入るとオールスターズのメンバーは、トラミー・ヤング (tb)、エドモンド・ホール (cl)、ビリー・カイル (p)、バレット・ディームス (ds) などへメンバーが代わり、ショー的で派手なプレイヤーを揃えたオールスターズには、さらに大きな展開が待っていた。1954年コロムビアに移籍したルイは、名プロデューサー、ジョージ・アバキアンと出会い、そのずば抜けたアイデアとプロデュースで、さらなる新しい"世界のサッチモ"への道を歩み始める。

　アバキアンはロシア時代のアルメニアに生まれ、4歳でアメリカに移住、間もなく大のジャズファンになった。当時はまだ SP レコードの時代、エール大学在学中からデッカに見込まれ『シカゴジャズ』のアルバムの制作を任される。SP レコードを何枚かまとめた'アルバム型'の発売は、クラシックではあったがジャズでは初めてのことだったという。能力を認められたアバキアンは、コロムビアに入社、ルイのホット・ファイブ、ホット・セブンほか、1920年代の名

ジョージ・アバキアンさんのサインをいただいた『アンバサダー・サッチ（サッチモ大使）』のEP盤

プレイヤーたちの『アルバム型 SP 集』を数多くヒットさせた。このシリーズは10数年後、LP の時代になって再び『ゴールデン・エラ・シリーズ』として再発売されている。

　アバキアンは、あこがれのルイ・アームストロングの担当となり、大コロムビアをバックに1954年『サッチモ・プレイズ・W.C. ハンディ』、55年『サッチモ・プレイズ・ファッツ（ワーラー）』、56年『アンバサダー・サッチ（サッチモ大使）』等をプロデュース、1920年代のルイの素晴らしさを生かし、なおかつ新時代のサッチモを引き出すレコードを生み出してゆく。ヒット・チャート的な意味で、コロムビアでのサッチモ最初の大ヒット・シングルとなったのは1955年「マック・ザ・ナイフ」だ。その後アバキアンは、『アメリカの秘密兵器ジャズ』という1955年のニューヨーク・タイムズの記事をきっかけに、メディアをも駆使した独創的なプロデュースを展開、

アメリカ国務省をも巻き込んで"世界のサッチモ"、"ジャズ大使サッチモ"を生みだしていく。1961年には、担当していたデイブ・ブルーベックとサッチモの共演で、アメリカの音楽大使として活躍したジャズメンたちの共演『ザ・リアル・アンバサダーズ』も録音している。

映画『サッチモは世界を廻る』

　アメリカ3大ネットワークの一つCBSテレビで看板司会者を務めていたエド・モローと、コロムビア・レコードのジョージ・アバキアンが発案し企画制作した映画が、55、56年のルイの世界ツアーを記録したドキュメント『Satchmo the Great（邦題：サッチモは世界を廻る）』（1957）だ。ヨーロッパ・ツアーで大歓迎を受けるルイとオールスターズ。自分たちの祖先、黒人奴隷がやってきた故郷だと実感したアフリカ訪問。そして若きレナード・バーンスタイン指揮のニューヨーク・フィルとの共演など、多くの感動的なシーンをとらえた1時間強のフィルム。この映画は"サッチモ大使の旅"のすべてを映した、史上最高の音楽ドキュメンタリーとなった。

　アフリカへの里帰りのシーンでは、彼がガーナの小学校を訪問、優秀な生徒にトランペットを寄付するシーンがある。学生時代にこの映画を見た私は、その時喜びできらっと光った子供たちの目が、なぜかいつまでも心に残っていた。30年

1956年　アフリカ、ガーナの小学校にトランペットを寄付
映画「サッチモは世界を廻る（Satchmo the Great）」より

後、日本ルイ・アームストロング協会を始めた時、このトランペット・プレゼントのシーンは、"銃に代えて楽器を"の合言葉でニューオリンズの子供たちに楽器を贈る私たちの活動の原点となった。

ノーマン・グランツとVerveレコード

　時代は10年ほど後になるが、もう一人の名レコード・プロデューサー、ノーマン・グランツとの出会いもサッチモに新しい世界の扉を開いている。1950年代に登場したテレビの黎明期は、ジャズがスイング・ジャズからモダン・ジャズへと変わっていく移行期にもあたった。色々なスタイル

のミュージシャン達を一堂に集め、大ジャムセッションを繰り広げる、そんなテレビ番組が多く作られている。様々な企業がジャズショー番組を提供、クリスマスや正月番組の目玉になるほどの人気となっていった。

　こうした『大ジャムセッション』をビジネスにしたのが、JATP（ジャズ・アット・ザ・フィルハーモニック）コンサート・シリーズで知られる大プロデューサー、ノーマン・グランツだ。1944年、最初のコンサートがロスのクラシック音楽の会場、フィルハーモニック公会堂で開催され、その演奏をライブ盤として発売、50年代はジャズ・アット・ザ・フィルハーモニックの最盛期だった。JATPのグループは1953年11月、日本にもやってきて、この来日はその後の日本のジャズブームに火をつける結果となった。招聘をしたのは元国務大臣石井一さん（現日本ジャズ音楽協会会長）の父君で、レコード会社日本マーキュリー・レコードの社長だった石井廣治さんの勇断。結果、この来日は日本のジャズにとって歴史的な出来事となった。初期のコンサートではチャーリー・パーカー、レスター・ヤングも名を連ねたJATPは、1940〜50年代のジャズを代表する存在となり、1956年ノーマン・グランツはレコード会社Verveを設立しジャズの名盤の録音と発売を開始した。

　1956年、大歌手エラ・フィッツジェラルドがVerve専属となり、グランツにエラとルイの共演盤を作るアイデアが生まれ、大物ジャズ・スター二人のデュエットによる洒落たスタンダード・ソング集『エラ＆ルイ』のシリーズが誕生した。当時新進気鋭の若手だったオスカー・ピーターソン（p）とレイ・ブラウン（b）が伴奏を務め、57年にはピーターソンとルイという、世代を超えジャズスタイルを超えたコンビネーションの名作『ルイ・アームストロング・ミーツ・オスカー・ピーターソン』等も生まれた。ルイのニューオリンズの歌心を、最新のモダンジャズ・サウンドをバックに引き立たせる…それまでになかった新しい顔のサッチモを引き出した名プロデューサー、ノーマン・グランツとサッチモの出会いも、ジャズファンにとって実に嬉しい運命的なものだった。

プロデューサー達が生んだ名作レコード
　1940年代終わりから50年代後期のこの時代、ゲイブラー、アバキアン、グラ

ンツという名プロデューサーを得て、ルイのレコーディングには、数々のヒットが生まれ、またアルバムも『プレイズ・W.C. ハンディ』『サッチモ・プレイズ・ファッツ』『アンバサダー・サッチ』、エラ・フィッツジェラルド、オスカー・ピーターソンとの『エラ・アンド・ルイ』、エラとのオペラ『ポーギー＆ベス』、また、大編成のストリング・オーケストラをバックにしたトランペットとボーカルのアルバム等、数々の名作が生まれている。59 年に、ニューオリンズ出身の若手デキシーバンド、デュークス・オブ・デキシーランドが大人気となり、オーディオ・フィデリティー社で共演盤。また同社で吹き込んだ『プレイズ・キング・オリバー』も、1923 年サッチモ・デビュー時代の曲の再現や、哀愁に満ちた名曲「セント・ジェームス病院」が入って楽しいレコードだ。60 年代に入ってもデューク・エリントンとの共演盤等素晴らしい企画が続いた。1961 年にジャズの巨人デューク・エリントンとサッチモの共演『Satchmo & Duke』を制作したボブ・シールも、歴史に残るレコード・プロデューサーだ。シールは、この数年後「この素晴らしき世界」という超スーパーヒットを生むきっかけをルイに与えている。

　こうしてルイの世界が広がるにつれて、彼の音楽の持つ表現力も、まさに世界的なものとなり、大きく広がっていった。元来素晴らしい表現力を持つ天才ルイ・アームストロングだったが、彼の晩年の表現力は、若き日の素晴らしさにもまして、さらなる高みに向かっていったと思う。

自伝『サッチモ：マイ・ライフ・イン・ニューオリンズ』

　このころのルイにとってもう一つ画期的な出来事となったのは、1955 年の自伝『サッチモ：マイ・ライフ・イン・ニューオリンズ (Satchmo: My Life in New Orleans)』の出版だ。ニューオリンズに生まれ、1922 年シカゴでキング・オリバーのバンドに入るまでを回想した、ルイの人柄がそのまま出ているような自伝で、ジャズマンが書き残した本として最高の本といえる！

　手紙をあまり書かないジャズマンも多いが、サッチモはシカゴでキング・オリバーのバンドに入った直後タイプライターを購入、早速故郷で世話になった先輩に宛てて書いた手紙が残っている。楽屋の待ち時間やホテルで、あの開けっぴろげなハートがこもった人柄そのままの手紙や文章を、ルイは一生書き続けた。彼には"作家"としての才能も十分にあったといえるかもしれない！

この自伝の出版を受け、デッカが LP4 枚組の『ルイ・アームストロング音楽自叙伝 (Satchmo: A Musical Autobiography)』を録音。また、Verve はバーンスタイン指揮 NY フィルとサッチモが共演したことにヒントを得て、ラッセル・ガルシアのストリング入り 34 名のオーケストラをバックに、ポピュラーソングの名曲の数々を録音したレコード『ルイ・アームストロング・ウィズ・ラッセル・ガルシア・アンド・オーケストラ』も誕生した。

大統領は意気地なしだ！

1950 年代といえば、古き良きアメリカの豊かさと繁栄の時代。日本のテレビにも『うちのママは世界一』や『パパは何でも知っている』等テレビ番組が登場、繁栄のアメリカの豊かな家庭が紹介され、世界中が強いあこがれを抱いた時代だった。大きなハンカチで汗を拭きながら、大きな目、大きな口、満面の笑みで笑わせラッパを吹くサッチモの姿も、そうした家庭でテレビの画面に登場していた。しかし、そうした豊かさと繁栄の裏側には厳しい差別の現状があり、黒人の人々が抗議の声を上げ始めた時代で、モダン・ジャズ系のミュージシャンたちも、音楽の中に "人権や抗議" のメッセージを込め始めてもいた。ルイは 1920 年代から黒人の地位向上にだれよりも貢献してきたのに、白人からは差別され、黒人からも "白人に媚びを売るアンクルトム" と非難されるつらい立場に立っていた。

世界中どこへ行っても VIP 待遇だったルイ。だが、いったんアメリカに帰るや、南部の一流ホテルに出演しても、そこには泊まることも食事をすることもできない。ツアー中トイレに困ることもあったという。そんな 1950 年代終わりの公民権運動の高まりの中、ルイの一言がとんでもない騒動になったことがある。1954 年、人種による差別を違憲とする最高裁判決がおり、1957 年アーカンソー州リトルロックの白人専用の高校に黒人生徒 9 人が登校しようとしたが、知事が州兵を動員してこれを阻止し大問題になった。アメリカの世論も二つに割れ、当時のアイゼンハワー大統領は世論に配慮し不干渉の立場をとっていた。そんな時、コンサート後の地方紙記者のインタビューで、ルイが「大統領にはガッツがない（意気地なし）」と発言したことが、通信社を通じて全国に伝わり大騒ぎになった。マネージャーのジョー・グレイザーも、これはまずいとルイを説得したが、彼は頑としてこれを拒

否。アメリカ国務省の派遣で予定されていたソビエト演奏旅行も参加を拒否して抗議の姿勢を貫いた。人気のある有名黒人アーチスト達がみな口をつぐむ中で、サッチモは非難をものともせず、この姿勢を貫き通したのだ！このことはあまり知られていない。結局このルイの一言は大きな波紋を呼び世論を動かし、アイゼンハワーは空挺部隊を送り9人の黒人生徒に付き添わせ登校が実現した。サッチモは、すぐ大統領に電報を送っている。〔親愛なる大統領、もし閣下が生徒たちの手を取って一緒に登校するときは、私も誘ってください！〕

　黒人の権利を主張し、黒手袋でこぶしを突き出し抗議の意思を表す光景は、数十年前のオリンピックの表彰式でも見られた。モダン・ジャズのミュージシャンたちも、ジャズにこうした敵意と抗議の意思を込めるようになった。しかし敵意むき出しの姿勢と人種対立の光景は次第に忘れ去られ、ジャズによる抗議も、いつの間にかその存在がうすくなり消えていった。かたやサッチモは、敵意と抗議ではなく"この素晴らしき世界"の愛と融和への夢を歌い、半世紀を超えた今も世界から愛され続けている。世界の素晴らしい未来にとって、ルイ・アームストロングが示してくれている姿勢は、何かのヒントを与えてくれるような気がする。

初来日　サッチモがやってきた！
　サッチモの来日は3度、1953年、63年、64年だ。初めて日本を訪れたのが1953年12月。それ以前に来日したジャズ・グループは、1952年ジーン・クルーパ・トリオと、サッチモ来日直前、53年11月に来日したJATPだけという時代だった。

　ルイの初来日は、朝鮮戦争の米軍慰問がメインで宣伝不足だったことに加え、ほとんどの日本のジャズファンが、直前に来日したJATPでお金を使い果たし、サッチモにとっては気の毒な客の入りだったようだ。防衛医大名誉教授でジャズ評論家としての活動もある中村宏先生は、"演奏中に雨が降ってきた…"こんなエピソードを話してくださった。
　「ルイの来日初日は12月5日、その日は土曜日で1日中築地の東劇にいました。当日は大雨で、当時話題のイタリア映画『にがい米』の幕間にルイの公演が行われました。お天気のせいもあり、観客の数は何人いるか正確に数えられるくらい。

映画の後10時過ぎからルイの演奏が始まり、私の席は最前列のど真ん中。演奏が始まるとなぜか雨漏りが始まりました。しかしそれは雨水ではなく、ルイのラッパから出る唾液であることにすぐ気づきました。ホット・クラブ・オブ・ジャパンの重鎮の先生方、村岡貞、野川香文、野口久光、油井正一諸氏が後ろの方に

1963年　羽田空港でのルイ　撮影：小池洋右

来ておられました。入れ替えがなく、見飽きた映画を再度見て最後のステージまで聞きました」

　翌6日にはアーニーパイル劇場（米軍に接収された東京宝塚劇場）で進駐軍向けのコンサートがあり、軍関係者のみが入場を許されたが、当時高校生だった音楽評論家湯川れい子さんは公演を聞く幸運にめぐり合っている。英語を勉強したくて劇場の周りにいたところ、将校さんと知り合いになり、運良く入れてもらえたと懐かしそうにお話しされる。

　浅草国際劇場では、映画『君の名は・第2部』の合間に出演。浅草では、サッチモはパレードもやったという情報もある！ニューオリンズで昔やったような車の上からの演奏だろうか、私が楽器を修理していただいている向島の羽賀管楽器工房、羽賀秀男さんの先代、お父様が大のサッチモファンで、浅草国際劇場の演奏を聞き、パレードでも生の音を聞いたとよく興奮気味に想い出を話していらっしゃったそうだ。

1963年　羽田空港記者会見　いソノてルヲさんとルイ夫妻　撮影：小池洋右

　不入りにもかかわらず、どの公演もルイは持ち前のプロ意識でパワー全開の演奏を披露し観客を魅了した。この年、楽屋でサッチモがラーメンを食べている、素敵な珍しい写真をベース奏者故松井紀樹さんが撮影していて、20年以上前にご遺族から写真を進呈された。サッチモはラーメンにハマッていたようだ！中華が好きだったようで、1960年代、来日した

サッチモの専属司会者だった故いソノてルヲさんによると、ルイはよく楽屋で出前のチャーハンを食べていたそうだ！

1953年12月　楽屋でラーメンを食べる
ルイ（浅草国際劇場）撮影：松井紀樹

　この原稿の締め切り間際、ジャズ評論家の高木信哉さんから『浅草』という小冊子が突然届いた。田中けんじさんの連載「あさくさつれづれの記」の中に、53年サッチモが来日した当時浅草国際劇場横にあり、100匁（360グラム）とんかつで有名だった‘河金’にハマッテいたという記事を知らせて下さったのだ。つれづれ記にはこうある…「河金にフラリ、‘サッチモ’がやってきた。ニューオリンズ下町育ちば『コレハ洋食デスカ？和食デスカ？』フタをとれば元祖〈河金丼〉にパチクリ！“ドンブリウマイ！！”以来公演のたびに楽屋の出前で舌鼓を打っていた。帰国後『河金洋食はウマカッタ』と丁寧なお礼の手紙を寄こしている」

　こんなサッチモらしい面白い話が、サッチモの悪戯のように締め切り間際に舞い込んできた。また、とんかつ屋さんにまで手紙！とは、サッチモがいかに書くことが好きだったのかが良くわかって感激する。

ジャズの試練の時代

　1950年代後半は、ジャズ界にとって厳しい試練が訪れた時代でもあった。1956年「ハートブレイク・ホテル」で大ヒットを飛ばし、華々しく登場したエルビス・プレスリーとロックンロールの台頭だ。

　ロックは、それまでのレコード業界の景色をすっかり変えてしまい、ロックに続いて登場したイギリスの若者達、ビートルズ、ローリング・ストーンズ…ジャズはその人気の座をゆずりわたしてしまい、長い冬の時代を迎える。ジャズバンドの仕事は減少し、当時NYに暮らしていらっしゃった中村宏先生ご夫妻は、よくこんな昔話をされていた。「ニューヨークのタウン・ホールでカウント・ベイシー楽団が演奏し、幕が開くと同時に、バンドマンたちがあまりのお客の少なさに、思わず“ウ

オー"といったような声が上がったのをいまだによく記憶しています。大げさに言うと、お客さんの方がバンドマンの数よりも少なかったくらいでした」

　1960年代に入り、ツイストやロックが盛んになりジャズは人気がなくなっていった。ニューヨーク52丁目のジャズ・スポットも、ツイストやストリップに転向するところが増えていった。

　こうしたジャズ苦難の時代、国内での仕事は下降気味だったが、ルイの世界ツアーはアフリカ、オーストラリア、ニュージーランド、メキシコ、アイスランド、インド、シンガポール、韓国、ハワイ、日本、香港、台湾、東西ドイツ、チェコスロバキア、ルーマニア、ユーゴスラビア、ハンガリー、フランス、オランダ、スカンジナビア、そして英国と続き、また、ニューメディアとして登場し人気の絶頂に達しつつあったテレビにも、エド・サリバン・ショー、ダニー・ケイ・ショー、フランク・シナトラ・ショー、ビング・クロスビー・ショー、ジャッキー・グリースン・ショー、ベルテレフォン・アワー、タイメックス・ジャズショー等々、数々の映像が残っている。

Chapter6　1960年代
「ハロー・ドーリー」の大ヒットにより世界の人気者となった時代
「ハロー・ドーリー」の世界制覇

　新音楽ロックの台頭によるジャズ苦難の時代にもかかわらず、1964年、ルイは彼の生涯最大のヒットを経験する。デッカを創設したジャック・カップの弟、デイビッドが1954年に作ったKAPPというレーベルに吹き込んだ「ハロー・ドーリー」のシングル盤が世界中で大ヒットを記録し、当時全盛だったビートルズを抜いてヒット・チャートのトップに踊り出たのである。この曲は、もとは舞台版の宣伝目的のレコードにすぎなかったが、ルイの長年のマネージャー、ジョー・グレイザーは録音のデモを聞いた途端ヒットを予感、プロモーションに力を入れたという。「サッチモのファンが世界で2億人」となったのは、長年の相棒、ジョーの鋭い"カン"の結果でもあったようだ。

　サッチモは、ヒットの前年、1963年に10年ぶりで2度目となる来日をし、翌64年に再度、ハロー・ドーリーのヒットで来日している。63年の来日時、私は大

大ヒットを記録した「ハロードーリー」
Kapp 社の LP　曲も LP もビルボード
1 位となった

学生で、ラッパをもって羽田空港に到着するサッチモの歓迎演奏をした覚えがある。63 年の厚生年金ホール、サンケイホール、そして 64 年は京都会館第 1 ホールで"王様"を生で聞いた。楽屋を訪ねてラッパを吹かせてもらったのはこの時だった。

　ジャズ評論家で名司会者の故いソノてルヲさんは、当時来日するほとんどの"外タレ"ジャズマンの専属司会者をされていて、毎日サッチモと一緒の時間を過ごされた。奥様の磯野博子さんとは当時新婚で、サッチモ日本公演の司会を担当してまもなくアメリカへ新婚旅行。ラスベガスでサッチモが出演していたカジノ・ホテルのリビエラに泊まり、彼らのショーを堪能した。サッチモとバンド全員がロビーでお二人の新婚を祝福してくれたという。

東ベルリン　初の共産圏コンサート

　この時代、サッチモの「ハロー・ドーリー」が世界制覇をしたことを実感させられる映像が、1965 年、東ベルリンのテレビ番組に残っている。その年、ルイ・アームストロング・オールスターズは初めて鉄のカーテンの向こう側、共産圏をツアーで廻った。チェコスロバキアのプラハほか東ヨーロッパの都市での公演の後、東ベルリンで初めてのコンサートに出演したのだ。東西にベルリンを分断していた"ベルリンの壁"が 1989 年に崩壊する 24 年も前のことだ。共産圏ではジャズのレコードは禁止されていたが、西ベルリンの放送をこっそり盗聴してサッチモとジャズのファンになった人々が沢山いたのだ。盗聴は共産圏では大変な罪に問われたことだろう。崩壊前、一部の勇気あるジャズファンたちは、壁を隔てた西ベルリンで開催されたルイのコンサートを、秘密トンネルを抜け危険を冒して聞きにも来ていたのだ。

　自由を象徴するサッチモのジャズ、東ベルリン初登場！レコードが 1 枚も発売されていなかったにもかかわらず、コンサートは超満員。コンサートが終わっても東ベルリンの人々の熱狂的な拍手はいつまでも鳴りやまなかった。サッチモは何度かカーテンコールにこたえ、拍手がまだ鳴りやまないため、上着を脱ぎ、蝶ネクタイを外し首からぶら下げて登場。それでも拍手は鳴りやまない…サッチモは、なんと、最後は茶目っ気タップリ、楽屋で着るバスローブ姿で登場、東ベルリンの

観客の爆笑を誘い、手を振って最後の感謝の気持ちを表したのである。

1966 年 4 月 15 日号　ライフ誌

このコンサートで、ルイは 1957 年の "大統領は意気地なしだ" の発言の後、59 年に演奏して以来封印していた '人種差別への抗議' ともとられる歌「ブラック＆ブルー」を、東ベルリンの人たちの前で 6 年ぶりに演奏した。

こうしたサッチモの大活躍を示すように、1966 年にはライフ誌の表紙となり、この号のメインの記事、25 頁の長文のインタビューも掲載された。

世界ツアーの疲労

ジャズ界にとっては嬉しい「ハロー・ドーリー」の大ヒットだったが、その結果、ルイは 60 代の半ばにして、今までにも増して超多忙な世界演奏旅行のスケジュールをこなさなければならなくなる。1959 年イタリアで心臓発作に見まわれた経験を持つルイにとっては、大変なオーバーワークを強いられることになってしまったのである。そんな状況でも、不屈の精神でルイの世界はいままでにもまして広がり、奥さんのルシールが「主人は心のどこかで、自分は音楽で人を喜ばせるこの仕事をするために、神に選ばれて天からつかわされたのだ」と後年のインタビューで語ったように、ジャズ史にも音楽史にも残るような録音がつづいた。こうした晩年のルイ・アームストロングは、ジャズ界の長老賢人といった存在感とイメージを持つようになり、世界中の人々に向け大きな愛の優しい光を投げかけている。

1967 年の永遠の名作「この素晴らしき世界」、1968 年には、ディズニーの世界から名曲をカバーしたアルバム『ディズニー・ソングス・ザ・サッチモ・ウェイ』、そして 1970 年に生誕 70 年を記念して制作された『ルイ・アームストロング・アンド・ヒズ・フレンズ』のアルバム。

いずれも後世に残る記念碑のような作品で、この 3 つのアルバムについては、この本の冒頭の章、並びに "サッチモちょっといい話" でも大きく取り上げている。

ルイは、68 年のディズニー・アルバムのレコーディングから数か月後、再び心臓のトラブルに襲われる。そんな中でも 69 年にはイギリスに飛び、その年唯一の録音となった映画『女王陛下の 007』の主題歌の吹込み、また、翌 70 年には、前述の 70 歳記念アルバムの『ルイ・アームストロング・アンド・ヒズ・フレンズ』、テレビショーや各地のコンサートの出演等、ルイの活躍は全く衰えを見せないかのようだった。

　ルイが 70 歳を迎えた 1970 年は、ハッピー・バースデイ、ポップス（親爺さん！！）のイベントが各地で盛り上がり、ダウンビート他ジャズ専門誌は、"サッチモ 70"の記事であふれかえった。後年この誕生日が間違っていたことが分かったが、それはサッチモ本人も、天国へ行ってしばらくして知った事！ 1970 年 7 月 3 日、ロサンゼルスのシュライン・オーディトリアムでは "ハロー・ルイ" の祝賀の集まりが開催され 6000 人が集まった。ニューポートジャズ祭でも、サッチモに捧げる一夜がもたれ、ルイはどのイベントも欠かすことなく出席した。この 7 月 10 日のニューポートでのハッピー・バースデイ・サッチモの模様は、昼間のリハーサルの場面も含めて DVD『ワンダフル・ワールド：ルイ・アームストロング・ストーリー』に映像が残っている。ディジー・ガレスピー、ボビー・ハケット、ワイルド・ビル・デビソン、レイ・ナンス、ジョー・ニューマン、ジミー・オーエンの有名トランペッター達と、マハリア・ジャクソン、プリザベーション・ホール・ジャズバンドがお祝いの曲を捧げる中、サッチモの元気な姿も見える。しかしこの時、悲しいことにサッチモ本人はドクター・ストップでトランペットを吹けず、ボーカルだけの参加となった。

　どんなにハードなスケジュールでも、どんなに体調が悪くても、「私を待っている観衆をガッカリさせることはできない」というのがルイの口癖だった。しかし、17 歳でプロのスタートを切って 50 年、休むことなく世界中を飛び回ってきたサッチモにも終わりの時が近づいていた。主治医の忠告でトランペットを吹くことにドクター・ス

トップがかかった後も、1971年の3月にはその忠告に従わず、ニューヨークのウォルドルフ・アストリア・ホテルで2週間のショーに出演している。ルイはステージの上り下りにも人の手を借りなければならない状態で、さすがにトランペットは吹かず歌だけを歌った。しかし、その出演終了直後に彼は心臓発作に見まわれ、1カ月間ほど集中治療室に入院した後体調が回復、本人の希望で自宅静養に移り、アメリカの独立記念日7月4日には、隣人たちが彼の'まぼろしの71歳'の誕生日を祝っている。ルイはロード・マネージャーに電話を入れて、バンドに連絡をしてリハーサル再開を伝えるよう伝言もしたという。しかしその2日後の7月6日朝、サッチモはニューヨーク郊外コロナの自宅で眠りから覚めることなく、静かに息を引き取った。享年69歳…ジャズの王様の早すぎる死だった。

サッチモ没後50年

　サッチモの音楽とジャズの故郷ニューオリンズは、再び世界の注目を浴びている。

　この本に寄せて、ニューヨークの友人マルシア・サルターさんが贈ってくれたこんな言葉が胸を打つ。

　「ルイ・アームストロングが50年前、1971年7月にこの世を去った時、彼が後にした世界は、彼が生まれた当時よりも格段に良い世界になっていました。ルイは生涯、地球をよりスイングする音楽で満たし、世界をより愛と歓喜と人間性に満ちた場所にしたのです。没後50年、ある意味、今、彼の存在は過去になかったほどの存在感で輝いています。ニューオリンズのミュージシャンで大学教授、クラリネットのマイケル・ホワイトがこんなことを言っています。『ニューオリンズでは人は死なないんだ…ただ姿を見なくなるだけさ』…ルイの肉体は見えないけれど、ルイは、彼のスイングする音楽、そしてあの永遠のイメージと彼が残した数々の偉業の中に、今までにもまして実存しているのです。"ポップス"（親爺さん）に祝福の言葉をかけるとしたら、没後50年の今こそ、ルイについて改めて考え、追悼し、彼が世界にくれた贈り物に深い想いを馳せるこの上ない機会だと思います…』

　ジャズ評論家バリー・ウラノフはこう書いている。「ジャズの歴史の中でルイ・アームストロングの占める位置は、劇におけるシェークスピアのそれに匹敵する」

ルイ・アームストロングが、アメリカそして世界の音楽界に与えた影響は、あまりにも偉大でとらえにくい。しかし年代別に要約すると、次のように説明することができるかもしれない。

1920年代…アメリカのジャズ界に革命的な影響を与え、ジャズを前進させた時代。
1930年代…アメリカのジャズ界、ポピュラー音楽界両方に影響を与えた時代。
1940年代…ニューオリンズ・リバイバルの時代。
1950年代…音楽大使として世界を廻った時代。
1960年代…「ハロー・ドーリー」の大ヒットにより、世界の人気者となった時代。
1970年から今日…「ワット・ア・ワンダフル・ワールド」の歌声により、不死鳥のように復活をとげた時代。

「アメリカ人は、無意識のうちにサッチモが一部を築いた家で、毎日を暮らしている。テレビのビッグバンドがやっているリフ、シナトラの歌の節回しのニュアンス、エレベーターの中のBGM、どれもこれもルイが昔つくったガイドラインの影響を受けている」とは、ジャズ百科事典で有名なレナード・フェザーの言葉だ。

ジャズ界、音楽界その他、偉大なサッチモを賛美する言葉は、限りがない！！！

デューク・エリントン
誰がミスター・ジャズかと聞かれたら、それはルイ・アームストロングだ。

ビング・クロスビー
サッチモのお陰を認めるね。彼はアメリカの音楽の始めと終わりだ。

プレイボーイ・マガジン
20世紀で一番偉大なバンドはと聞かれたら…それはルイ・アームストロングのホット・ファイブと、ホット・セブンだ。ビートルズは足下にも及ばない。この二つのバンドは、ポピュラー音楽の進路を変えた。

ケン・バーンズ
音楽におけるアームストロングは、物理のアインシュタイン、旅行におけるライト兄弟だ。

　サッチモはあるインタビューでこんな事を言っている。

　「確かに私はいつの間にか大物になったよ。色々な国へ行って、王様の前や法王の前でも演奏したし…。若くて駆け出しだったニューオリンズ時代に、私が将来こんな事になるなんて誰かに言われたら、怖じけずいてしまったと思うよ！私は大物になろうなんて思った事はないし、自分の能力を証明しようなんて思ったこともない。タダ、目の前のお客さんに喜んでもらおうと毎日必至になってやってきただけさ…。で、ある日、気が付いたらこうなっていただけなんだよ…」

　1950年代、サッチモのオールスターズで演奏したクラリネット奏者ピーナッツ・ハッコーは、初めてバンドに加入したときの思い出を私にこう語ってくれた。
　「ルイのバンドに入る前は心配でね、ルイに聞いたのさ『どんなふうに吹いたらいいですか』とね。そしたらポップス（親爺さん）はなんといったと思う？『何も心配することはないよ。ジャスト・プレイ・フロム・ユア・ハート…心の底から吹けばいいんだよ』ってね」

Part 3 ♪

ルイ・アームストロング秘話
サッチモ ちょっといい話　50

Courtesy of the New Orleans Jazz Museum

Chapter1　サッチモは世界を廻る

1.サッチモのクリスマスツリー

　一生に数えられないほどのレコーディングを残したサッチモ。彼の最後のレコーディングとなったのは、1971年2月26日ニューヨーク、コロナの自宅で録音された詩の朗読「ザ・ナイト・ビフォア・クリスマス」。

　自家製の録音で音質は悪いが、最近ではいくつかのCDに収録されるようになった。アメリカ人なら誰もが知っているこの詩は、クリスマス・イブの出来事を美しい韻をふんで詠った名作で、サッチモが世界中の子供たちに語りかけるように、あの優しさで淡々と語っている。体の衰えを感じながら、死の数ヶ月前にこの詩の朗読を吹き込んだサッチモは、30年ほど前のクリスマスの出来事を想い出していたのかもしれない。

　サッチモが最愛のルシール夫人と結ばれたのは1942年のことだった。その年、新婚の二人は一緒に演奏旅行に出かけ、クリスマスを旅先で迎えた。

　クリスマスの日、ルシール夫人は夫を驚かせようとコンサート会場を抜け出し、ホテルの部屋にこっそり、小さなクリスマスツリーを用意した。サッチモは部屋に帰ると、驚き、目を輝かせ、子供のように喜んだ。その夜、夜が更けても、いつまでもサッチモは寝ようとはしない。いつまで経っても小さなツリーをあちらから見たり、こちらから見たり、小さな飾りにそっと触れてみたり。ベッドの裾にうつぶせになり、頬杖をついて、まるで赤ん坊のようにツリーの色とりどりの小さな明かりや飾りに見入っているサッチモ。不思議に思ったルシールは、どうしたのですかと尋ねた。するとサッチモはこう言ったのである。

　「だって、ハニー！　これは僕の初めてのクリスマスツリーなんだもの…」

ルイとルシール夫人　Courtesy of the New Orleans Jazz Museum

　新婚のルシールが気を利かせて部屋に飾ったクリスマスツリー。極貧の家に生まれ、子供時代はツリーどころではなかったサッチモ。そして人気者になってからも仕事と旅でクリスマスを過ごしたジャズの王様

が、なんと41才にして初めて持った"マイ・ツリー"…だったのである。次の日の朝、ホテルをチェックアウトするときも、夫が言い張るのでルシールはツリーを梱包し、次のホテルでまた包みを開け、このツリーはサッチモ・オールスターズとともに1週間ほど旅したという。「生きている木なんだから、もう枯れてきているでしょう。捨てましょう」というルシールの言葉に、最後はサッチモも渋々従った。

赤貧を経験したサッチモ。

「ナイト・ビフォア・クリスマス」も「ワット・ア・ワンダフルワールド」も、どん底から這い上がってきた彼にしか解らない苦労や歓び、感謝の気持ち、そして人々への大きな愛に裏打ちされているような気がする。世界中の人々の心を打つわけである。

2.サッチモの涙

ニューオリンズのカーニバル、マルディ・グラの祭り。1週間もの間、色とりどりの豪華な山車を中心にパレードが繰り広げられる。"ミスター・マルディ・グラ"と呼ばれるブレイン・カーンは、この山車の製作の大ベテランだ。彼はルイ・アームストロングの大ファンで、ニューオリンズの地元誌にこんなコラムを寄せていた。

「まだ若くって、ニューオリンズのアート・アカデミーの学生で、やっとマルディグラ・パレードの山車職人の道に入った駆け出しの頃のことさ。1950年、20歳そこそこ。なんとルイ・アームストロングが、ジャック・ティーガーデン、ビッグ・シド・カトレット、アール・ハインズの様なジャズの巨人たちとニューオリンズにやって来るって聞いたんだ。私は、父がプロモーターだったからジャズで育ったようなもの、ジャズの虫だったんだ。

市の公会堂でコンサートがあると聞いて、稼ぎがなかったのにお金を借りた。300ドルもね。それで公会堂の一番前の席を買ったんだ。当時入場料は＄4:95、＄6:95かだったから、1列全部買い占めたようなものさ。是非是非、仲間たちに素晴らしいサッチモのジャズを聞かせてやりたかったんだ。

ところが、150人もいたアート・スクールの仲間は誰も切符を買ってくれない。ボ

クは儲けようなんてつもりじゃない。ただ、ジャズの最も偉大な人を、みんなに見せたかったんだ。結局のところ、その切符はほとんどみんな私がかぶってしまって、当日はタダで切符をあげた友達や、姉さんや妹たちと公会堂に出かけた。でも、そんなことはどうでもいい。なんたって、最前列だぜ！　目の前のルイの演奏！！　それは最高だった。

マルディグラの山車

　コンサートが始まってしばらくたった頃、一人の老人がステージに向かって通路を歩き始めたんだ。演奏中のサッチモはこの老人に気づくと吹くのをやめ、何故か急に泣き出したんだ。老人がステージにあがってバンドのほうに近寄ると、ルイはもう大泣き。その老人は脇の下にタオルにくるんだ何かを抱えていた。そして、そのタオルを開けてボロボロのコルネットをルイに手渡したんだ。それは、ルイが生まれて始めて少年院で吹いたコルネットだった。そして老人は、少年院で彼を教えた先生だったんだ。

　老人が楽器を手渡すと、ルイは彼に抱きつき、二人は泣きじゃくっていた。そして、二人とも大きな声で笑って…。素晴らしかったよ。髪の毛が逆立つような感動っていうのは、あれだね。50年経った今でもおぼえている。300ドルの借りを返すのには丸1年かかった。でも、その価値はあったさ、歴史的瞬間を目撃したんだから。ルイが恩師と最初のコルネットに再会するという歴史的瞬間をね……」

3. サッチモとレナード・バーンスタイン
　ルイ・アームストロングとニューヨーク・フィルの共演。こんな夢のようなコンサートが実現したのは、1956年7月14日のことである。ヨーロッパとアフリカの演奏旅行が成功のうちに終わって帰国したルイ・アームストロングは、この日ニューヨークのグーゲンハイム・コンサートに出演、クラシック・オーケストラと共演したのだ。

6人編成のサッチモ・オールスターズの後ろに控えるのは、名門ニューヨーク・フィルの88人のメンバー。後年お馴染みとなった"白髪のバーンスタイン"ではなく、黒々とした髪で当時37才、若々しい青年指揮者だったレナード・バーンスタインがタクトを振った。25000人の聴衆の中には、盲目となっていたブルースの父、83才のW.C.ハンディの姿も見え、自作の「セントルイス・ブルース」が演奏されるのを涙を流し聴き入っていた。

　荘厳な一大叙情詩を思わせるニューヨーク・フィルの前奏に続いて、ストリングスで演奏されるメロディーにからむサッチモのブルーで優しいトランペットの音。後半、リズムは早いテンポに変わり、強烈なリズムのブルーノートがバックのシンフォニーと絡み合う。

　演奏が終わり、サッチモが交響楽団と演奏するという夢がかない光栄だと述べると、バーンスタインはマイクに向かってこういった。「みなさん、ルイ・アームストロングはニューヨーク・フィルとの共演という、長年の願いを実現したと、その名誉と喜びを語ってくれました。しかし、この共演は私たちクラシック側の人間にとってこそ名誉なことだと思っています。私たちの演奏する'セントルイス・ブルース'は、ただ彼の演奏の大袈裟なイミテーションにすぎません。そして彼の演奏こそ本物（Real）で、真実（True）で、正直（Honest）で、シンプルで、そして気高く（Noble）さえあるのです。彼がトランペットを唇に当てる、それが練習のためのほんのちょっと2つ3つの音を出すときでさえ、そこには彼のすべての魂がこもっています。彼こそ、音楽にすべてを捧げた人物であり、私たちは心から共演できたことを光栄に思っているのです……」

　世紀の共演に喝采を送る観衆の鳴りやまない拍手に応え、「セントルイス・ブルース」のアンコール演奏でコンサートはフィナーレとなった。この共演の場面は、幸運なことにそのすべてが映像として残っている。1957年に日本でも公開された映画『サッチモは世界を廻る』に収録されているのだ。

ルイとバーンステイン

4. 映画『サッチモは世界を廻る』 Satchmo the Great

　世界を廻った音楽大使サッチモの姿を、最高の形でとらえたドキュメンタリー映画が、『Satchmo the Great（邦題：サッチモは世界を廻る）』だ。製作は1956年アメリカ3大ネットワークの一つCBSテレビ、劇場版はユナイテッド・アーチストから世界に配給され日本でも公開された。

　1955年から1956年にかけて、ルイとオールスターズは、スイス、ドイツ、ベルギー、オランダ、スウェーデン、デンマーク、フランス、イタリア、スペイン、イギリスとヨーロッパ10カ国をコンサート・ツアーで廻った。当時コロムビア・レコードの名プロデューサーだったジョージ・アバキアンと、CBSテレビの看板ニュース・キャスターのエドワード・R・マローが、カメラ・クルーとともにバンドツアーに密着。ジャズ史上最高ともいえるドキュメンタリーとなったのがこの映画である。

　映画は、目をむいて天を仰ぎトランペットでブルースを吹く、サッチモのアップの映像で始まり、そしてエド・マローの名調子のナレーションが入る。「西暦紀元前218年、ハンニバル（古代国家カルタゴの将軍）は37頭の象と12000頭の騎馬を率いてアルプスを越えた。ルイ・アームストロングは20世紀半ば、トランペッ

『サッチモは世界を廻る』冒頭シーン

トを抱え5人の演奏家を率いて同じアルプスを越えたのである」

　昔懐かしい双発のプロペラ旅客機の機内でバンドが演奏し、窓の外にはアルプスの山並みが続いている。ヨーロッパの各地で大歓迎を受けるルイ・アームストロング・オールスターズ。名曲の演奏シーンからは観客の興奮が伝わってくる。聖者の行進、ベイズン・ストリート・ブルース、セッシボン、ブルーベリー・ヒル、ザッツ・マイ・デザイヤー、ココモ、匕首マッキー、バケツに穴が開いた、マホガニーホール・ストンプ…。マローは、ルイにインタビューし、このツアーでのエピソードを、あれこれユーモラスに語ってもらっている。

　そして後半最初のクライマックス場面は、アフリカへの里帰りの場面だ。サッチ

モは曾祖父母の出生地と信じているガーナを訪れ、空港で盛大な出迎えを受けた。ジャングルやサバンナから集まった"酋長"たちを招いた演奏では、サッチモのジャズに合わせ祖先の地の人々が熱狂し踊り狂う。また、サッチモはガーナの小学校を訪問した。この学校では、黒人の偉人たちと並びサッチモについて学ぶ授業もあるという。ルイは優秀な生徒にトランペットをプレゼント、喜びでキラッと光る子供たちの眼が印象に残る。大学時代に見て感激したこの場面は、約35年後、私達が始めた"サッチモの孫たちに楽器を"の活動に、運命的につながった。

　夜のコンサートにはガーナ独立の父と言われたエンクルマ大統領も出席、サッチモは大統領に捧げて「ブラック&ブルー」を演奏した。"なんで自分はこんなに黒くてブルーなんだ"と言う抗議も含んだ曲に、はじめは少しむっとした表情を浮かべる大統領が、深い歌詞の内容に感慨深くうなずく場面も捉えられている。翌日、広大なポロ競技場で開催されたアフタヌーン・コンサートには、10万人もの聴衆が押し寄せたという。そして映画のフィナーレは、先に触れたバーンスタイン指揮のニューヨーク・フィルとともに「セントルイス・ブルース」を演奏した映像だ。

　この映画は、超レアなフィルムだが、なんと私のフィルム・コレクションとして手に入れることができ、日本語の字幕を入れ、日本ルイ・アームストロング協会の例会で、時々皆さんに楽しんでいただいている。

5. 録音魔のサッチモ

　人生の大半を演奏旅行で過ごしたサッチモ。彼のロード・マネージャーは、現在の小型冷蔵庫ほどもあるオープンリールの大型テレコ（何しろ1950年代である）、そしてスーツケース何個ものテープの運搬に悲鳴を上げた。サッチモはホテルの部屋で音楽を聴くのが好きだったのである。好んで聴いていたのは、オペラ、自分の昔の演奏、そしてヒット曲等…。昨今のようにウォークマンにヘッドホン…いや、スマホとイヤホンとはいかない時代だった。ニューヨークのクイーンズ区コロナにある自宅、サッチモハウスのパーティーでも

ルイの書斎　撮影：佐藤有三

このテレコは大活躍。彼は友人との会話を録音する趣味があったため、自宅には無数のパーティーの記録テープがあった。実はそんな、プライベートな"サッチモの秘密録音"を、なんと聴くことが出来るのだ！！！！たとえば、こんな秘蔵テープがある。

♪ 部屋でガンガン練習するサッチモ！！！
♪ サッチモが初めてレコード録音をした1923年のキング・オリバー楽団のレコードをかけ、一緒にペットを吹いているレア録音！！
♪ 自分一人だけで「ブルーベリー・ヒル」を歌っている録音……。

♪ グーグルで"サッチモちょっといい話　自宅で練習"と検索してください。そのまま記事が出るか、または、何列か下に、"サッチモちょっといい話:サッチモ関連エッセイ集"が出ると思います。その記事のリストの中に「サッチモちょっといい話5　自宅で練習」があります。記事内の、リンクをクリックしていただくと、動画で音が出ます。

♪ また、もっと手軽に"サッチモの家　自宅で録音"検索で直接動画に行きますが、スマホによっては開かないこともあります。パソコンのグーグル検索だと大丈夫だと思います。グッドラック！

Chapter2　サッチモって？
6. ハッロー・サッチモ！！！サッチモの名前の由来、教えましょう！！

　なんで"サッチモ"と呼ばれるんだろうとお思いの方も多いと思う。前章でも触れたが、サッチモの愛称で親しまれたルイ・アームストロングは、ニューオリンズで過ごした子供時代から色々なあだ名で呼ばれていた。"リトル（ちびの）・ルイ"、"ディッパー（ひしゃく）・マウス"、"ゲイト（門）・マウス"、"サッチェル・マウス"。特にサッチェル・マウス（Satchel Mouth）は、後年のニックネーム、"サッチモ"のもととなった呼び名。

　サッチェルとは、バスの車掌さんや、電車の車掌さんが昔良く持っていた大き

ながま口、首からかけておなかの前でパッチンと大きな口が開くヤツ（若い人は知らないですね！笑）。子供の頃のサッチモ、チビで真っ黒い顔、大きな目玉、真っ白い大きな歯。口を大きく開けて歌っていると、まるで顔中口のよう。そんなわけで大きな口のあだ名ばかりになったのだ。リトル・ルイ以外は、みな"ひしゃく"や"ガマ口"のように口が大きい所から来た呼び名で、略して"ディッパー"や"ゲイド"、"サッチ"とも呼ばれていた。

少年院のルイ少年
Courtesy of the New
Orleans Jazz Museum

　サッチモ、と初めて呼ばれたのは1932年、初めて英国の港に着いた時のことだ。ジャズファンだった英国の音楽誌『メロディー・メイカー』の記者、パーシー・ブルックスが迎えに来ていた。ルイの顔を見たこの記者は、親しげに大声で、「ハロー・サッチモ！！！」と言ったのである。サッチモは、隣のトロンボーン奏者と顔を見合わせ「ハッハッハ！！サッチモだって！！！」

　なんで"サッチモ"と呼んだのか？？？私の説はこうだ。サッチモのレコードを全て聞いていた記者は、ルイが30年ごろに吹き込んだレコードの中で、自分のことを"サッチェル・マウス"と呼んでいたことを知っていた。そこで、ハロー"サッチェル・マウス"と言ったのだが…。そう、'英国なまり'が間違いのもとだった…なまって、英国人風の気取った発音で"サッチョウ・マオ"となってしまったのだ。でも、これを、ガッハッハと笑って、コリャイイや、とばかりに新しいニックネームにした、サッチモと仲間のミュージシャンも、なかなか立派！！

　サッチモが冗談で「ワシの口のあまりのデカさに驚いて、"なんて、でかい口だ！"（SUCH A MOUTH サッチャ・マウス）といったのさ、ガハハハハ」なんて笑っ

1932年　初英国楽旅　音楽紙メロディー・メイカーに載ったイラスト

ているインタビューもある。いずれにしても、このあだ名がすっかり気に入ったサッチモ、以後亡くなるまでこのニックネームで世界中に親しまれた。

7. キッド・クレイボン

　サッチモと呼ばれたルイ・アームストロング！！
　実は、私もニューオリンズでジャズ武者修行をした50年

前、キッド・クレイボンと言うニックネームで呼ばれていた！なぜ私が"キッド・クレイボン"と呼ばれるようになったか。そこには、黒人の人々の名前に関する'クセ'が感じられるかもしれない。きっかけは、1967年にニューオリンズから来日したキッド・シーク楽団のメンバーに、「ワッチャ・ネイム？」と名前を聞かれたことだ。「マイ・ネーム・イズ・トヤマ」といったら、「オー、クレイボン」といってメンバーがどっと笑った。以来、私はクレイボンと呼ばれるようになった。

　トヤマのどこがクレイボンに聞こえたのか、いまだにわからない。トヤマ、クレイボン、トヤマ、クレイボン…と100回くらい唱えると、多少の類似性を感じる？？名誉なことにニューオリンズのいい男につけられるあだ名、"キッド"の称号をいただき、"キッド・クレイボン"となった。家内は"ミセス・クレイボン"。この名前のお陰で、私たちミスター＆ミセス・キッド・クレイボンは、日本からの若いカップルとして、ニューオリンズでちょいと知られた存在となった。

♪ここでちょっと、サッチモの生まれた街の話を…。

　ニューオリンズは、かつてフランスの植民地でヌーベル・オルレアン（新オルレアン）と呼ばれていた。そのためフランスの王侯貴族や地方等の名を取った通りが多い。ブルボン王朝からバーボン・ストリート、ワインで有名なブルゴーニュ地方からバーガンディ・ストリート。ジョージ・ルイスのブルースで有名だ。その他フランス皇太子妃を意味するドーフィン、南仏の街トゥールース、ニューオリンズを開拓したビヤンビル卿……といろいろ登場する。そんな中で、同じくフランス名のクレイボン・アベニュー"が、私たちには大いに関係の深い通りとなった。私の言った「マイ・ネーム・イズ・トヤマ」が、何故かニューオリンズ・ミュージシャンには"クレイボン"に聞こえたのだ！

　ニューオリンズといえば、テネシー・ウィリアムスの戯曲『欲望という名の電車』を思い出す人も多いだろう。90年ほど前までニューオリンズの通りは路面電車が走っていた。街には、デザイヤーと言う通りがある。その通りまで行く電車の行き先表示板に〔DESIRE（欲望）〕と表示されていたのがテネシー・ウィリアムスの目にとまり、ピューリッツァー賞を受賞した戯曲のタイトルとなった。その昔、ニューオリンズにはストーリービルという紅灯街があった。そこでジャズが生まれたから、

"欲望という名の電車" とはそういった色っぽい横丁へ行く電車なのかな、と思ったが全然違った。

『欲望という名の電車』の書き出しに、こんなセリフがあったのをおぼえている。

「"欲望行き" に乗って、途中で "墓場行き" に乗り換えて "極楽" で降りるようにいわれたの」

欲望という名の電車　行先が「DESIRE」！

デザイヤー（欲望）通り、イリージャン・フィールド（極楽）大通りと、それぞれニューオリンズの実在のストリート名だ。そこを、市の北側にある墓地まで行く電車が走っていた。イリージャン・フィールド大通りは、フランス語ではシャン・ゼリゼとなる。つまり "極楽" だ。

極楽大通りに住んでいるからといって人より幸福という訳ではないし、"欲望" 通りの住人の欲の皮がつっぱっているわけでもない。デザイヤー地区は、今ではかなり貧しいスラムもある地域だ。それにしても、こんなユニークな通りの名前が並ぶと、テネシー・ウィリアムスでなくとも色々発想が湧いてしまう。

　サッチモは子供時代、母の元へ行くとき初めて路面電車に乗り、無邪気に一番前へ座ろうとして祖母にこっぴどく怒られる。電車の前はホワイト用、後ろがブラック用、公民権運動の結果、公民権法が制定され人種差別が終わった 1964 年まで、サッチモの少年時代から 60 年間この状況は変わらなかった。私たちが住んでいた頃にはすっかり路面電車も、表向きの差別も姿を消し、"欲望という名の電車" は "欲望という名のバス" に姿を変え、フランス風の建物が並び「フランス区」と呼ばれるフレンチ・クォーターの中を走っていた。今ではそのバスも、振動で歴史的な建物にダメージを与えるという理由で、フレンチ・クォーターの中は避けて走っている。昔懐かしい路面電車は、現在セント・チャールズ大通りに大昔からある 1 路線が残っていて、"欲望" 時代の気分を満喫できる。現在は、観光用の路面電車もできて目抜き大通りのキャナル・ストリートからミシシッピ河沿いに、フレンチ・マーケットまで走っている。

8. 黒人的、名前の覚え方

　決して差別発言をするつもりはないが、私の知っている黒人の人たちは、どちらかというと名前をおぼえない人が多かった。長年共演させてもらった名ドラマー、ジミー・スミスさんがそうだ。エラ・フィッツジェラルドやエロル・ガーナーのドラマーとして活躍してきたジミーは、10年前まで日本に住んでいた。私たちは東京ディズニーランドで彼と8年間も共演する幸運に恵まれたのだ。毎日楽屋で一緒だったが、彼はまだ私を"タヤーマ"と呼ぶ。家内は"マーマ"。ほかバンド・メンバーは"ビーバップ"、"コージー"、"ベースボール"、"ヤングマン"、"オールドマン"…。実にジャズっぽい呼び名ではないか。ビーバップはコナカワが覚えにくく彼がモダンジャズ畑出身だから。コージーはアメリカによくある名前で鈴木孝二だから。ベースボールは藤崎羊一、甲子園出場3回、決勝1回、原辰徳とクリーンナップを打った元高校球児だから。ヤングマンは若いテナーの右近茂君、年長のもう一人の白髪のテナー田辺信男さんがオールドマン。もう一人、バンドのレギュラーだったアメリカ人ドラマーで、ロシア系の苗字のマイク・レズニコフさん。彼を呼ぶのも、アメリカ名なのに憶えていない！！なんと"スプートニク"と呼んでいる。たしかにロシア系の苗字だから、ロシアが世界で初めて打ち上げた人工衛星"スプートニク"という感じはする。

　『ダンス・ウィズ・ウルブス』という、アメリカ・インディアンを描いたケヴィン・コスナー主演の映画があったが、その中のインディアンの人たちの名前が、"狼と踊る"や"風なびく髪"、"蹴る鳥"などというものだった。それが彼らの名前の感覚なのだろう。黒人の人達の感覚もこれに似ているような気がする。ニューオリンズの黒人もジミーさんも、絶対ルーツであるアフリカの名前の感覚が頭に残っているに違いない、などと勝手に納得している。

　そう考えると、ジャズ界のニックネームが実にいろいろなのもわかるような気がする。ゲイト、フェイス、ファッツ、ショーティー、デューク、サー、アール、バーニー、レディー、シス、レッド、マウシー、バード、ディジー、ディッパー、マグシー、フェス、ドック、プレス、スイーツ、ベイビー、カウント、ベイス、パパ、ウィンギー、そしてサッチモ……（皆、ライオネル・ハンプトン、ズティー・シングルトン、ビリー・ホリデイ、サラ・ボーン、チャーリー・パーカー、レスター・ヤング、ハリー・

エディソ等のニックネームだ）。サッチモというユニークな呼び名を、ルイがすっかり気に入ったのも納得である。

　いずれにせよ、ニューオリンズの人たちからいただいたニックネーム“キッド・クレイボン”のお陰で、ニューオリンズの誰もが私たち夫婦の名前をおぼえてくれた。“トヤマ”だったら、こんなに地元の黒人社会に溶け込めなかったかもしれない。今でも私たちをクレイボンと呼ぶ人は多い。私たちはジャズの故郷が授けてくれた“キッド・クレイボン”というニックネームを、心から誇りに思っている。

9. サッチモの白いハンカチ
　サッチモのトレードマークと言えるのは、やはり、あの白いハンカチーフだ。1923 年のキング・オリバーズ・バンド、1924、5 年のフレッチャー・ヘンダーソン楽団、そしてホット・ファイブの写真はハンカチを持っていないが、1928 年のポートレートではすでにハンカチが登場する。面白いことに、1932 年の映画出演では、サッチモの衣装はアフリカ原住民の豹の皮…ハンカチは“衣装”に合わせて、白ではなく、茶色っぽいハンカチだ！笑
　このアイデア…トレードマークがどこから来たか、ルイがそれについてどこかでコメントしていないか、アメリカのトップの研究者に訪ねたが、誰も知らなかった。意外と、すごく大事なことなんだけど…？
　昔のボードビリアンは、必ず、ステッキとか、山高帽とか、チャップリンのおんぼろ靴とか、その人のトレードマークを持っていた。サッチモは、山高帽子をかぶりタップを踊った大スター、“ボージャングル”（ビル・ロビンソン）らの大物たちと頻繁に共演もした。楽器を大切にするルイが、手で触れる金属部分を守るため、またエネルギッシュな演奏で大量にかく汗を拭くためにハンカチを使い、ウン、黒い手に黒い顔、金のラッパに真っ白のハンカチ！…ワシのトレードマークにしよう！とひらめいたんだと思う。

ルイと白いハンカチ
Courtesy of the New Orleans Jazz Museum

　当時のおしゃれな紳士が、上着のポケッ

トに入った上等なハンカチをヒラッと引き出して、汗を拭いたりすれば、それはかっこがいい、きっとそんな洒落っ気もあったのだ。当時、サッチモもほかのジャズマンたちも、コンビの靴を履いて、ツイードの上着でと、最高にお洒落だったのだ。

10. サッチモのラッパ

　サッチモが最も多用した楽器はフランス製のセルマーのトランペットだ。正確にはセルマーのバランス・モデルと言って、ピストンの位置が普通のトランペットの位置よりも、一寸ベル側に寄っている特殊なモデル。昔、ハリー・ジェームスも、全く同じモデルを吹いていたことがある。

コルネットを持つルイ　Courtesy of
the New Orleans Jazz Museum

　トランペットとほぼ同じ、親戚のような楽器がコルネットだ。寸詰まりの短いラッパで、コルネットもトランペットも管の長さは同じだが、コルネットは巻き方が丸っこく巻いてある。サッチモは、少年院でコルネットを吹き始めた 1913 年から 1926、7 年まで、もっぱらコルネットを吹いていた。ニューオリンズ時代のアイドル、師匠のキング・オリバーも、初代ジャズ王バディー・ボールデンも、皆コルネット奏者。ジャズの初期はコルネットが主役だったのだ。当時の演奏スタイルがアンサンブル中心、つまり、コルネット、クラリネットやトロンボーン、バイオリンなどが“一緒に合奏”している状態が多いため、音が突き抜けず周りの楽器と混ざりやすいコルネットが使われた。1926 年頃から、トランペットがファッショナブルになるとともに、ルイの演奏スタイルも輝くようなソロの場面が増え、細長い形状で音を鋭く遠くへとばせるトランペットが主流になった。1928 年頃、サッチモは『コーンの豆鉄砲（ピーシューター）』とあだ名が付いた、特に細長いコーン社製のモデルを吹いている。

　初めてヨーロッパへ演奏旅行に出かけた 1932 年、サッチモの大ファンだった英国国王ジョージ 5 世から、フランスのセルマー社製のトランペットをプレゼントされ、それ以来亡くなるまでサッチモはセルマーの楽器を愛用していた。大いにこの楽器が気に入ったあまり、1933 年にビクターで吹き込んだ、「ラッフィン・ルイ」（Laughin' Louis）のレコードなど、「これからこのセルマーのラッパが、ぶっ飛ぶ

ぜ…」なんて、セルマーのCMのような台詞まで録音している。

♪ バランス・モデルのトランペット考…サッチモのコルネットへの想い

　もう一つ言い忘れたが、元々コルネット奏者として出発したサッチモ。サッチモが後年愛用したセルマーのバランス・モデルと呼ばれるトランペットは、3本のピストン（バルブともいう）の位置が、一寸朝顔、つまり前方に寄っている。よくその楽器を観察すると、バランス・モデルのトランペットの前半部分はとてもコルネットに似た作りになっていることに気づく。つまり、コルネットの手前側の管をギューッとのばしたような形。言い換えれば、コルネットを遠くに構えて、その分手前の管をのばしたというか。サッチモがこのバランス・モデルを愛用した原因は、やはり、楽器をトランペットにかえてからも、"コルネットの感覚や優しい音色" が忘れられなかったからではないかと、私は、直感で思っている。

セルマーのトランペットとルイ　Courtesy of the New Orleans Jazz Museum

11. ズールーの王様

　1949年2月21日、突然タイム誌の表紙に頭に王冠を被ったサッチモの顔が登場し、"ルイ1世" と言うタイトルの記事が掲載された。その年は、ルイが、有名なニューオリンズのカーニバル、マルディ・グラの祭りで 'ズールーの王様' になった年だった。ルイの故郷ルイジアナ一帯は1803年までフランス領で、この地名は開拓当時の国王 'ルイ14世' にちなんで名づけられた。そこで、タイム誌は、ルイがズールーの王様になったことを "ルイ1世誕生" と洒落たのである！

1949年2月21日号　タイム誌 "ルイ一世"

　マルディ・グラの3大パレードは、レックス、バッカスそしてズールーといわれる。100年以上も続いているレックスのパレードは古式な美しさを保

ち、保守的なニューオリンズとその白人上流階級を代表している。一方ズールーは、パレード・クラブの中で唯一の黒人パレードの団体。アフリカをテーマに、どこか抜けた感じのする山車のつくり、そしてお宝は金色に塗ったココナッツ。いかにも黒人と庶民の代表だ。

　クラブの正式名称はズールー社交扶助娯楽クラブ。その昔トランプスという黒人の娯楽クラブがあり、会員の黒人労働者が馬車を貸し切ってカーニバルに参加しだしたのは 1909 年にさかのぼるという。人気のミンストレルショーを見に行った会員が、アフリカをテーマにした音楽喜劇『キング・ズールー』にいたく感激。黒い顔をさらに黒く塗り、目と口の周りを白く抜いて草のスカートをはいた劇中の原住民姿は、そのままズールーの仮装となった。初期のズールーの王様は、ラードの空き缶を王冠に、バナナの幹に玉ねぎを刺したのや、大きなハムの骨を杖に持った。

　ズールーはジャズ葬式やパレードの大スポンサーとして昔からジャズと深いつながりを持っていた。ズールーの王様は、サッチモの生まれたスラムの人たちが愛してきた、いわば"スラムの王様"だ。子供の頃から憧れてきた王位にジャズ界で成功したサッチモが迎えられ、『スラム王サッチモ』の戴冠を記念して超メジャーなニュース誌タイムが表紙に取り上げる。1949 年といえば、人種差別真っ盛りの時代。サッチモの活躍が黒人の地位向上にいかに貢献してきたかを感じるとともに、矛盾に満ちた国だが"アメリカの良心"が立派に生きている、そんな事に感激する出来事だと思う。

　"ルイ 1 世"以前にタイム誌の表紙に取り上げられた黒人は、1941 年のボクシング世界ヘビー級、初の黒人チャンピオン、ジョー・ルイス。1946 年、メトロポリタン・オペラ初の黒人オペラ歌手マリアン・アンダーソン。1947 年、黒人初のメジャーリーガーとして人種の壁を破った野球選手ジャッキー・ロビンソン。そしてサッチ

1949 年　ズールーの王様　ルイ（真ん中）
Courtesy of the New Orleans Jazz Museum

モの 1949 年だ。同じ年、1949 年タイム誌の表紙に登場したのはトルーマン大統領、マーガレット王女、エリザベス・テーラー、バレリーナのマーゴット・フォンテーン。ルイ以前に表紙になったジャズマンはいない。人気を誇ったベニー・グッドマン、グレン・ミラーは、その前にも後にも表紙に登場することはなかった！

人種差別のまだまだ激しかった時代、ルイが枯れ草の腰蓑（こしみの）をつけ、南部の田舎町ニューオリンズの黒人社会のパレード団体の王様になった。それをルイ1世、つまり"サッチモ1世"と権威あるタイム誌が取り上げる…アメリカの社会もなかなか粋だな、と感心する出来事だ。

1976年　ズールーの仮装　撮影：外山喜雄

Chapter3　サッチモとジャズ・ボーカル

12.　ジャズ・ボーカルの父　1　スキャット・ボーカルの誕生

サッチモのうっかりミスから生まれた歴史的名演？？！！

　ジャズ・ボーカルの父！！と聞かれたらもちろん"サッチモ"と答える。

　"スイングしなきゃ意味がないさ"とエリントンはジャズを簡単明瞭に表現した。そのスイングをこの世に持ち込みジャズを"創造"したのが若き日のルイ・アームストロング。そして、それだけではない…歌の世界で"ジャズ・ボーカル"と言うスタイルを創ったのもサッチモなのだ！！

　サッチモ以前の歌手は、小劇場のボードビルで活躍したエンターテイナーや、ブルース歌手…ボードビルのスター達のリズムは少々しかつめらしく、堅くて全くスイングしない。そしてブルース歌手は、ジャズ的な要素は持っていたが、リズムは後ろへ引きずる重めのリズムで、サッチモのボーカルの登場で、初めて強烈にスイングする、現代につづく"ジャズ・ボーカル"が登場したといえる。そして、楽器のフレイズを歌にした、アドリブ・シンギングの手本のような"スキャット・ボーカル"。あの"♪ ババズジゼッツ"と意味不明の歌詞を即興で歌うスタイルもサッチモが創始者だ。

　サッチモのスキャット・ボーカルの初吹き込みについては、こんな逸話が残っている。1926年2月26日（ジャズ界の2・26事件だ！笑）、歴史に残る数々の名演

をのこしたサッチモのホット・ファイブの録音が OKeh レコードのスタジオで行われていた。この日の録音は、新曲「ヒービー・ジービーズ」。軽いリハーサルを終え、サッチモとホット・ファイブの面々は、当時始まったばかりの "電気吹き込み" の大きなマイクに向かって録音を始めた。サッチモのボーカルのパートになり、片手に歌詞カードを持って最初のコーラスを歌い終えたところで、大切なカードがするりと手からすべり落ちてしまった。録音した音を刻むアセテート盤は、大変高価で、ディレクターはあわててそのまま歌い続けるように、必死に手をまわしている。サッチモはとっさに機転をきかせ、そのまま "ババズジー" と歌い続け、偶然スキャット・シンギングの発明となったというのだ！！

　サッチモが歌ったスキャット、"バズジゼッツ" は、実は私たちトランペット奏者や楽器のプレイヤーは、メロディーを表現するのによく使う。「それ、どういうメロディー？」と聞かれて、「それはね、'ババズジッツジーババディ' っていうの」とか、バ行やザ行だけではない。"タヤタター" もあるし、"パヤパパー" もある。
　偶然から生まれた歴史的レコード！！確かに話としては面白いが…私は、サッチモは新しい表現方法として、トランペットのアドリブ・フレイズをボーカルにすることを考え、意図的に録音したのだと思っている。コロムビア・レコードで大プロデューサーとして活躍した、ジョージ・アバキアンさんから直接聞いた話では、この逸話を広めたのは、ピアニストで 1926 年当時 OKeh レコードのディレクターだっ

ヒービー・ジービーズの販売された譜面
Courtesy of Louis Armstrong House Museum

たりチャード・M・ジョーンズ。アバキアンさんは、ルイの担当だった 50 年代に、あの逸話は本当かルイ本人に尋ねてみたそうだ。サッチモの答えは…「ウェール、ダディ、あの話ね…リチャード・M・ジョーンズが言い出したんだ。そう、大体そんなところかな…」
　「サッチモは前もって準備して意図的にスキャットをやったのだが、あの話があまりよくできていたので、皆の夢を壊したくなかったんだネ」というのがアバキアンさんの感想だった。
　何の本だったか、白人の名コルネット奏者ビッ

クス・バイダーベックのことで、こんなことが書いてあった。

「ビックスのところへいったら、OKeh レコードから出たばかりのルイの"ヒービー・ジービーズ"のレコードをかけてた。あの変な歌詞のところで、彼は床を転げまわって笑ってたよ」

このレコードは、あっという間にシカゴの黒人、白人ミュージシャンの間で話題になり、まもなく世界中がスキャットを始めるのである。

13. ジャズボーカルの父　2
世界初のセクシー・シンガー　サッチモ

レイ・チャールズの伝記映画『レイ』が 2004 年に公開され、主演のジェイミー・フォックスはアカデミー主演男優賞を受賞した。

僕もレイ・チャールズの歌は、大学時代「愛さずにはいられない」…"♪ I Can't Stop Loving You"以来のファンだ。あまり知られていないが、レイ・チャールズと女性歌手ベティー・カーターが、デュエットで吹き込んだ、『Ray Charles & Betty Carter』のアルバムも隠れた名作だ。男女の愛についての曲ばかりを集めた素敵なデュエット集。その中で私が大好きなのが「エブリタイム・ウィー・セイ・グッドバイ」…銀座の老舗ジャズクラブ"スイング"に出演すると、最終回の演奏が終わってお客さんが席を立ち始める時にこの曲が必ずかかる。

"♪ いつも君に 'お休み' と言うとき、俺はちょっと死んじゃうんだ…" かすれる声で彼女にセクシーにささやく様なレイの歌い方！！！！レイの歌は、すごくそういうところがある。時々 "この、オンナ殺し！！" と叫びたくなることもある…。やはりレイは女性が大好きだった、その素直な反映なのだろう。

サッチモの歌には案外それがない。この素晴らしき世界…歌っているのが、男とオンナのような世俗の話題ではなくて、世界愛…もうサッチモはジャズ界の法王様のような存在、それが聞き手が受ける印象である。

長い音楽活動の中で、サッチモはいろいろな体験をしてきた。一時は、アメリカ文化を代表してアメリカの音楽大使として世界を廻り、アンバサダー・サッチとも呼ばれた。そんな経験の積み重ねが、サッチモの音楽の世界観を崇高なもの

にしていった、ということもあるだろう。こんな経歴を知ると、ますますサッチモを神格化してしまいがちだが、本人は４回も結婚しているように、女性を好む人であったことは絶対に間違いがない。

　サッチモの「バック・オ・タウン・ブルース」は、別れた女性のことを歌うブルース…お前さんのようないい女がいるのに、俺は目移りしちゃった…帰ってきてくれ…の様な歌詞。「ブルーベリー・ヒル」は、ブルーベリーが一杯の丘で君を見つけ、僕はときめいた！！「ア・キス・トゥー・ビルド・ア・ドリーム・オン（夢にキッスを）」では、別れる前に君にしか出来ない、あの口づけを下さい！！！いや、どれも日本語にすると濃厚強烈な歌詞だが、サッチモの個性なのだろうか、冗談めかして、ハッハッハという感じであっけらかんと歌っている。もし、レイ・チャールズだったら、もっと目一杯かすれた声で、耳元に息を吹きかけるように誘いかけて、いつの間にかベッド・イン…みたいになるんじゃないかと思う。
　……なんだか、レイ・チャールズ非難の論調だが…。実は、このレイのような、今では当たり前となっている、ため息混じりのような歌のセクシーな感情表現、この表現を1920年代、最初にした人がルイ・アームストロングだったと言うことはあまり知られていない。

14. ジャズボーカルの父　3
ブルーマ姿のダンサー、露出過剰で逮捕！
　性表現の尺度というのは、時代によって感覚が違う。
　1920年代、禁酒法時代のライフ誌の写真で、ブルーマ姿の女性達が警官に捕まって、檻のついた車に収容されている場面がある。キャバレーのダンサー達が“露出過剰”で捕まったのだ。学校の体操の時間のあの“ブルーマ”で、人前で踊ると当時は“露出過剰”、風紀法違反だったのだ。プリザベーション・ホールの老トランペッター、1890年代生まれのキッド・トーマスの口癖を想い出す。
　曰く“昔、若い頃、雨が降るとわくわくしたモンさ…水たまりをまたぐのに長いスカートをちょっとあげて、くるぶしが見えるからネ…”。

　それほどセックスの表現がタブーだった時代、1929年3月5日に、ニューヨー

クへ進出したばかりのサッチモが吹き込んだ「捧ぐるは愛のみ」は、ドキドキする
ほどの“危ないため息”のような感情表現に満ちている!!（蛇足だが、ため息と
言うと、やはり日本でも批判の対象になった、青江三奈の「伊勢佐木町ブルース」
を思い出す）

　当時、多くの男性、女性歌手が「捧ぐるは愛のみ」を吹き込んでいるが、どち
らかというと無表情に一本調子のベターッとした歌ばかり。ひきかえサッチモの
バージョンは、感情をため込み、押し殺し、時にはささやく様に懇願し、時には
大声で感情を爆発させるように…。当時の保守的な時代としては、ブルーマどころ
か、ステージで素っ裸になってしまったような、掟破りの状態。“まさに革命と言っ
ても良い”と、ジョージ・アバキアンさんは言う。

　また面白いことに、サッチモのトランペットも、歌と同様にセクシーな表現。サッ
チモの歌はトランペットの裏返し…そしてトランペットは歌の裏返し…。器楽演奏
だった楽器演奏がボーカル的な表現になっていき、またスキャットに見られるよう
に、ボーカルも器楽演奏的になっていった。この両方にサッチモが大きく関わっ
ている…ンンン!素晴らしいですね!!!

　もう一点注目すべきは、黒人のサッチモ…黒人と言うだけでも差別の眼で見ら
れるのに、この「捧ぐるは愛のみ」の“黒人が歌った掟破りの表現”は全くバッシ
ングを受けた形跡がなく、逆に白人も黒人もこうした感覚に大きな新しい魅力を感
じ、影響を受け、人種を問わず表現の世界が変わって行ったことである。
　ニューオリンズのスラムに生まれ育ったサッチモ…その底辺に生きるスラムの
人々の、飾らない素直で率直な感覚が、原始の人々が性におおらかだったように、
20世紀の世界のあらゆる感覚の“解放”にぴったりマッチしたのかも知れない。
そんなところにも、アッという間に世界に広まったジャズの魅力の原点があるんで
すね、きっと!!!

15. ユー・ラスカル・ユー

　タップの名手、そして世界的エンターテイナー、サミー・デイビスJrの子供時
代の映像が残っている。1932年、サミーが、なんと7歳で主演した映画『Rufus

サミー・デイビスJr 7歳

Jones for President』のワンシーン！！もともとユニークな顔と体型のサミーをそのままヨチヨチ歩きにしたような可愛い黒人のおチビさんが、達者にタップを踊り、歌を歌う貴重な映像だ（★ sammy davis rascal で検索できます）。

　自分の背丈より高いマイクに向かって、チビのサミーの、そのまたミニチュア版のサミーが、精一杯背伸びをしながら爪先立って声を張り上げている。サッチモ風にハンカチ片手に、口をふきふき、おませな表情で歌っているのが「ユー・ラスカル・ユー」。You rascal you は、正しくは、I'll be glad when you're dead you rascal you. "お前がおっ死んだら、オレは嬉しいぜ、このバカ野郎…" とでも言おうか。

　ジャズ曲には、かわったタイトルの曲は多いが、こんな変なタイトルも少ない。最初にサッチモが録音し大ヒットとなったのは 1931 年だった。当時、少年サミー、いや、"幼児"サミーが歌うほど、このサッチモのノベルティー・ヒット・ナンバーは黒人一般大衆に人気があり、アメリカ中で受けていたのだろう。

　Rascal を辞書でひくと、悪党、いたずらっ子。何か悪戯をされて、"オー・ユー・ラスカル！！"なんて言ったりする。腕白で手に負えない手合いを指して、"あのラスカルときたら、まったく！"と嘆く。

　翌32 年に作られた映画『ラプソディー・イン・ブラック・アンド・ブルー』（黒とブルーの狂想曲）に、豹の皮をまとったサッチモがこのヒット曲を歌い、吹く姿が生々しい映像で残っている。歌詞はこんなところ…。

♪ お前がおっ死んだら、オレは嬉しいぜ、このバカ野郎。
家に入れてヤリャ、女房にチョッカイ、フライドチキンは平らげて、
ジンはビンごと飲んじまう、お前みたいなヤロー、死んでくれたら、
嬉しくってクック笑っちまうぜ、まったく！！！
地下 6 フィートに埋められて、フライドチキンともオサラバさ、
お前の棺が墓場へ行くときゃナ、街角でハイになってやるッテンダ、

ユー・ラスカル・ユー！！♪

　…てなカンジだ。…途中、

♪　ナンでまた、ウチノ女房はお前をホットだ（イカしてる）と思うんだ？

ナンだナンだ、このドッグ（犬）！！！♪

　後年の録音には、フランクフルト、ガッハッハ…等というのもある！ホットとドッグとフランクフルト…チョットきわどく洒落ているのデアル。

16. 隣町の警察署長様に捧げます！

　サッチモが歌ったユー・ラスカル・ユーのレコードが大ヒットしていたころ、サッチモが南部の旅の途中で逮捕され、留置所に入れられたことがあった。黒人が南部で逮捕される…当時の人種差別を考えると殺されかねない危険をも秘めた大変な事だった。サッチモも心底震え上がった。そして一番大事なトランペッターの命、唇を守るため、白人署長に泣きながら“どうか唇だけは殴らないで！！”と必死に頼んだと言う。マネージャーの政治家へのコネでなんとか出獄できたサッチモ。旅を続ける内、彼の心にはその時の恐怖と、警察署長への深い憎悪の念が沸いてきた。隣町からのラジオ放送で、彼は署長に仕返しをしたのだ…。彼らしいユーモアを忘れずに…。

　「皆さん、この曲を隣町の警察署長様に捧げます」

　“アイル・ビー・グラッド・ホエン・ユー・アー・デッド・ユー・ラスカル・ユー！！”

　（お前がおッ死んだら、オレは嬉しいぜ、このバカヤロー）

　この曲のヒットはアメリカだけではなかった。ヨーロッパでもレコードが大ヒット、エリザベス女王の父君ジョージ６世の父で、エリザベス女王にとってはお爺様にあたるジョージ５世もサッチモの“ユー・ラスカル・ユー”のファンだった。1932年の事、初めて英国を訪れたサッチモにこのジョージ５世を前にした御前演奏の機会が訪れた。王様が自分の“ユー・ラスカル・ユー”のファンだと聞いたサッチモは大変喜んだ。ニューオリンズ出身の彼にとって、なんといっても“王様”と言えば有名な街の名物、マルディグラ・パレードの“レックス”の王様。そこで、ステージから彼はこう、心からなる親愛の情を込めて王様に呼びかけた。

「レックス（王様）、この曲をあなた様に捧げます！！
タイトルは、"お前がおッ死んだら、オレは嬉しいぜ、このバカヤロー"です…」

　王様は大変喜ばれて、この時フランスのセルマー社製の特注トランペットをサッチモにプレゼント。この時から、ルイはセルマーのラッパを何台も更新しながら一生使い続けた。

Chapter4　ワット・ア・ワンダフルワールド
17. ワット・ア・ワンダフルワールド考

　この素晴らしき世界…何と素敵な響きのする言葉だろう。特にこの戦争とテロ、コロナの恐怖、そして人種の分断と対立の時代には、なおさら心にしみる言葉だ。英語の持つ響きも素晴らしい…ワット・ア・ワンダフルワールド！！！ありふれた言葉のようで、よく考えるとこの上なく素晴らしい深い意味をふくんでいる。シンプル・イズ・ベスト…単純明快、簡単明瞭こそ最高。こんなテーマでこのような最高の曲を作詞作曲した

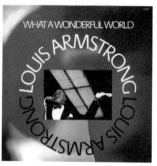

What a Wonderful World のオリジナル LP

作者、ジョージ・D・ワイスは最高だ！！　歌詞はこんなことを歌っている。

〈この素晴らしき世界〉
♪ 木々の緑　赤いバラの花も　みな君と僕のために　花開いているのさ
だからこう思うんだ…
ワット・ア・ワンダフルワールド　なんて素敵な世界なんだッテ…

目に映る青空　そして白い雲
素晴らしい１日の始まり　そして神聖な夜の闇
私はこう思うんだ　なんて素敵な世界なんだッテ

虹の色は　道行く人々の顔に素敵に映り
人々が握手して"コンニチワ"と言っている様は…
皆…"アイ・ラブ・ユー"と言っているのさ！！

赤ん坊の泣き声が聞こえ　成長を見守る私…
赤ん坊たちは　私たちよりもっともっと　多くのことを学ぶのさ…
だから私は思うんだ…
ワット・ア・ワンダフルワールド　なんて素敵な世界なんだッテ！！！！　♪

　2002年にテレビ東京でオンエアーされた番組、『そして音楽が始まる…ワット・ア・ワンダフルワールド』でこの曲の素敵なメイキングが紹介された。番組担当のテレビ・ディレクター中村哲夫さんが、制作にあたって家を訪ねてこられ、ベトナムへ向かう兵士達を前にして歌ったルイの映像や、70歳記念録音の前台詞入りの「ワンダフルワールド」をご紹介し、大変感激した中村さんはアメリカ取材を実現。長年サッチモのベース奏者だったアーベル・ショーや、米軍基地でサッチモをエスコートした兵士のインタビューに加え、「ワンダフルワールド」を作詞作曲したジョージ・D・ワイスさんの家を訪ねた映像が全国に流れた。曲を作ったワイスさんは、番組の中で、作詞作曲した35年前の想い出をこう語っていた。
　「最初、一番最後の節の歌詞は"I hear babies Laugh…赤ん坊の笑い声がきこえる"になっていたんだよ。その部分をある日、ふと気が付いて"Cry 泣いている"に代えたんだ。赤ん坊の泣き声が聞こえるってね。それで、この曲はずっと深みが増したんだ」
　中村ディレクターは、その後、大出世をされてテレビマンズ・ユニオン社の社長になられた！サッチモも、絶対、この素晴らしい番組を喜んで天国から応援してくれていたと思う！笑
　素晴らしい番組をありがとうございました！

18.サッチモの70歳の誕生日記念レコーディングに集った人々
　ルイ・アームストロングがニューオリンズの貧民街で生まれたのは1900年7月4日、アメリカの独立記念日…と信じられていた。しかし、前にも述べた様に、

1980年代になってナントその日付が間違っていたことが分かった。ニューオリンズで初めてジャズを演奏し始めたと言われている、コルネット奏者バディー・ボールデン。この伝説のジャズ王のリサーチをしていた研究者、故タッド・ジョーンズ氏が、偶然ある教会の洗礼記録の中にルイ・アームストロングの名前を見つけたのである。新発見によると、ルイの誕生日は、今まで信じられてきた日付の約1年後の1901年8月4日、本人もこの世を去るまで知らなかった新事実であった。

　誕生日が間違っていたなど、本人も誰も知らなかった1970年のこと、アメリカではグレート・サッチモの生誕70年を記念する色々なイベントが持たれた。そんな中、ある記念碑的なレコーディングが行われた事はあまり知られていない。70歳の誕生日の少し前5月26日のことだ。録音の前、スタジオではジャズ界の有志が集っての誕生日記念のパーティーが催された。金色のトランペットが付いた大きなチョコレート・ケーキが飾られ、サッチモがナイフをいれた。そして、彼の周りに集まった出席者の顔触れは、あたかもジャズ人名辞典のようであった。…マイルス・デイヴィス、ボビー・ハケット、ルビー・ブラフ、トニー・ベネット、チコ・ハミルトン、エディー・コンドン、オーネット・コールマン…。

　パーティーの終了後、録音が行われ、サッチモはあの有名な「この素晴らしき世界」の新しいバージョンを吹き込んだ。一番よく耳にするストリングス入りの"ワンダフルワールド"とは違い、少しモダンでソールっぽい、ゴスペルのフィーリングも感じる隠れたサッチモの名作だ。

　そして、この日サッチモは、ワッタ・ワンダフルワールド〜♪♪の有名なメロディーを歌い出す前、バックのハーモニーにのせてある台詞を語ったのである。

♪若い連中の中にネ、ときどきこんな事言われるんだ…。
'ネェ、ポップス（親爺さん）、何処がワンダフルワールドなんだい？'ってネ…。
'世界中で戦争、人々は飢えてるし、地球は汚染…
とても、ワンダフルとは言えないぜ…！！'

でも、ちょっと待ってくれないかな…。
私の意見も聞いて欲しい、こう思うんだナ…
世界が悪いんではなくて、私達が世界にしていることが悪いんだ。

つまり、あきらめないで皆が努力さえすれば、
世界はもっともっと
ワンダフルワールドになるっていうことさ。

一番の秘訣は、ラブ、ベイビー、ラブ、愛さ！！
もし、我々がもっともっと、
お互いを愛し合いさえすれば、
多くの問題が解決する！！
そうなったら、世界はそれこそ最高、
だから、私はいつも、こう歌ってるのさ…
 I see trees of green, red roses too……
What a wonderful world!……♪

ニューオリンズの子供達　　撮影　外山喜雄

　それから半世紀、突然コロナの恐怖が世界を覆い、世界各国で人種対立が激化し、サッチモが歌った‘愛と融和’とは正反対の、‘恐怖、憎悪、対立、分断’に世界が向かっている。スラムに生まれ人種差別をものともせず、ジャズ王と呼ばれ“ワッタ・ワンダフルワールド”と人々に歌いかけたサッチモの世界はどこへ行ってしまうのだろう。
（このメッセージ入りのワンダフルワールドの演奏は、part5、208 ページの QR コードで）

19.ワンダフルワールド　レコードと映像
　ワンダフルワールドをサッチモが吹き込んだのは亡くなる 4 年前の 1967 年。そして、本格的にヒットしたのが死後 16 年目…何だか生前は売れなかった画家ゴッホ…あたりにありそうな話だが、サッチモの方は 20 年代から多くのヒットを飛ばし、64 年には「ハロー・ドーリー」の大ヒットもあり、しかもモダンジャズのマイルス・デイヴィスから、クラシックのバーンスタイン、歌手のビング・クロスビーまで、ジャンルを越えて尊敬され、幸せな一生だったと思う。本人にそのつもりはなかっただろうが、サッチモの「ワンダフルワールド」は、彼が 21 世紀に向けて世界に贈った、“チョット早めの遺言”のような気がしてならない。
　亡くなる 4 年前に吹き込まれた“遺言”だけあって、この曲の録音も余り多くな

い。私の知る限りでは4種類ぐらいしか無いようだ。例の1967年録音のABCレコードで出たストリングス入りの一番よく耳にするテイク。前述の70歳の誕生日の記念録音とも言えるゴスペル調のテイク。あと、音質は劣るがコンサートのライブ録音2テイクぐらいだろうか。

ワンダフルワールドを歌うサッチモの姿をとらえた映像も、私の知る限りでは4種類しかない。サッチモは1968年6月ロンドンに飛び7月BBCのテレビ番組に出演、「ワット・ア・ワンダフルワールド」を歌った。前年英国では、この曲がヒットチャートの1位になっていたのだ。ルイは、イギリス訪問後大きく体調を崩し長期間の入院を余儀なくされている。そんなぎりぎりの体調を感じる、痩せて少し痛々しいサッチモ…さすがサッチモ、歌と演奏には一点のかげりもない。でも、出来れば"元気印のサッチモ"のイメージを壊さないためにも、あまり公開されない方が良いのにな…と個人的には思っている。

もう一つのサッチモの歌うワンダフルワールドの映像、これは、冒頭の章でもふれたが、正に奇跡としか言いようがない場面を見事にとらえている。1967年12月、ベトナム戦争が最も熾烈だった時代、陸軍基地を慰問に訪れたサッチモの映像。ABCテレビのニュース・ショー「エンターテインメント作戦」のためのライブ撮影だ。2003年のイラク戦争でも、ブッシュ大統領が兵士達を前に演説する映像が伝えられたテキサス州の陸軍基地フォート・フード。ベトナムへ向かう迷彩服に身を包んだ兵士達が、演習場の地べたに座り、最前線のコンサートを思わせる状況で特設ステージのサッチモの演奏を楽しんでいる。泥沼化したベトナムで彼らの多くが命を落としたかもしれない。そんなまだうら若い兵隊達に"何て素敵な世界なんだ"と歌いかけるサッチモの表情、また、明るく屈託の無い兵士達の表情やリアクションをとらえるカメラ・ワークが実に見事だ…。

アメリカの苦い人種差別を生涯体験してきた黒人サッチモが、若い兵士達に歌いかける「ワット・ア・ワンダフルワールド」。そして曲が終わると、最高にハッピーな大ヒット「ハロー・ドーリー」が始まり、大喜びで手拍子する兵士達。コミカルなダンスをするサッチモとトロンボーンのタイリー・グレンに、兵士達は一時戦争を忘れる。まるで元気いっぱいの"老天使サッチモ"が天から降りてきて、悩め

る神の子達を優しく愛に包み込んでいるようだ。

　この他の二つの映像も貴重だ。サッチモは1970年8月、アメリカで人気者となった英国人キャスター、デビッド・フロストのテレビショーに出演。『徹子の部屋』のゲストが、椅子に座ったまま気楽に歌うような感じで、ピアノの伴奏だけで「ワンダフルワールド」を歌っている。また、1971年2月、Part1でふれた「ボーイ・フロム・ニューオリンズ」を歌ったフロストの番組でも「ワンダフルワールド」を歌っている。

　こうしたサッチモの映像等ジャズの珍しい映像は、私が1974年に収集を始めたジャズ映画フィルム・コレクション自慢の逸品で、日本ルイ・アームストロング協会の例会で時々上映している。

20. サッチモとローマ法王

　ローマ法王、ヨハネ・パウロ2世が2005年に亡くなった。バチカンでの葬儀には世界中の首脳が駆けつけ、法王の逝去を悼み街に集まった人々は400万人にものぼったという。世界中で哀悼の気持ちを捧げる何億もの人々を見ていると、改めてキリスト教が世界に与えた影響の深さを感じる。

　キリスト教はジャズの誕生とも深い関係を持っていた。奴隷としてアメリカ大陸に連れてこられた黒人がキリスト教と出会い、救いと希望を見いだした結果生まれたのが、躍動的な喜びのリズムを持った音楽ジャズだったのだ。自分たちを"拉致"した白人社会の宗教を受け入れ、そこから素晴らしい新音楽"ジャズ"を誕生させた黒人…とても感慨深く、また複雑な気持ちを憶えさせられる。

　一生人種差別を受けながら、常に顔に笑みを浮かべ、世界のジャズ界をリードし、世界の人々を愛し、また愛されたサッチモには、ローマ法王にも通じるような愛の精神と気高さを感じる。サッチモだけではない。デューク・エリントン、カウント・ベイシー、チャーリー・パーカー…ジャズを創造してきたジャズの巨人達もしかりだ。日々の生活の中で差別という屈辱と不自由さに悩んでいた黒人の人々は、"ジャズ"の中に思いっきり自由世界を作り上げた。黒人のしなやかなリズム、アドリブという即興演奏…彼等は音楽の中で解き放されたように、思いっきり"真の自由"を満喫していたに違いない！！

サッチモの1920年代の演奏を聴いてみると、いかに彼の音楽がその後のジャズの基礎を築き、大きな影響を与えたかがよくわかる。その意味で、サッチモはジャズの王様と呼ばれる。そしてまた、彼の死後16年もたって世界的ヒットとなっだ"ワット・ア・ワンダフルワールド"の印象が強いせいか、"王様"サッチモ、には"法王"サッチモのような印象も漂うようになった。

　2005年、アカデミー賞を受賞したレイ・チャールズの伝記映画『レイ』が脚光を浴び、主演のジェイミー・フォックスは主演男優賞も受賞した。レイ・チャールズはサッチモ同様、あらゆるポップスに大きな影響を与えた偉大なアーチストだが、サッチモの法王的なイメージとは好対照なのが面白い。

　サッチモもレイも多くの"愛の歌"を歌っているのだが、サッチモの"愛"がどちらかというとユーモラスで可愛らしく古風、また多分にカラッとして宗教的要素も感じるのに対し、レイの"愛"は実に現代的、現実的、また時にドキッとするほど性的、肉感的でもある。

　サッチモも遙か昔の1920年代から、紅灯街、売春、酒場、麻薬、ギャンブル、ギャングなどという、世の中の好ましからざる世界で活動を拡げてきた、汗のにおいのするアーチスト。レイの音楽が1950年代に肉感的と非難されたように、ジャズも20世紀初めに誕生した時、数倍保守的だった社会から"売春宿の音楽"と蔑まれ眉をひそめられた。そんな時代でも、サッチモは持ち前の楽しく明るい個性と才能で、ジャズの肉感的な個性を逆に白人層にも受け入れられる魅力に変え、黒人音楽の地位向上に大きく貢献してきた。そのルイが、ローマ法王ともイメージが重なるかのような存在となったということは、サッチモの愛の精神が男と女の世界を飛び出し、人間愛、また、神様への愛へと拡がっていったということなのかも知れない。そして、面白いことに、サッチモの世界には、"神様の愛を歌うアーチスト、サッチモ"といった場合にありがちな禁欲や堅苦しさが全くない！！サッチモは常に、ガハハハ笑いのサッチモ、庶民の味方サッチモ！！！やっぱり、サッチモはジャズ界の法王様なのかも知れない。

ルイのメッセージ入り「ワンダフルワールド」収録のCD

Chapter5　サッチモとブラック・ライブズ・マター
サッチモと人種差別
21. アメリカ　その本音と矛盾

　トランプ大統領の出現とコロナ・ウイルスの蔓延、白人警官による黒人ジョージ・フロイドさんの不当な死、そしてその後の分断と対立の激化は、世界の憧れだったアメリカという国が抱える人種差別の悲しい現実を改めて思い出させる出来事だ。2020年のアメリカ大統領選挙では民主党、バイデン候補が勝ち新大統領となった。しかし、ほとんど五分五分のトランプの得票数を見ていると KKK が亡霊のように息を吹き返すような、昔ながらの人種差別主義層が2割、ひょっとすると3割いるんだよナ…と思いタメ息が出る。サッチモが生きて来た時代は、それが7割だったかもナ…と思うと、サッチモやジャズの巨人たちがその中で成し遂げてきた事は凄いなと感慨を新たにする。

　ところで、この本の出版社冬青社の髙橋国博前社長はサッチモの大ファンで、2002年にジャズ武者修行のエッセイ集『ニューオリンズ行進曲』、2008年にサッチモの故郷の写真集『聖地ニューオリンズ聖者ルイ・アームストロング』でお世話になり、今回の出版も勇断していただいた。髙橋社長がご退任後2021年度から新社長岡野惠子さんが、髙橋氏と共にこの本の出版に当たってくださっている。今回、岡野さんからこんなメールをいただいた。

　「あれだけ全世界で有名になり、世界中のファンに今でも愛され続けるサッチモ。それ故に黒人からば"白人にとりなして成功した"と妬まれ、一方、ビング・クロスビーなど白人の親友が多数いながらも白人社会からは依然差別を受ける…。どちらの社会にも、真から受け入れてもらえていない孤独を抱えていた…。そんな内容のテレビ番組を見た記憶があります。本当のところはサッチモ自身にしか分かりませんが、あの底抜けに明るい素敵な笑顔の奥底に、そんな苦悩があったのか…と深く考えさせられたことを覚えています。〔ブラック・ライブズ・マター〕そんなスローガンが印刷された T シャツを着て試合に臨む大坂なおみさんも、同じ苦悩を抱えているのかもしれない、と感じました。」

　頂いたこのメールで、私はルシール夫人がこっそり知人にもらった、と言われる

ビング・クロスビーとルイ　映画『上流
社会』より

サッチモの本音を想い出した。黒人サッチモと白人ビング・クロスビーは親友ともいえる間柄だ。ビングはルイのジャズ的センスを自身の歌に取り入れ、自分の一番好きなシンガーと言っていた。サッチモもビングの甘い歌声とフィーリングに感激、二人は尊敬し、愛し合いながら1936年のハリウッド映画『ペニーズ・フロム・ヘブン』から『上流社会』、そしてビング自身のTVショーを含む、数々の番組で共演し、30年以上にわたりぴったり息の合った、白人と黒人の愛と友情の姿を見せてくれた。でも、ルイがこっそり奥さんに悲しそうに、半分皮肉を込めて、こう漏らしたそうだ。

「ビングは、一度も私を彼の家に招待したことはないヨ」

　これが今回、2020年の大統領選挙でも垣間見えた、アメリカの本音と矛盾である。こうしたちょっと悲しい現実…無意識の中の差別にも堪えて、"あれだけ全世界で有名になり、世界中のファンに今でも愛され続けるサッチモ"になったことの偉大さを再認識する。堅い話だが黒人の地位向上に彼ほど貢献した人はいないのだ。

　サッチモは、私は音楽をやるだけ、政治には首を突っ込まない、と常々語っていた。この姿勢が1950年代、公民権の意識が盛り上がってくる中、黒人読者層に人気の高かった雑誌『JETマガジン』の標的になってしまったことがある。この雑誌が「ルイ・アームストロングは、白人にこびへつらうアンクル・トムだ！」とやり玉にあげたのだ。黒人たちの間で急速に非難が広がり、ルイは大変悲しんだという。

22. アイゼンハワー大統領は腰抜けだ

　サッチモが、黒人、白人どちらの社会にも真から受け入れてもらえていない孤独

ビングとルイ　映画 『ペニース・フロム・ヘブン』
より

を抱えていた、そんな中1957年、公民権運動の歴史に残る大事件、リトルロック事件が起こった。サッチモ・ストーリーでもふれたが、最高裁が人種差別を憲法違反とし、9人の黒人生徒がアーカンソー州リトルロックのセントラル高校に登校しようとする。当時のアーカンソー州のフォーバス知事が州兵を送りこれを拒否、アイゼンハワー大統領も世論に遠慮して優柔不断な態度をとっていた。そんな中"事件"は起こった！

　リトルロックの生徒たちが登校を拒否された2週間後、ルイ・アームストロング・オールスターズはノースダコタ州の小さな町、グランド・フォークスの高校のコンサートに出演した。この日、当時まだ大学生で、地方新聞に記事を書く'内職'をしていたラリー・ルブノーが、ルイにインタビューを申し込んで来た。もともとリベラルな考え方の彼に、保守層の読者が多い地方紙の編集長は、差しさわりのない質問に限るようにと伝えていたという。しかし、彼はインタビューの前から、人種問題についてルイがどう考えているかを聞きたいと思っていたのだ。編集長がリストアップした、お好きなミュージシャンは？などという当たり障りのない質問（ルイはビング・クロスビーと答えた）が続いた後、彼はリトルロックの事件をどう思いますかと尋ねてみたのだ。

　その時、彼は自分の耳が信じられなかったという。ルイはこうぶちまけたのだ。

　「まったくひどいもんさ！黒人には国がないようなもんだ。そのくらいひどい状況だ」さらに怒り狂うルイはこう続けた。「大統領は腰抜けだ（ノー・ガッツ）。裏表がある偽善者だ！！」そして、フォーバス知事を、とても記事にかけない言葉でののしり、最後に「あの田吾作！」とまで言ったという。笑

　学生記者ラリーはもうびっくり、これは特ダネだとコンサートはあきらめて社に飛んで帰り、自社のニュースには間に合わなかったのでAP通信社に送ったという。ミネアポリスのAPの担当は、サッチモがそんなことを言うわけがないと信用しない。彼は翌朝もう一度ルイのホテルに飛んで帰り、本人に記事を見せ確認した。ルイはこう言ったという。「1行も削るんじゃないよ！」

　このサッチモの発言は、時のビッグ・ニュースとして世界中に発信された。マネージャーは大慌てで火消しに走ろうとするが、サッチモは頑として譲らない。予定されていた国務省派遣のソビエト演奏旅行もキャンセルし、こう言ったという。

「私たちの仲間を、南部でこんな目に合わせる政府など、クソくらえだ！ソビエトへ行って、アメリカはどうしたんですかと聞かれても、なんて答えればいいんだ！」

　結果、この「大統領は腰抜けだ」の発言は、当時の表現で"水爆級の威力"を発揮、アイゼンハワーは部隊を送って黒人生徒たちに付き添わせ登校を実現させたのだ。

23. 大坂なおみ選手　全米オープン優勝

　2020年9月13日、USオープンテニスを一昨年に続き2度目の優勝で飾った大坂なおみ！彼女の優勝を支えたのは、黒人差別に抗議する強いメッセージだった。白人警官による黒人男性ジョージ・フロイドさんの死をきっかけに、全世界に広がった〔Black Lives Matter〕。彼女は、毎試合、不当に殺された黒人の人々の名前入りマスクをして、差別の現状を世界に訴えた。「ただ人種問題に気付いてもらおう、関心を持ってもらおうと思った」と彼女。マスクの数は、決勝戦までで7枚になった。

　USオープンが開催されるニューヨーク市フラッシングの「ビリー・ジーン・キング・ナショナル・テニスセンター」には、センターコートの「アーサー・アッシュ・スタジアム」と、セカンドコートの「ルイ・アームストロング・スタジアム」がある。現在、ルイ・アームストロング・ハウス博物館となっているサッチモの家は、フラッシングの隣町コロナにあり、このテニス・センターから1キロほどの距離だ。1971にルイが逝去、きっとルイも彼が愛した地元の町に自分の名前を残したかったに違いないと考えた夫人は、1973年活動をはじめ、その年、隣町のフラッシングの古い施設が「ルイ・アームストロング・メモリアル・スタジアム」と命名された。次の年には古かった施設が解体されそうになるのだが、偶然そのことが全米テニス協会の会長の目に留まり、1978年に改めてルイのスタジアムとして再建築されることとなった。大坂が初優勝した2018年は命名から40年、そして1968年に始まった全米オープン50周年に当たり、ルイのスタジアムは新たに14000人収容の豪華記念スタジムに建て替わった。

　大坂は、初優勝した2018年の3試合目をルイ・アームストロング・スタジムでプレイ、サバレンカを下し勝ち進み優勝を勝ち取った。2020年、ルイのスタジアムで大坂の試合はなかったが、決勝で対戦した強豪アザレンカが、このコートでポー

ランドの選手を下し大坂との決勝へ進んでいる。

ルイ夫妻のお墓　NY フラッシング
Courtesy of the New Orleans Jazz Museum

　サッチモ夫妻は、このコートからほど近いフラッシング墓地に眠っている。今にもましてひどい黒人差別の時代、ジャズ王と呼ばれるまでになり、ジャズを通じて黒人の地位を向上させ、世界に愛と融和の音楽を送り続けたサッチモ。彼と同じ気持ちをもって勝ち進み、2度目の優勝を勝ち取ったなおみさんに、夫妻は"オーイエス！！"と叫んだに違いない！！　大坂選手、おめでとうございます。

　そして、優勝インタビューで語った、世界への愛のこもった、強いメッセージをサンキュー！！！

Chapter6　サッチモ・ファミリー

24. 子宝に恵まれなかったサッチモ

　サッチモ・ジュニアがいたら面白かったのだけど、彼は子供に恵まれなかった。

　結婚は4回している。最初の結婚は18歳の時で、ニューオリンズの娼婦だったデイジー、次に1924年、姉さん女房でピアニストのリル・ハーデン、間もなくダンサーだったアルファと事実上の夫婦に、そして1942年、同じくダンサーだったルシール。

　1918年の最初の結婚時代、いとこが生んだ子供クラレンスを預かり可愛がって育てていたが、不運にも転落事故で知能に障害が残ってしまった。ルイはクラレンスを養子として、生涯世話を焼き大切に育てた。ルイは家庭的な雰囲気がとても好きだった人で、養子のクラレンスと暮らすとともに2度目の結婚ではリルの母親と、また3度目の結婚アルファの時も、4度目のルシールも、同じように夫人の母親と暮らした時期が多かったようだ。なんだか、サッチモのワンダフルな人柄が偲ばれる話だ。

　カソリック教徒だったサッチモは、カソリックの最頂点にあるローマ法王に、我々

には想像できないほどの特別な尊敬と敬愛の念を持っていたという。その法王にサッチモが初めて謁見する名誉に浴したのは1968年、現在の教皇の4代前の法王、パウロ6世の時のことだ。いたく感動したサッチモはもう泣き出す寸前だったと、後に奥さんのルシールが語っている。しかし、われらがサッチモ、緊張の中でもユーモアは忘れなかった。

法王が、「お子様はいらっしゃらないのですね」とお尋ねになると、サッチモは「ええ、さようです。でも、その"努力"は大いにエンジョイしております」

これには、法王も思わずクックックッと笑われ「私も、お子が授かるよう毎日お祈りしましょう」と答えられたとか。

子供のいなかったサッチモ…でも、彼の「ワンダフルワールド」を聴いていると、世界中の人々が彼の子供であるような気がしてくるから不思議である。

25. ダイエットとサッチモ

時代によって、えらく太ったサッチモと痩せたサッチモがある。

1953年　ヘビーなサッチモ「グレン・ミラー物語」 Courtesy of the New Orleans Jazz Museum

サッチモが出た映画で言えば、1953年の『グレン・ミラー物語』のサッチモは前者で、56年『サッチモは世界を廻る』や69年『ハロー・ドーリー』のサッチモは後者。

実は、サッチモはスイス・クリスという下剤の愛用者で、サッチモ式痩身術という下剤によるダイエットにも凝っていたのだ。20キロから30キロもの体重調整はこうして可能となった。しかし、この過激なダイエット、大分以前、日本でも往年の大女優高峰美枝子さんの事故があったように、サッチモの早死の一つの原因だったかもしれない。

英語の'敬具'にあたる'Sincerely Yours'という言葉がある。サッチモは自分の手紙の結びに、ニューオリンズの名物料理で、子供時代からの大好物だった忘れえぬ母の味"レッド・ビーンズ・アンド・ライス"を洒落て'Red Beans and Ricely Yours'と書いていたのは有名な話。

Am Red beans and ricely yours,

Louis Armstrong

手紙の結びとルイのサイン　Courtesy of the New Orleans Jazz Museum

実はあまり知られていないが、この愛用の下剤"ス
イス・クリス"をもじって‘Swiss Krissly Yours’と
言うのもサッチモの好んだ結びの言葉だったのだ。

スイス・クリス…「Swiss Kriss」は、amazonで
今でも手に入れることができる！サッチモファンは是
非お試しあれ。ただしサッチモも警告しているが、
多すぎると急激に悲劇が訪れるので…ご注意を。笑

1956年 スリムなサッチモ「アンバ
サダー・サッチ」LP

彼がこの下剤ダイエットの虜になってしまったきっ
かけは、ニューオリンズのスラムで過ごした極貧の
子供時代、サッチモがお母さんから授かった下剤
作用のある野草による健康の秘訣だという。「おまえ、良いかい…毎日必ず、ハ
イセツするのヨ！（もちろんスラムの黒人、ハイセツなんて上品な言葉では無い…。
Keep Shittingと単刀直入に言ったのです。）どんなに悪い物を食べても、keep
shittingしてれば、ダイジョブなのよ、ルイ…。」 この母の教えた健康法は、100
年前スペイン風邪の時にも大いに役立ったようで、サッチモは自叙伝で「おかげ
で私はあの悪い風邪にかからなかった！親戚はみんなかかって、私は医者の役目
もしてたんだ」と書いている！

サッチモが後年、友人に面白がって配っていた、名刺のようなカードがある。
鍵穴の形の切り抜きの中に、サッチモがトイレに座り、白い歯を見せて笑ってい

サッチモのスローガン「Leave It
All Behind Ya!」 Courtesy of Louis
Armstrong House Museum

る写真。コメントは〔サッチモ・スローガン！Leave
It All Behind Ya〕つまり、その意味するところは、"ク
ソも悩みも、全部流して明日に向かおう！"笑

極貧のスラム、お医者さんなどには絶対に行けな
かった黒人達の間には、いろいろな民間療法…folk
remedy が伝わっていたという。釘を踏んだら…豚の
脂身でシップをする。喉がヒリヒリしたら…ゴキブリ
を煮立てて、上澄みを飲む…！！！等々。サッチモの
ような声になりたかったら、このゴキブリが良いかも。

因みに私は飲んでいません。笑

　ルイ・アームストロングが亡くなったのが、以前のとおり1900年7月4日生まれだったとすると享年71歳。後年、教会の洗礼記録が発見され判明した1901年8月4日生まれだったとすると69歳。いずれにしても、早すぎる死だった。

26.サッチモのグレート・マザー物語

　"母よあなたは強かった！"…という言葉がある。

　テレビ朝日系の全国放送で人気のあった番組『グレート・マザー物語』はそんな肝っ玉母さん特集シリーズだった。この番組が2001年に"サッチモの母"を取り上げ評判となったことがある。ディレクターは柿崎拓哉さん…自慢ではないが日本ルイ・アームストロング協会の"特別会員"だ！！

　「ここに母と子の風景がある」…アナウンサー森本毅郎さんの名ナレーションで番組が始まり、こう続いていった。「アメリカ南部、ミシシッピー川の河口の街ニューオリンズ、華やかなヨーロッパ風の街並みから一歩外れると、そこには貧しい黒人たちが住む、もう一つのニューオリンズがある。誰の心にも優しく染みていくサッチモの音楽は、ニューオリンズの街と、おおらかで力強い彼の母に育まれたものだった。」

　サッチモは1966年ライフ誌のインタビューで、こう母の想い出を語っている。

　「母、メリー・アン、彼女のことを私達はマヤンと呼んでいました。彼女は白人の大きな家で、よく洗い物の仕事をしていました。1日約1ドルの給料。父は、私がまだほんの小さかった時に家を出てしまいました」

　母は働きに出なければならず、ルイは5歳まで父方の祖母に預けられて育った。5歳の時母が病気になり、母を助けるために一緒に暮らすようになる。祖母につれられ路面電車で母の所へ行く時、前の方の席に座ろうとして「そこは座っちゃだめ！白人専用だよ！」と怒られ、ルイは人種差別を知る。家はいわゆる赤線地帯のすぐそば。周りは娼婦やギャング、ギャンブラーであふれていた。彼女は明るく開放的な性格で、姉御肌、ギャング達からも一目置かれる存在だったという。

　「常にママと一緒に住んでいましたから、お互いの悩みやトラブルを分かち合っ

たものです。彼女はがっしりした女性で、色は黒く素敵な表情と美しいソウル（魂）を持っていました。"手に入らないものがあったって、それがどうだっていうのさ。他人がなにを持っているのかなんて心配するんじゃないよ"…誰もがそんな彼女が大好きでした」

　私達と共演していた黒人ドラマー、ジミー・スミスさんも番組に登場し、黒人の家庭についてこう語っている。「我々黒人にとって、母親は特別な存在なんです。私もそうでしたが、人生に必要なすべてを教えてくれたのは母でした」
　この言葉は、サッチモが色々なインタビューで語っている『母』そのままだ。奴隷制を生きた黒人の人々…1865 年まで、彼らは"白人のご主人の所有物"で、夫婦の関係になっても結婚は法律で禁止されていた。男女が違う農園の奴隷で、男性が自分の働く農園から別の農園の"家族"のもとへ通ったり、同じ農園の"夫婦"や"親子"でも時として家族から引き離され、売られてしまうこともあった。そんな時代を生きて、自然と家庭は母と子供を中心にまとまっていったのかも知れない。

　"サッチモの誕生日の間違い"を見つけたニューオリンズのサッチモ研究家、故タッド・ジョーンズも番組に登場する。「母マヤンは慈悲深い人で、自分たちが食べるものに困っていても、もっと貧しい人に食べ物を分け与えていたのです。」
　サッチモは、困っている友人や仲間の音楽家たちに、よく「施し」をしたことで有名だった。外出をすると、あっという間に何百ドルも困っている仲間にあげてしまう事が多かったという。1931 年には、石炭を買う事の出来ない貧困家庭に石炭を配り、メリーランド州ボルチモアで大きなニュースとなったこともあった。自身も石炭売りをした少年時代の体験からの行動だったのだろう。
　グレートだった『サッチモの母』の大きな影響が、サッチモの'グレイトハート'を育てたことは間違いがない。

27. サッチモの家族写真
　1918 年、ルイはキング・オリバーの後釜としてキッド・オリーのバンドに迎えられ、初めてプロとしてスタートを切った。
　その年、ニューオリンズで撮影されたサッチモ一家の家族写真がある。貫禄

タップリ椅子に座った母の両側に、まだ田舎田舎した小太りの青年ルイと、2歳年下の妹が並んでいる。写真館での写真など、貧困の中では夢のまた夢だった一家。初めてしっかりとした稼ぎができたルイが、母マヤンへの深い感謝と、プロになった誇りを込め写真館でファミリー・ポートレートを撮った。そんなルイ青年17歳の大奮発だったのではないかと想像し、母と妹への率直な愛を感じてホロッとしてしまう。

1921年、シカゴに行った師匠キング・オリバーから「バンドに入ってもらいたい、シカゴへ来ないか?」と電報が届く。思い悩むルイに母はこうアドバイスした。「お前が街を出て行ってしまうのは寂しいけど、みんな一人ひとり人生ってものがある。先のことを考えても仕方ないよ。好きなようにやるのが一番よ」そして作ってくれたレッドビーンズ・アンド・ライス…豆を煮てご飯にかけただけのそれは貧しい中で育ったルイにとって、母のぬくもりと愛がこもった思い出の料理だった。

ルイは1922年、最愛の母の元を離れ、シカゴのオリバー・バンドで活躍を始め名声を高めていく。1923年には初レコードの吹込みも始まり、バンドのピアニストだったリル・ハーデンとも結ばれ、ヤング・ルイの未来は順風満帆だった。

そんな大成功が続いていたある日、シカゴのリンカーン・ガーデンで演奏していたルイの所へ、突然母マヤンが血相を変え飛び込んできたと、ライフ誌のインタビューにルイは語っている。

「ある日演奏していると、突然母がダンスフロアを横切ってバンド・スタンドの方へまっすぐやって来るのが見えました。彼女は私を見つめると、こう言ったのです。『おまえを連れに来たよ』…どうも誰かが、私がシカゴでニッチもサッチもいかなくなって、'何で家に帰

1918年　サッチモ・ファミリー　母マヤン (真ん中)、
妹ママ・ルーシー：ベアトリス (右)
Courtesy of the New Orleans Jazz Museum

らないんだい' と聞くと、ただ首を垂れて泣いていた、と言ったようなのです。私は彼女に『あー、そんなこと信じないでよ』と言いました」

　息子の危機に血相を変えて乗り込んだ "肝っ玉母さん" と、母の愛情を受けてスラムを抜け出し、成功への階段を上り始めていた息子。二人はしばらくシカゴで至福の時を過ごした。

1918 年頃　若きサッチモと師匠キング・オリバー　Courtesy of the New Orleans Jazz Museum

　「私達はアパートを借りて一緒に住み、母に素敵な服やいろいろなものをいっぱい買ってあげました。あんまり素敵だったので母は新しい服を教会の仲間の女性達に見せるために、ニューオリンズまでわざわざ帰郷したんです。そして母はまたシカゴへ戻ってきました。私はリル・ハーデンと結婚し、マヤンと三人一緒に暮らしました。私はママをクラブ巡りに連れて行き、一緒によく酔っぱらったものです。ほんとうにすばらしい時間でした。」

　それから間もなく、ルイがジャズの革命児として絶頂への階段を上へ上へと昇り始めていた 1927 年に、1886 年生まれのマヤンは 41 歳の若さで亡くなった。ルイは、母の死をこう回想している。

　「いや…私はあのマヤンがいなくて、とても寂しく思います。私が生涯で泣いたのは、シカゴで行われた彼女のお葬式の時だけでした。私はお金を稼いでいましたから、彼女をビューティフルな葬式で送ることが出来ました。彼女の遺体の上にお皿を乗せなくて済んだんです。私はニューオリンズ時代、そんな惨めな光景をよく見ていました。横たわっている遺体の胸の上にお皿を乗せて、お通夜に来た人達が 5 セントや 10 セントや 20 セントを置いて、葬儀屋の払いに当てたのです」

28. サッチモを成功に導いたグレート・マザー達　1
リル・ハーデン

　ルイは、若くして最愛の母を亡くした。サッチモ 26 歳の時だ。2 度目の結婚で結ばれた年上女房のリル・ハーデンは、ルイの才能にいち早く気づき、彼をリードして世界的の成功の入り口へと導き、サッチモの一生で欠かすことのできない、あ

る意味での"母"となった。

　黒人大学フィスク・ユニバーシティーで音楽を学び、1918年にはシカゴで活躍、多くのミュージシャンを知り、音楽ビジネスの知識も豊富だったと思う。ルイの背中を押してニューヨークのヘンダーソン楽団に入るよう送り出したのも、シカゴに呼び戻し〈世界一のトランペッター〉と看板を店の前に掲げたのもリルだった。ルイが初歩的にだが和音の知識を得たのも、ピアニストだったリルからだったのではないだろうか。

リルとサッチモ　Courtesy of the New Orleans Jazz Museum

　20年代後半、二人の結婚は続いていたが、実質別々の道を歩み始める。でも、常にリルはルイの身の回りを心配し、ルイの将来を気にかけた行動をとっている。リルは服飾関係の仕事もしたようで、晩年までルイのタキシードの制作を担当。1971年7月6日にルイが他界するとリルは悲しみに沈んだ。そして2か月後の8月27日、シカゴで開かれていたルイ・アームストロング追悼コンサートのステージで演奏中、突然倒れ亡くなった。リルのアパートの壁には、ルイの自筆サインが入った写真がかかっていたという。そこには"親愛なる妻へ…死ぬまで君を愛す！"とメッセージが入っていた。昔、ルイが彼女に贈った写真をかけ続けていたのだ。彼女も、サッチモにとって、まさしくグレート・マザーの一人だったと思う。

　サッチモの葬儀の日、フラッシングのお墓へ向かう霊柩車にはリルも同乗した。ルシール夫人が「ぜひ一緒に乗ってください」と伝えたのだ。後にルシールはこう語っている。

　「そうしなかったら、ルイがきっと怒ったと思うわ…」

29.サッチモを成功に導いたグレート・マザー達　2
ルシール夫人

　そして4番目のルシール夫人も、大きな役割を果たした"サッチモのグレート・マザー"だったと思う。彼女は雑誌のインタビューでこう語ったことがある。

　「世界中を旅して廻る主人が、心から落ち着ける場所を作る、それが私の一番心掛けたことでした」

テレビ朝日で 2001 年に放送された『グレート・マザー物語…サッチモの母』の中には、サッチモの家の隣人で、サッチモ夫妻をよく知るセルマ・ヘラルドさんが登場する。彼女は、サッチモが 1942 年にルシール夫人と結婚、翌 43 年から住んだニューヨークのクイーンズ区コロナの家の隣に、母親と二人で住んでいた。1948 年、若かったセルマさんは、フランスのニース・ジャズ祭のツアーにスタッフとしてサッチモに同行している。彼女の仕事はステージで何十枚も使うサッチモのトレードマーク、"白いハンカチ"の洗濯とアイロンがけだった！

　番組のインタビューでセルマさんは、いかにルシール夫人がサッチモにとって素晴らしい存在だったかをこう語っている。「故郷を遠く離れ母を失ったルイにとって、彼女は母親のような存在でした。彼が子供時代から味わい堪えてきた、すべての苦労へのご褒美のような女性でした。ルイは生涯彼女を愛し続けました」

　ルイがルシール夫人と初めて会ったのは、ニューヨーク・ハーレムの有名なコットンクラブに出演した時だ。彼女はこのクラブのダンサーだった。高級クラブとして有名なコットンクラブは、オール黒人の女性ダンサーのショーが呼び物で、白人的な混血女性だけをそろえ、肌が黒いダンサーは雇っていなかった。ルシールは色黒の黒人で初めて、クラブの女性ダンサーの肌の色という人種の壁を破った女性でもあった！

　ルイは、恋に落ち彼女に求婚した。彼が、彼女にかけたプロポーズの言葉は「レッド・ビーンズ・アンド・ライスは、作れるかい？」だったという。彼女は、「ノー、でもやってみるわ」と答えた。レッド・ビーンズ・アンド・ライスは、サッチモが一生愛した"母の味"だった（サッチモの愛したソウルフード…詳細は"ちょっといい話 41"で！）。

　『グレート・マザー物語』を作られた柿崎拓哉ディレクターには、その後、私のコレクションの映画『サッチモは世界を廻る（Satchmo the Great）』のデジタル化で大変お世話になった。16mm フィルムをプロ仕様でデジタル化し、日本語字幕を入れる作業

ルシール夫人とサッチモ
撮影：佐藤有三

を担当して下さったのだ。また、日本ルイ・アームストロング協会15周年の記念DVD『ニューオリンズのリトルジャズメンたち』、21周年『私達からの皆様へのメッセージ映像』、そして25周年記念の『サッチモのワット・ア・ワンダフルワールドの映像』（Part5、208ページで紹介）の編集と制作をご厚意で担当して下さった。心より感謝を申し上げたい。

30.サッチモの家

2003年　ルイ・アームストロング・ハウス・ミュージアム　オープン
左端：マイケル・コグスウェルさん、隣：ジョン・ファディス（tp）
撮影：小林洋

ルイとルシールは、1942年に結婚している。旅から旅の毎日を送っていたルイには、心から落ち着ける場所が必要だと思いたったルシールは、翌年ルイのツアー中に家を購入。それは大スターが好んだロングアイランドや、ビバリーヒルズのような超高級住宅街ではなく、ニューヨーク市クイーンズ区コロナという、労働者階級の多い街の一角にあった質素な家だった。ツアーから帰った夫は、初めて見るマイホームに驚き、大変喜んだ。夫妻はサッチモが亡くなる1971年までこの家で幸せに暮らした。

ルイの死はルシールにとって大きなショックだった。しかし間もなく彼女は奮闘を始め、長年二人で住んだ"サッチモの家"をアメリカの史跡にするよう運動を起こした。1977年、彼女の願いが叶い、家はアメリカ合衆国国立公園局（NPS）からナショナル・ヒストリック・ランドマーク（アメリカ合衆国国定歴史建造物）の指定をうけた。また彼女は、1983年に他界したが、生前、家を含む全資産をルイ・アームストロング教育基金（エデュケーショナル・ファウンデーション）として寄贈する遺言を残し、1991年NYクイーンズ大学内に〈ルイ・アームストロング・ハウス資料室〉が開設される。約25年後一般公開が始まった「ルイ・アームストロング・ハウス博物館」は、こうした彼女の献身からスタートしたのだ。初代館長だった故マイケル・コグスウェルさんの奮闘で2003年10月、「ルイ・アームストロング・ハ

1970年5月　ルイ・アームストロング・ハウス　撮影：佐藤有三

ウス・ミュージアム」は華々しく開館のセレモニーを行い、私達も招待を受けクラーク・テリー、ジョン・ファディス、ニコラス・ペイトン他そうそうたるトランペッター達と演奏する栄に預かった。

　また、前にも述べたように、彼女の地元への呼びかけで、コロナの隣街フラッシングにあったスタジアムが、1973年「ルイ・アームストロング・メモリアル・スタジアム」と命名された。世界的テニス・イベント全米オープンが始まったのは1968年。その50周年目となった2018年に、このルイのスタジアムは最新設備を備え14000人を収容、最新の空調設備を備えた豪華施設に生まれ変わった。この年は、大坂なおみが全米オープンで初優勝の栄冠を勝ち取った年だ。

31. ズールーの女王に迎えられたルシール夫人に会う！！

1973年　ズールーの女王ルシールさん
撮影：外山喜雄

　夫人が大活躍していた1973年、実は私たちは、このルシール夫人にニューオリンズでお会いした！！！

　"ズールーの王様になる"というサッチモの大きな夢がかなったのは1949年。その24年後、ルイの逝去から2年たった1973年、黒人団体ズールーはサッチモの偉業をたたえ"ズールーの女王"にルシール夫人を選び彼女が街にやってきたのだ。

　ズールーのパレードは、マルディ・グラの祭り最終日の火曜日に行われるが、これに先立ち、街の超一流ホテル、ロイヤル・オーリーンズのボールルームで"ズールーズ・ボール（ズールーの舞踏会）"が毎年開催される。その年、ズールーの王様と手を取りあい、メンバーの歓声と拍手のなか舞踏会のお披露目行進をしたのは、王冠を頭に載せた美しいルシール夫人の晴れ姿だった。サッチモも天国でうっとりし、トランペットを高らかに吹き鳴らしていたかもしれない。

舞踏会で再会　ルイの妹ベアトリス（ママ・ルーシー）とルシール夫人

　彼女は、お披露目の途中、ふとある年配

の女性を見つけると歓声を上げて駆け寄り、二人は手を取り合い抱き合い、お互いを祝福しあった。ルイがママ・ルーシーと呼んで慕っていた妹、ベアトリスさんが会場に来ていたのだ！！こんな素敵な光景を目撃し、二人の出会いをカメラに収めることができたのも何かのめぐり合わせだと思った。マルディ・グラ当日、セント・チャールス大通りの大群衆の大歓声の中、ズールーのパレードの先頭には、トラクターに引かれた巨大なサッチモの顔の山車、そしてサッチモの顔のすぐ後ろの王座には、王冠を頂いた女王ルシールの輝くような笑顔が見えた。

マルディ・グラの日　サッチモの山車とルシール夫人

サッチモの妹ママ・ルーシーの家へ

　私は舞踏会で会ったサッチモの妹ママ・ルーシーこと、ベアトリス・コリンズさんに住所を教えてもらい、インタビュー用のテレコを持って、後日彼女の家を訪ねた。"サッチモの妹"は、鉄道線路わきの小さなアパートの2階に住んでいた。彼女の部屋に入ると、まず壁にかけられ、古びた写真の入った古風な額が目に入った。その写真をよく見た時、私は鳥肌が立つような感激が走ったのを覚えている。1918年、初めて17歳のサッチモが母のために写真館で撮影、母と、妹と、サッチモがそれぞれ分け合ったのだろう、あの家族ポートレートのオリジナル…"本物"がそこにかかっていたのだ！

　その日私がカセットに録音した、ママ・ルーシーの1時間を超えるインタビューは、データにしてまだ家に残っている。そのうち日本語に訳して、皆様にご紹介できればと思っている。

Chapter7　あらゆるものから魂を感じた "サッチモ"
32.「オイ！ラッパよ、聞いたかい？？？」
　最近、ワンコイン、すなわち500円DVDで名作ジャズ映画が手に入る。結構

画質も良好な『グレン・ミラー物語』や、サッチモが1947年に出演した映画『ニューオリンズ』を見つけて買ってきた。ワンコインとは、ムムムである。

　私は16mmジャズフィルムを集めていて、時々、日本ルイ・アームストロング協会の例会で上映している。フィルム収集のきっかけは、1971年から72年、英国のバリー・マーチン楽団に入ってヨーロッパを楽旅したこと。英国人ジャズ映画コレクターの家で秘蔵コレクションを見た。1929年のベッシー・スミス、1932年のルイ・アームストロング…あまりの感激に涙を流してしまった。74年から収集を始め、ワンコインで買った映画『ニューオリンズ』もそのころ16mmフィルムで手に入れた。全編1時間半を買うと高いので、音楽場面のみの40分位の抜粋だ。当時、フィルムのダビングは、1分1000円…1000円かける40分…ウーン…それが、全編で500円とは…ウーンである。

　ワンコインのDVD、インターネットではユーチューブ…今の時代に生きる人は本当に恵まれていると思う。ワンコインDVDの中にあった、サッチモ、ビリー・ホリデイ出演の『ニューオリンズ』は1947年に公開され、ジャズの歴史を"サッチモの成功物語"の形で描いた楽しい映画だ。大歌手ビリー・ホリデイも白人の大邸宅のメイドさん役で出演、この映画のために書かれた名曲「ニューオリンズ（ Do You Know What It Means to miss New Orleans)」をサッチモのバンドと歌っている。後年、麻薬でぼろぼろになる前の本当に魅力的な"レディーデイ"の姿がしっかり捉えられている。とはいうものの、ビリー本人はこの映画に大憤慨。白人のレディー（オペラ歌手役で主役）のメイド役ということで、プライドを傷つけられ、しかも、そのレディーに向かって言う"イエス・ミス・マリリン"というセリフを、何度も何度もやり直しさせられ怒り心頭。後年、自著『Lady sings the Blues(邦題: 奇妙な果実)』の中でその恨みつらみを書いている。他の出演者の中には10代のサッチモをバンドに迎え入れた伝説のトロンボーン奏者キッド・オリーも登場する。ドラムのズティー・シングルトン、クラリネットのバーニー・ビガード、ギターのバド・スコット等、超オールド・タイマー達もご機嫌な演奏を聞かせてくれる。

1947年　サッチモとビリー・ホリデイ
映画「ニューオリンズ」より

この映画の一場面に、サッチモが開店前のクラブで一人ラッパを吹いて練習していると、ジャズに密かに魅力を感じているオーケストラの指揮者がやってくる所がある。サッチモがブルース調のフレーズをグリッサンドするのを聞いて、この指揮者が、「ちょっと待って、サッチモ…今のは、すごい！！君は半音と半音の間の音を出したんだ…革命的だよ…新しい音を発明したんだ！！」と言うのである。このときのサッチモの反応が面白い。ラッパの朝顔を自分の方に向け、首をつっこむ様にしてラッパにこう言うのである。

　「オイ！ラッパよ…今、このご主人が言ったことを、聞いたかい？？？？」
　この場面は、とても印象的で心に残っている。いやあ、黒人的だな！ラッパに話しかけるとは、と考えていた。そして数年後、黒人ドラマーのジミー・スミスさんのアル言葉を聞いたとき、すごい共通点を感じ、ナルホドと大いに納得することになるのである。

33. 何事にもスピリット！

　東京ディズニーランドの‘ニューオリンズ広場’に、ジャズバンド“ロイヤルストリート6”として出演をはじめたのは1998年だった。このとき私たちのグループに、素晴らしいゲストプレイヤー、ドラムのジミー・スミスさんが加わった。ライオネル・ハンプトン楽団でデビュー後、レイ・チャールズ、BBキング、そしてエラ・フィッツジェラルドと6年、エロル・ガーナーと9年、オスカー・ピーターソン、ディジー・ガレスピー、ハリー・エディソン、カウント・ベイシーとも共演したビッグなプレイヤーだ。ジミーさんとレギュラーで演奏することが出来て、私達もメンバーも多くのことを学ばせてもらった。

　ジミーさんはディズニーでの私たちとの演奏を、毎週楽しみにしてベストを尽くしてくれた。真夏の真っ昼間、炎天下の演奏…そして真冬の寒風が吹き抜ける野外での演奏。「音楽はお客さんを喜ばせることが出来なければ、（Lay it on the peopleとジミーさんは言う）意味がない！」これがジミーさんの口癖。夏も冬もジミーさんの“ギブ・イット・オール…すべてを提供する”姿勢にバンド全員が影響を受けた。

真冬のステージ…ジミーさんの後ろから冷たい木枯らしが吹き付ける。終わってジミーさんがこう言った。「イヤー、寒かったね…『北風がハロー・ジミー！』といって通り過ぎたよ」

"北風が…ハロー、ジミー……"！！！！！

ジミーさんのこの表現をきいたとき、私はとっさに、映画『ニューオリンズ』のなかでラッパに"オイ、ラッパよ、聞

2004年　ジミー・スミスさん（中央）とロイヤル・ストリート6

いたかい"と話しかけたサッチモを思い出していた。そして、ナールホド…これはアフリカから奴隷としてアメリカにつれてこられた、黒人の人たちの血からくるアフリカン・センスなんだな…と勝手に納得していた。ジミーさんやサッチモの祖先の人々が、アフリカの草原だかジャングルだか自然に囲まれて生活する中、生き物、道具、自然現象、すべてのものに霊、スピリットを感じ生活していたに違いない！！！そして何となく、この何事にもスピリットを感じるという感覚が、ジャズとも深く関係しているに違いない！！

ジミーさんは、ドラムにしても、東京ディズニーランドから支給された衣装やカンカン帽にしても、使い込んで古くなったものが好きである。ジミー曰く、「この方がスピリットがあるだろう。ファンキーだろう」そう、ファンキーというのは、使い込んで古くなってコクと味がでた状態を言うらしいのだ。そうか、黒人の人たちは、使い込んで魂がしみこむ、そんな状態を大事にするんだ！！！黒人のジャズもそうだモンな…と妙に納得。

おかげで、最近の私もすっかりスピリット・マインドになってしまっている。ライブ演奏もスピリットが一番大事！そして、毎日の練習、屋外で4時間も5時間もの間一緒にいるトランペットはもちろんのこと、使っているオンボロの譜面台、メトロノームから譜面も何もかも、"オイ、今日は元気かい…？"と声をかけたくなるほど、愛着とスピリットを感じる様になってしまった。

スピリットこそすべて！そんな気分で、これからも、サッチモとジミーさんから教わった"直伝ジャズ"を大切にして行きたいものだ。

Chapter8　サッチモとジャズマンたち
34. ミルト・ヒントンとクインシーの小切手

　サッチモの初来日は約70年前、1953年12月4日だった。このとき来日したベーシストが、ミルト・ヒントンだ。サッチモ・バンドのベース奏者と言えば、長年バンドに在籍し、見るからにパワフルな演奏ぶりのアーベル・ショーと並ぶ、ジャズ界屈指の名ベーシストだ。

　彼は、1953年初来日の2年前まで、♪ ハイデ・ハイデ・ハイデ・ホー！♪の歌で超有名な大スター、キャブ・キャロウェイ楽団に1936年から在籍、この楽団では、ディジー・ガレスピー、ジョナ・ジョーンズ、コージー・コール、タイリー・グレン、チューベリー等そうそうたるメンバーが演奏していた。ミルトは1951年にフリーランスとなり、スタジオ・ミュージシャンとして活躍を始める。一時期、若手だった名ベーシスト、レイ・ブラウンがスタジオの録音で引っ張りだこだったように、1950年代から60年代、ミルトはスタジオで人気ナンバー・ワンのベーシストで、サッチモからチャーリー・パーカー、映画音楽から有名歌手の歌伴まで、多くのレコードでベースを弾いている。

　クインシー・ジョーンズは、ご存じ音楽プロデューサーの世界的大御所だ。1985年のヒット「ウィー・アー・ザ・ワールド」のプロデュースで印象に残るが、それ以前からフランク・シナトラやサラ・ボーン、マイケル・ジャクソン等々の音楽監督を務め、編曲家兼プロデューサーとしての階段を昇りつめ、スーパー・プロデューサーとなった。初期の有名作品が、"ニューヨークのため息"と呼ばれた女性歌手ヘレン・メリルの歌にクリフォード・ブラウンのトランペットが絡み、世界的ヒットとなった「You'd Be So Nice To Come Home To」。あの曲のイントロを含む見事な編曲はクインシーだ。

　ミルトがスタジオで大活躍していた頃、クインシーは、まだ新米の駆け出しアレンジャーにすぎなかった。以下は、ミルトの語るクインシーとの秘話。

　「クインシーが編曲（アレンジ）を始めたばかりの頃、彼から電話があってスタジオへ行ったんだ。その時、1枚1枚のパート譜に書き起こす"写譜"に思ったより時間がかかって、契約の時間よりオーバータイムになってしまった。当時、それはアレンジャーの責任になっててネ…かわいそうに奴さん、皆の時間超過料金

をかぶらなきゃならなかったのさ。私も奴さんの書いた小切手を持って帰ったんだがね、ナンタッテ、駆け出しアレンジャーだろ…。可哀そうだと思ってネ、その小切手を二つに破いてクインシーに送り返してあげたのさ。で、最近になって初めて知ったんだがね、彼は心からそれが嬉しかったんだろう、私が破いて送り返したその小切手を額に入れてさ、それ以来 35 年以上もずっと自分のオフィスの壁にかけていたと言うじゃないか…」

　サッチモも、ディジー・ガレスピーも、チャーリー・パーカー、カウント・ベイシー、デューク・エリントン、そしてミルト・ヒントン、クインシー・ジョーンズ…ジャズは皆兄弟。全てのジャズメンたちが、こうしたグレイト・ハートとジャズへの情熱、そして伝統への誠実（シンシア）な心を受け継いできたことを感じる。

35.サッチモとディジー・ガレスピー
初モントレー・ジャズ祭初日の素敵な出来事
　サンフランシスコ・ベイエリアのジャズ祭として不動の地位を築いたモントレー・ジャズ・フェスティバル。このアメリカを代表するジャズ祭が初めて開催されたのは1958 年のことだ。第 1 回モントレー・ジャズ祭は、初代プロデューサーのジミー・ライオンズのアイデアでルイ・アームストロングを初日の出演者として契約、他の顔ぶれは、ジェリー・マリガン、マックス・ローチ、デイブ・ブルーベック、カル・ジェーダー、MJQ、ハリー・ジェイムス、9 ヶ月後に他界するビリー・ホリデイも出演、司会はディジー・ガレスピーが担当するという豪華なものだった。当初、ルイのステージには、フランスに移住していたソプラノサックス奏者で、ルイと同じニューオリンズ出身のジャズ・パイオニア、シドニー・ベッシェを呼ぶ計画もあったが、健康が優れず "歴史的競演" は実現しなかった。
　初日のステージに登場したサッチモを紹介したのは、ジャズ祭のホストを担当したディジー・ガレスピーだった。
　モダンジャズの開祖のようなトランペッター、ディジーのトランペット・スタイルは"サッチモの孫" に例えられる。サッチモの大きな影響を受けた名トランペッターにロイ・エルドリッジがいる。キャブ・キャロウェイ楽団時代の若き日のディジーの音が残っているが、まるでロイにそっくり。いかにディジーがロイに傾倒してい

ディジー・ガレスピーとサッチモ

たがわかる。そして、若き日のロイは、「シャイン」、「チャイナタウン・マイ・チャイナタウン」…ルイの若き日のソロをそっくりに吹き、もうすべてが"サッチモ命"の様な状態。

　サッチモの影響を受けたロイ・エルドリッジを、一時はそっくりコピーするほど尊敬し手本として名プレイヤーとなったディジーにとって、サッチモは神様のような存在だ。でも、二人の間のライバル意識やジャズ・スタイルの移り変わりへの抵抗感からか、一時、サッチモはディジー達の演奏するビー・バップを"チャイニーズ・ミュージック＝中国音楽"と呼び、ディジーはルイがステージで見せるショーマン・シップを、"白人にこびている（アンクル・トム）"と批判、二人の間が気まずい緊張関係にあったこともある。

　そんなステージ上の二人をはらはらして見守る数千人の観客の心配をよそに、ルイを紹介したディジーは、"王様"の前にひざまずき、ルイの手を取ると敬意を込めて彼の手にくちづけをし「レディース・アンド・ジェントルマン！ルイ・アームストロング…ザ・キング！！」と紹介したのである。

　それは二つのジャズの世代、そしてジャズ界を代表する二人の巨人が心を通わせた瞬間だった。第1回モントレー・ジャズ祭初日のこの光景は、ジャズ祭の歴史の中でも忘れることのできない光景となった。

36. 美空ひばりとサッチモ　心の交流

　ネットの Tap the Pops というページに掲載された、音楽プロデューサー佐藤剛さんの記事、『ルイ・アームストロングが美空ひばりに残した手紙とレコード』が素晴らしい。反骨のルポライターとしても知られる竹中労氏の著書『完本　美空ひばり』からの情報だという。

　ひばりと親交のあった竹中氏は、彼女がジャズを歌ったLPを聴いていて、ふと'彼女に黒人霊歌をうたわせたら'と思い、"ゴスペルの女王"と呼ばれたマヘリア・ジャクソンのレコードを送った。しばらくしてリサイタルで彼女が歌った「ダニーボーイ」を聴き、マヘリアのフィーリングを見事に自分のものにしていることに驚愕し

たという。…「ひばりは、おそらく私のことを変なジャーナリストだと思ったにちがいない。突如としてレコードを持ってあらわれては、'歌いなさい、ジャズを歌いなさい' と言って帰るのだから」と竹中氏。

そんな中「ハロー・ドーリー」が大ヒットし、ルイが1964年12月に来日した。竹中氏のもとに、美空ひばり本人から電話がかかってきたのは12月17日、ルイ・アームストロングに会いたい、来日中のサッチモを夕食に招待したいのだがどうだろうかという話。できればクリスマス・イブを共にしたいと大変熱心だったという。竹中氏がサッチモの宿舎だったヒルトン・ホテルに出かけていくと、運がいいことにロビーに降りてきたサッチモに出くわした。ひばりの気持ちを伝えると、サッチモは持参した美空ひばりのレコードを受け取り、レコードを聴いたうえで翌日には返事をすると答えた。翌日、サッチモは上機嫌で、こんな逆提案をしてきたという。

「ミスひばりの店には行けない。そのかわり私が招待しよう。男性が女性を招待するのが礼儀だからね。一緒に1964年のイブを過ごそう。こういう絶好の機会にワイフが一緒なのは残念だが」とサッチモは片目をつぶって見せたそうだ。

しかし、ジャズの王様と美空ひばりとの出会いは、結局のところ実現することはなかった。拳銃の不法所持で弟が逮捕され、ひばりはその年のクリスマス・イブを、弟が経営する横浜のクラブ「おしどり」で歌わなくてはならなくなったからだ。サッチモは「ハロー・ドーリー！」のサイン入りLPレコードに添え、こんな手紙を残して日本を去っていったという。

敬愛する日本の歌の女王・ひばり

私はあなたが、貧しい下町の出身だということを人づてに聞きました。そして、まだ10歳にもならない少女の時から、生きるために歌をうたってきたということも聞きました。それは、大変私自身の体験と似通っているように思います。音楽は、そういう場所と人生から生まれるもののようです。会うことのできなかったことを、たいへん残念に思います。もし、私がもう一度日本を訪れることがあったらぜひ訪ねて来てください。その時、美味しい食事と素晴らしい音楽を共にしましょう。
神のめぐみと歌の心がいつも、あなたの上にありますように。

Chapter9　サッチモとディズニー
ウォルト・ディズニーの世界で23年
二人の巨人、サッチモとディズニーに仕えて
37. ディズニーに入ってのカルチャーショック

　2006年3月、永年にわたった東京ディズニーランドの出演が終わった。1983年、日本に東京ディズニーランドが開園。同時にレギュラーバンドになり2006年まで23年もの間、偉大な "ウォルト・ディズニー翁" に仕えたわけだ。私たちが、同じく偉大な "サッチモ王" に憧れニューオリンズに修行に出かけたのが1967年、50年以上昔になる。ふりかえれば、私達の音楽人生50年余の内25年を 'サッチモとニューオリンズ' に、そして後の半分を 'ディズニー' にと、20世紀のアメリカを代表する二人の巨人に仕える名誉をいただいた事になる。これは私たちのちょっとした自慢の種である。

　ディズニーの世界では、色々なカルチャーショックがあった。まず、ランドに入ったときのステージ数の多さ！映画『メリー・ポピンズ』の競馬場の場面にアニメで登場するコミカルな「パーリーバンド」で、ファンタジーランドのストリートやステージに出演した。本場ディズニーから派遣されていたアメリカ人音楽監督から告げられた演奏スケジュールは、'1日8時間拘束'、30分5回と45分2回の7ステージだった！！！当時、日本のイベントや遊園地等での演奏ステージは45分2回、せいぜい3回。それが7回とは！アメリカでは、雇い主は大体がこのくらいシビアなのである。

　もう知る人は少なくなったが、日本にあった米軍基地も似たような人使いの荒さだった。ニューオリンズの目抜き通りバーボン・ストリートでジャズをやっている店も、45分プレイして15分休みの6ステージ。その昔グレン・ミラー楽団やアーティー・ショウ楽団、ボブ・クロスビー楽団のリード・トランペットだったジーク・ザーチーは、駆け出しの頃の想い出をこう語っていた。

　「最初の仕事はタクシー・ダンスホールといってね、ダンサーと踊るチケットを客が買って、バンド

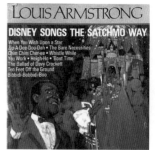

1990年 「ディズニー・ソングス・ザ・サッチモ・ウェイ」CD　ポニーキャニオン

は夜8時から4時まで、休憩は無し。ピアノがソロをとったりしている時にたばこを吸ったり、休憩するのさ」

　若き日のサッチモも、バンドの演奏は8時から朝4時まで、休憩なし。演奏はダンスをする人々のためだったから、早いテンポの曲とミディアムを2曲続けて演奏。お客様が飲み物を買う間が休憩。当時のバンドは各楽器のソロが無くて、バンド全員がいつも吹きっぱなし。たまにソロがあり他のミュージシャンが休んでいると、雇い主が「6人のバンドを雇ったのに、何であいつは吹いていないんだ?」と文句を言ったそうだ!!!

　そう…"音楽は労働"これがアメリカの考え方のようであります。でも、大リーグがけた違いなように、ジャズの大リーグ、アメリカのプレイヤーはこの酷使を乗り越えた人たち。しかも幾らでも優秀なプレイヤーがいるから、"同じ技量なら顔のいいのを"、"技量も顔も同じなら、背の高い方を"。"楽しいバンドにしたいから、ノッポとチビとデブを組み合わせよう（表現は失礼!）"とか過酷な選択。サッチモも誰も彼も、この過酷な選択を逞しく乗り越えてきた人たちなんだ…というのが、ディズニーでの第1のカルチャーショックでした!

38. 全ての劇場は演技に始まる

　ある日、リハーサルルームで白雪姫、7人のこびとを加えてリハがあった。モウほんとに映画の"姫"にそっくりなアメリカ人女性の白雪姫にうっとり。ほんとにあの人は似ていた!!で、リハが始まり、ちょっと姫に演技があった。白雪姫が目の前の観客にほほえみかけるのだが、狭いスタジオで目の前は鏡。でも姫は全くわれ関せずで、鏡の壁など存在しないかのように向こう側に向かってほほえみかけている。本当にそこにお客がいるように!お恥ずかしながら、こういう"演技"の世界とは、そのときが初めての遭遇だった。この白雪姫の微笑みかけは、今でも鮮明な印象に残っている。

　以来、僕の中でショーの世界への関心が高まっていった。ディズニーという最高の舞台でショウ・ビジネスを体験する!!!ディズニーの世界での23年間の経験は、そんな最高で貴重な体験をした23年間だった。

"すべての劇場は演技に始まる All Theatres Begin with Acting" という事を、ウォルト本人に直接学んだ経験のある素晴らしいアメリカ人監督、ラリー・ビルマンさんから言われたことがある。Theatre シアター、劇場でやることは"演技"から始まる！！芝居、ミュージカルはもちろん、ジャズも音楽もしかり。しかし最近、この事に気がついている人は、ミュージシャンを始めどの位いるのだろうか？

「ディズニー・ソングス・ザ・サッチモ・ウェイ」オリジナル LP　ブエナビスタ

　ダニー・ケイ主演の 1948 年のアメリカ映画『Song is Born（邦題ヒット・パレード）』にはそうそうたるジャズスターが登場する。ライオネル・ハンプトン、ベニー・グッドマン、チャーリー・バーネット、ルイ・ベルソン、トミー・ドーシー、そしてルイ・アームストロング。この皆さんの演技の上手いこと！よく日本語で"役者だなー"というけれど、いや、ほんとにあのころのジャズマンは役者揃いだ。いや、考えてみると、モダンにスッ飛んでいるセロニアス・モンク、ほっぺたを蛙のように膨らませたディジー・ガレスピー、ブルーな暗さがトレードマークのマイルス。全て、私が感心した、鏡のズーッと向こうに微笑みかけた白雪姫と同じ。ショウ・ビジネスなのです。それもよく訓練の行き届いたプロ！私はディズニーランドでの体験で、ジャズの"ショウ・ビジネス"という一面、ある意味で、一般にあまり気が付かれていないジャズの本当の姿を知り貴重な体験をしたと思っている。

　すべての劇場は演技に始まる…この演技とは、お芝居する…その意味だけではない…音楽の様々な表現力も演技の一部という意味も持っていると思う。因みにディズニーランドでは、お客様（ゲストと呼ぶ）と接する園内を"オン・ステージ（舞台上）"という。ディズニーランドにいる間に、アメリカ人ならではのショー制作の世界の表と、それを支える裏側の仕組み、また音楽の効果的な使い方から、観衆を魔法の世界に誘う演出まで、実に様々な体験をさせてもらった。それは、優れたジャズの世界に通ずるものを数多く持っていた。ディズニーランド 23 年の体験が無かったら、今ほどサッチモの世界を理解する事も無かったかもしれないと思っている。

39. 映画『ディズニーランド・アフター・ダーク』

　1955年にロスにオープンしたウォルト・ディズニーの夢のパーク、ディズニーランド。ディズニーランド発想のきっかけは、ウォルトが子供を連れて近所の遊園地に遊びに行ったときの体験がもとになっている。ゴミの散らかった園内、子供相手の乗り物ばかりで、ウォルトがすっかり退屈しベンチに座っていたとき、"そうだ、大人も子供も楽しめる遊園地を造ろう"というアイデアがひらめいたという。1962年に公開されたディズニーの短編映画『Disneyland after Dark』（邦題：夜のディズニーランド）は、ロスのディズニーランドの素晴らしい夜のエンターテインメントを特集したドキュメンタリーテレビ番組。私たち世代には昔懐かしい、ディズニー本人が案内役で登場するTVシリーズ『ディズニーランド』で放送され、映画としても劇場公開された。園内の本格的なショーや音楽は、さすがディズニー、一流エンターテインメント揃いだ。各ランド…ファンタジーランド、アドベンチャー、ウエスタン、トゥモロー、メイン・ストリートそれぞれにぴったりのショーには、ディズニーの夢がいっぱい詰まっている。ディズニーの名作ドキュメンタリー『砂漠は生きている』のちょっと後ぐらいの制作だったと思う。私は渋谷東急文化会館の、ニュース映画専門だった小さな映画館で見た。

　この映画の中で、特に私たちジャズファンにとって嬉しい場面は、ランド内の'アメリカ河'に浮かぶ蒸気船"マーク・トウェイン号"の船上に、ルイ・アームストロングと昔の仲間達が集まって演奏するシーン。トロンボーンのキッド・オリー、バンジョーのジョニー・センシア…1920年代に数々のサッチモの名演を生んだグループ、ホット・ファイブの頃のメンバーが36年ぶりに共演した貴重な映像だ。キッド・オリーは、ニューオリンズで17歳のサッチモに初めてプロとしての仕事を与えた大先輩でもある。オリーのバンドに入った翌1919年、サッチモはリバーボート、シドニー号のバンドに入り、数年間を過ごしている。ディズニーも、そうしたジャズとサッチモの歴史をふまえ、ディズニーランドのリバーボート、マーク・トウェイン号にサッチモを乗せるなんて、流石にイキなことをす

1962年　リバーボート、マーク・トウェイン号の上で再会　左からジョニー・センシア、ルイ、キッド・オリー　映画「ディズニーランド・アフター・ダーク」より

る！！じっくり4曲ものライブ演奏が収録されている。曲目は、「バーボンストリート・パレード」「レイジー・リバー」「カンサス・シティー」「マスクラット・ランブル」だ。

　サッチモとディズニーが並んでミッキー・マウスのトロフィーを持つ写真がある。ウォルトの魔法の王国でジャズの王様となったサッチモへの、名誉のトロフィーだったのだろう。
　余談だがサッチモは1966年、ウォルトが他界した後に制作された長編アニメ『おしゃれキャット（Aristo Cat）』の中の"Satchmo the Cat"として"猫のキャラクター"で登場している。最初の予定では、猫の声とトランペットもサッチモがやる予定だったが実現を見なかった。猫のサッチモは映画の中で大活躍している！

40. 星に願いを
　サッチモの名盤レコードといえば、サッチモがディズニーの名曲を歌い吹いた『ディズニー・ソングス・ザ・サッチモ・ウェイ』を忘れることは出来ない。「星に願いを」「ビビディ・バビディ・ブー」「ハイホー」「チムチム・チェリー」「ベア・ネセシティーズ」…録音は1968年。ウォルト・ディズニーはその2年前、1966年に65歳でこの世を去り、『ディズニーソングス』アルバム録音の3年後、サッチモも71年に69歳で他界してしまった。アメリカを代表する二人の天才の早すぎる死はほんとうに残念なことだ。それだけ二人とも、ハードワーカーだったと言うことだろうか…。

　サッチモの嬉しいディズニー・アルバム『ディズニー・ソングス・ザ・サッチモ・ウェイ』録音のきっかけは、1960年から毎年ロスのディズニーランドで開催された「Dixieland at Disneyland」のイベント出演だった。1955年にロスのアナハイムにディズニーランドが開園後、時の経過と共にランドは入園客の落ち込みに悩んでいたという。そこで打開策として企画されたのが、5年後の1960年からディズニーランドで毎年開催された「Dixieland at Disneyland」のジャズ・イベントだった。この企画は評判となり1970年までの11年間、秋の恒例イベントとなった。サッチモは、1962年から5年間、毎年「Dixieland at Disneyland」に出演、サッチモのディズニー・アルバムのオリジナルLPの解説にはこう書かれている。『サッチモは"ジャズ王様"であるとともに、ウォルト・ディズニーの魔法の王国"マジック・

キングダム"の王様にもなった』

　ロスのディズニーランドが開園50周年を迎えた2005年には、50周年を振り返る多くの記事が『ディズニーランド・マガジン』に登場。"サッチモとデキシーランド・ジャズがディズニーランドの発展を大きく助けた"と絶賛の言葉が記されている。偉大なディズニーの夢の世界の成功に、サッチモとデキシーランド・ジャズが大きな貢献したことは大変嬉しいことである。

　そして『ディズニー・ソングス・ザ・サッチモ・ウェイ』という、不滅のディズニー・アルバム実現のもう一つのきっかけとなったのが、新作ディズニー・アニメ『ジャングル・ブック』の挿入曲「ベア・ネセシティーズ (Bare Neccesities)」が1968年の'アカデミー賞歌曲賞'を受賞したことだった。映画の挿入曲はルイの歌ではなかったが、ルイのアルバムにはこの曲の楽しい'サッチモ・バージョン'が入っている。サッチモは、1968年4月に開催されたアカデミー賞授賞式に特別招待されこの曲を披露し喝采を浴びている！

　アルバムの中でも、一番の名演奏となった名曲「星に願いを」について、ルイはこんな手紙をアルバムの担当ディレクター、トランペッターのテュッティ・カマラータに送り、子供時代からの夢がかなった日の想い出とかさね合わせている。

　「親愛なるテュッティ、"星に願いを"は本当にビューティフルで、夜2、3回聞いているよ。なぜかって私も、ずっと昔から"夢見る男"だからさ。楽しい子供の頃を想い出すんだ。私の一生の夢はあの"ズールーの王様"になることだった。そうしたら1949年のことだよ、ナント、夢が本当になったんだ！マルディ・グラの日、私たちはズールー族の扮装で、私のオールスターズのメンバーもついて来るんだ。私は山車のてっぺん。メンバーたちは下を歩いて、その晩のパーティーのチラシを配っている。皆シャンペンを回し飲みして、ホントに'生きてる！！'って感じさ。メンバーは歩き疲れてしまって、結局、皆山車に乗って"お宝"の金色に塗ったココナッツを沿道の人たちに投げてね、もう世界一ハッピーな"キャッツ"になっていたさ。だから"星に願いを"っていうのは、本当に深い深い意味があると思う」

手紙の最後には、彼らしくこんな冗談も忘れなかった。

「ニューオリンズ市長とも会ったんだ。市長は、サッチモに会えて、もう大喜び。市長がこう聞くのさ、『ルイ・アームストロング、タイムの記事によると'ズールーの王様になれたら死んでもいい'と言ったそうだね』で、私は、"ええ、そうですけど、神様があまり'文字どおり'にとらないでほしいと思っています…"。市長は笑い転げてね！！いろいろ書いたのは、君に是非、私の思いを知ってもらいたかったのさ。星に願いをかけさえすれば、どんな身分や境遇でも違いはない。心が望むことはなんでも叶う、それが"本当だ"ってね（When you wish upon a star,makes no difference who you are,anything your heart desires will come to you）全くその通りさ…イヤー！！こんなに楽しい録音の経験は、ホントに久しぶりさ…いつもハッピーでいて下さい、テュッティ！！」　サッチモ

Chapter10　サッチモが愛したソウルフード

41. レッド・ビーンズ・アンド・ライスリー・ユアーズ

　ルイ・アームストロング・オールスターズで活躍した、エドモント・ホールというニューオリンズ出身のクラリネット奏者がいる。これがクラリネットの音かと耳を疑うほどダーティーで、しかし個性的でビューティフルな音を持った名プレイヤーだ。ベニー・グッドマン、ジョージ・ルイス、エドモンド・ホール……クラリネット奏者に限らず、カウント・ベイシーやデューク・エリントン、ルイ・アームストロングなど、昔のプレイヤーには強烈な個性があった。

　最近のジャズにも新しい表現の中でそれなりの個性があるのだが、1音聴いただけでこれは誰とわかるような強烈な個性の持ち主は少なくなったような気がする。

　庶民の間に生まれたジャズには、昔から澄み切った透明さよりも'汚れ'の要素が歓迎されたようで、120年近くも前にバディー・ボールデンが演奏したといわれる曲に「ファンキー・バット」というのがあった。"臭いお尻"という大変な曲名だ。

ファンキーといえば、1950年代に登場したファンキー・ジャズを思い出す。その他にもアーシー（土臭い）、ダーティー、ガッティー等々ジャズの形容詞には汚れの要素がいっぱい。サッチモが演奏したブルースに「ガットバケット・ブルース」というのもあった。"ガットバケット"って何？とアメリカ人に聞いたら、なんと普通の意味は"痰ツボ"である！まさかそれはないだろう、とよく調べたら安酒場の意味もあるから「安酒場のブルース」なのだろう！凄く黒っぽい黒人的ジャズを昔は「ガットバケット」と呼んでいた。いずれにしても"運命"とか"田園"とか、"展覧会の絵"とかいっているクラシックとはずいぶん違うものだ。もっとも最近は、ジャズのほうでも"何々組曲"的なものも多い。ジャズもクラシック並の地位を獲得したわけだが、なんだか内容までクラシック的になってきたような気がしないでもない。

　ニューオリンズには、ジャズのみならず食べ物の名前にも"ダーティー・ライス"というすごい名前がついたのがあったりする。一番の名物といえば"レッド・ビーンズ・アンド・ライス"。名物料理、と言っても高級料理ではなく、昔から奴隷や庶民の間でも食べられてきた豆シチュー料理だ。一般的に略してビーンズ・アンド・ライス…豆と米と呼ばれて、レッド・ビーンズのほかにもホワイト・ビーンズ・アンド・ライス、ブラックアイ・ビーンズ・アンド・ライスなどもある。"赤豆シチューごはん"とでもいおうか、日本でも手に入る赤いんげん豆やひよこ豆を、ハムなどと煮込んでライスにかけて食べる。材料には、ブタや牛の捨てるような部分や、トリの砂肝などを使うことが多い。その昔、白人が一番いい所を食べてしまうから、当然黒人にはオアマリが回ってきた……とこんな感じの料理なのだ。1968年当時のメニューでは30セント、日本でいえばカレーライスかラーメンといったところだろう。
　ニューオリンズ・トランペッターのリー・コリンズは、こんなことをいっている。
　「日曜日の夜の夕食といったら、ごちそうが出たもんよ。そんな日曜のディナーがレッド・ビーンズ・アンド・ライスだったら、その家は貧乏を絵に描いたようなモンさ……」

　ルイ・アームストロングはそんな家庭に育ち、一生、母の味"レッド・ビーンズ"を愛し続けたのである。

42. ♪ ジャンバライヤ、クロウフィッシュ・パイ、フィレ・ガンボ ♪

1973年　ソウルフードが抜群
だった「バスター」
撮影：外山喜雄

サッチモの故郷の料理といえば、懐かしいのがジャズの通りバーボン・ストリートにあったニューオリンズ料理屋「ボークレサンのカフェ・クレオール」。1968年、初めてニューオリンズに着いた私たちはバーボン・ストリートに面したこのレストランの3階にアパートを借りた。当時、やはり私達のようにニューオリンズに魅かれて、すでにジャズの故郷に住み着いていたベース奏者の荒井潔さん、彼と部屋代節約のためアパートをシェアして使った。日本を出発するにあたって様子が全く分からない海外渡航と現地の事情…最初はロスに滞在していた荒井さんに、手紙で色々事情を教えてもらったものだ。もうお一人、早稲田のクラブの大先輩で名ドラマー、木村陽一先輩も当時インデアナ州のパーデュー大学に留学されていて、本当に色々適切なご指導をいただいた。先輩は時々ニューオリンズに来ていらしていて、僕らが着いてすぐマルディ・グラの祭り頃、パーデューから車を運転してこられて、祭りの後、先輩の車に荒井さんと私達も便乗して冬のミネアポリスのジャズバンドを訪ね、インデアナへ戻り、ニューオリンズへはそこからグレイハウンドで帰ってきた。楽しい想い出だ。

アパートの3階の落ちそうなバルコニーから下を見ると、そこはいかにもニューオリンズと言った風情の中庭（パティオ）でレストランのお客様はそこで食事ができる。裏の壁の向こうには古参ジャズメンが毎晩演奏していた"ジャズ小屋"プリザベーション・ホール、私たちの"学校"となったライブ小屋だ。私達の部屋の中まで音が聞こえてくるので、今日は誰が演奏しているか分かった。当時ホールには、サッチモより年上のジャズマンも10人以上出演していた。

私たちは、無職のジャズ見習い、お金がなかったので、毎日階下のレストランから漂ってくるクレオール料理と呼ばれるソウルフードのかぐわしき匂いをかぎながら、日本から送ってもらったインスタント・

ジャンバライヤとガンボ！

ラーメンを寂しく食べていた。ところがある日、3階の部屋で練習中、突然レストランの持ち主のミスター・ボークレサンがやって来た。うるさいと怒られるかと思ったら、「練習ならレストランの中庭でしないか？ギャラは払えないが、朝晩2食レストランのメニューを食べていい」という。それから1年以上、私たちは来る日も来る日もこの「カフェ・クレオール」の食事を食べ続けた。

　カーペンターズの歌で大ヒットした曲「ジャンバライヤ (Jambalaya)」は、ニューオリンズ名物料理だ。
♪ Good-bye Joe, he gotta go, me oh my oh……♪
　この曲の歌詞の後半部分には、ニューオリンズ名物の料理の名前がずらっと並んでいる。
♪ ジャンバライヤ、クロウフィッシュ・パイ、フィレ・ガンボ……♪
　ジャンバライヤは、アメリカ南部の、パエリア風の炊き込みご飯のこと。スパイシーなトマト味チキンライス風の味がする。チキンライスに、少々ケチャップをかけ、タバスコふって、ウィンナをぶつ切りで入れて、セージやローズマリーやあれこれ振ると、そんな味になるかも…。私たちが「カフェ・クレオール」で演奏してありついた"タダメシ"で、このジャンバライヤをいやというほど食べたものだ。元来ルイジアナ州に住むフランス系の流れ者"ケージャン"の料理だったが、お米をよく食べる南部の黒人たちの間に定着しソウルフードの一つに数えられるようになった。
　2番目の"クロウフィッシュ・パイ"は、茹でたザリガニが入ったミートパイのようなもの。

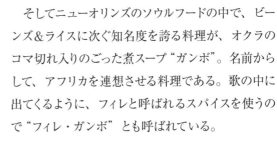

　そしてニューオリンズのソウルフードの中で、ビーンズ＆ライスに次ぐ知名度を誇る料理が、オクラのコマ切れ入りのごった煮スープ"ガンボ"。名前からして、アフリカを連想させる料理である。歌の中に出てくるように、フィレと呼ばれるスパイスを使うので"フィレ・ガンボ"とも呼ばれている。

　黒人の家のパーティーへ行くと、必ず裏庭にテーブルや椅子を並べ、巨大な鍋の50人分もあるガン

ハウスパーティー！　撮影：外山喜雄

ボが食べ放題。ビーンズ&ライスやクロウフィッシュ、ジャンバライヤ、ガンボを食べ、バーボンのコーク割りを飲みながら、庭の物置の角にセット・アップされたジャズバンドのビートに踊り狂う黒人たち。サッチモはこんな風にして育ってきたんだナ、と実感した！

　ソウルフードの話をして、ガンボの香りと味を思い出していたら、ニューオリンズが懐かしくなってきてしまった。

43. フルーツパンチと南部式サザン・フライドチキン

　パーティーに必ずつきものの飲み物に、ハリケーン・パンチというのがあった。フルーツパンチの一種だが、ラム酒がたっぷり入って、さすがハリケーンと名前がついただけある。デパートのお好み食堂にあるお子さま向けフルーツパンチとは大違い。モハメド・アリのパンチにも似て、呑みすぎるとノックアウトされるお酒のパンチだった。

　こうしたホーム・パーティへ行くと、裏庭からベッド・ルームまで家は超満員。バス・ルームのバスタブは冷蔵庫に早変わりし、氷をいっぱいにして缶ビールやソフト・

庭の一角にバンドが　撮影：外山喜雄

ドリンクを冷やしている。何しろ50人以上の人が集まるのだから、飲み物は勝手にバスタブからセルフサービスということになる。冷たいビールかバーボン・アンド・セブンアップやバーボン・アンド・コーク、オレンジ・ジュースとウォッカ等の甘味のカクテル、そしてこのハリケーン・パンチが大人気だった。

　ハリケーンといえば、メキシコ湾に面したルイジアナ、ミシシッピー、アラバマなどの南部地方には毎年大型ハリケーンがやってくる。ニューオリンズは何度もハリケーンの被害を受けているが、2005年8月に街の80%が浸水したハリケーン・カトリーナの被害は忘れられない。私たちは大変ショックを受け、毎年開催していたサッチモ祭を"緊急サッチモ祭"として開催、日本で初めての支援コンサートとして話題になった。多くの楽器と1300万円をこえる寄付が寄せられ、楽器や

家をなくしたミュージシャンに直接届けることができた。

お庭のパーティー全景　撮影：外山喜雄

　ハリケーンの威力はものすごい。海に面して並んでいた 500 坪もありそうな超豪邸が、波にやられて一晩で玄関の石段だけを残して跡形もなくなってしまうこともある。アルト・サックス奏者のキャプテン・ジョン・ハンディの家も、ニューオリンズ近郊の海岸沿いパス・クリスチャンの街で被害にあったことがあった。幸い海岸から 500 メートルくらい入った貧しい黒人街だったので、家が 10 センチほど土台からズレただけですんだが、水をかぶった家の中はメチャクチャ。家具、衣服、ピアノ、テレビが一度水をかぶるとまるで使いものにならなくなることを、このとき初めて知った。

　ハンディの親戚と一緒に、私たちジャズ仲間の有志が家の掃除や修理をしに行った。コックをしている人が親戚の中にいて、昼が近くなるとフライドチキンを山ほど揚げ始める。このやり方が面白くて印象に残っている。スーパーで大昔くれたような、大きな茶色の厚手の紙袋に小麦粉をタップリ入れ、塩こしょうしたチキンのブツ切りをその中にほうり込む。そして、袋の口から息を吹き込んで風船のように袋をふくらませた上で、パタパタとシェイクして小麦粉をまぶすのである。

　こんな簡単な料理法でつくられた本当の南部式フライドチキンのおいしかったこと！ケンタッキーとはひと味違った、ソウルフルな味がしたものだ。サッチモの故郷のジャズと並んで、サッチモが食べたソウルフードも私達の大切な想い出の一部だ。

Chapter11　サッチモ一家に迎えられた！
44. 想い出のサッチモ・フェスト 2003 初出演
　2003 年、ニューオリンズのサッチモ夏祭り "サッチモ・サマーフェスト" のゲス

トに初めて呼んでいただいてもう19年近くになる。2018年まで、1年を除いて15回も連続で出演させていただいているのは、本当に光栄なことだ。

　初めてサッチモのレコードにふれたのは中学時代、父の転勤で住んでいた九州の久留米の近く、羽犬塚でだった。東京出の'新入社員のお兄さん'が僕の憧れの存在となり、会社の寮のお兄さんの'万年床'の周りには"東京発の最新文化"ジャズのEPレコードが転がっていて、その一つが『サッチモ大使の旅』だった。当時は知る由もなかったがコロムビア・レコードの大プロデューサーだったジョージ・アバキアンさんの代表的レコードだ！

　それから約40年後、その'お兄さん'が'おじ（い）さん'になった頃、このEPレコードを私にプレゼントしてくださり、その数年後には実際にジョージさんからそのレコードに直接サインをもらうことができた。不思議なサッチモの悪戯だと思う。

　1959年、高校へ進みブラスバンド部に入部、ジャズに開眼させてくださったのが、1年先輩でバンドのトランペット・スターだった奥山康夫氏だった。ジャズ喫茶、渋谷スウィングや恵比寿のブルースカイに連れて行っていただき、僕のジャズ人生がスタートした。高校、大学を通じて"サッチモのホット・ファイブ、ホット・セブンどっぷり"の生活が始まり、その'教科書'となった名盤の多くがジョージさんプロデュースのコロムビア・レコード・シリーズだった！

　高校時代といえば、神田の古本屋さんで偶然サッチモの自叙伝『サッチモ…マイ・ライフ・イン・ニューオリンズ』の原著を見つけたのも不思議だ。やさしい口語体で書かれたこの本のおかげで、ジャズにも英語にも詳しくなった！そのころ、同じ

2003年「サッチモ一家」サッチモ・サマーフェストにて　右からダン・モーガンスターン、サッチモの親友：ジャック・ブラッドレイ、奥さんのナンシー

くこのサッチモ自叙伝に魅せられた方が、ミュージック・ペンクラブ・ジャパンの会長を長年務められた音楽評論家、鈴木道子さんだ。鈴木さんはこの自叙伝を翻訳され、1970年に音楽之友社から『サッチモ－ニュー・オルリーンズの青春』を出版されている。鈴木

さんとは"サッチモ命"でお付き合いさせていただき、2019年にはミュージック・ペンクラブ・ジャパンの音楽賞特別賞を、夫婦で頂く光栄に預かったのも不思議なご縁だ！

　サッチモに魅せられ、ニューオリンズに住んだおかげで、私達は全米、全ヨーロッパからジャズの聖地を訪れるジャズ界のコアな人々やジャズマンに出会い親しくなることができた。そして2003年、第3回サッチモ・サマーフェストにニューオリンズで初めて出演した際、伝説のジョージ・アバキアンさんと、サッチモの親友だった写真家のジャック・ブラッドレイさん、元ダウンビート誌、メトロノーム誌などの編集長だったダン・モーガンスターンさん、サッチモハウス館長のマイケル・コグスウェルさん、ジャズ評論家で黒人のスタンリー・クラウチさん、NYのルイ・アームストロング記念バンドのデイビッド・オストワルドさん…いわゆる、サッチモの世界ではトップでコアな"サッチモ一家"にお会いすることができたのだ。
　その年、'日本からサッチモを演奏する日本人が来る'というので"サッチモ一家"は興味津々、ステージの最前列に陣取っていた。一家のプレッシャーの視線の中、サッチモのテーマ「南部の夕暮れ」を始め歌に入ると、一家の顔が嬉しそうな優しい顔に変わった。そして私が、サッチモが1926年「ヒービー・ジービーズ」で歌詞カードをうっかり落とし、スキャット・ボーカルが生まれたその再現を、譜面を落とすしぐさも入れたお芝居入りでやったとき、彼らは何とステージの真ん前で、まさに転げまわって地面をたたいて笑い転げていたのだ！怖いジャズ評論家先生ぞろいの'一家が'である！以来、私たち夫婦は"サッチモ一家"公認の家族として迎えられた。
　ジョージさんはこの「再現」が特に気に入ってしまい、その年の10月、NYサッチモハウスがオープンし夫婦で招待された際、CBSテレビのデイビッド・レターマン・ショーに出演させるんだとかなり動いてくださっていたが、残念ながら実現しなかった！ジャック・ブラッドレイさんご夫妻（本書の執筆中の3月ジャックさんは逝去された）、ダンさん、オストワルドさんとも、以来今でも大変親しくさせていただいている。天国のサッチモが結んでくれた縁である。

　現在若手で、ルイ・アームストロング研究の世界一の研究者として大活躍して

若手サッチモ・エキスパートの No1　リッキー・リカーディ

いるのが、「サッチモハウス博物館」部長のリッキー・リカーディ氏だ。1980年生まれの41歳。中学生時代からサッチモ研究をはじめ、2011年に『What a Wonderful World:The Magic of Louis Armstrong's Later Years』を出版、2020年にさらに著書『Heart Full of Rhythm:The Big Band Years of Louis Armstrong』で脚光を浴びている。また、サッチモの映像や録音にも詳しく、珍しい映像や録音を次々と発見しているホープだ。家内が彼の2011年の本を何度も読み、マーカーで色とりどりの印までつけて愛読していた。ニューオリンズのサッチモ・サマーフェストで仲良くなり、その"猛勉強"の結果を見せたことがあり、皆で大笑いした。彼のような若手の登場で、これからも"サッチモ・ジャズ・ワールド"は前途洋々である。

45. 伝説の大プロデューサー

　1950年代！レコードは78回転のSPレコードからLPへ、そしてジャズはスウィングからモダンへと大変革を遂げていた時代。そんな時代にコロムビアという全世界に影響力を持つ大レコード会社の責任者として、ルイ・アームストロング、ベニー・グッドマン、デューク・エリントン、そしてマイルス・デイヴィス、デイブ・ブルーベック、エロル・ガーナー他多くのリアルジャズマンを世に紹介し、LPの普及とジャズというジャンルの確立に大きく貢献した大レコード・プロデューサーが、2017年11月22日NYで亡くなった。ジョージ・アバキアンさん、98歳だった。

　1919年、当時ソビエトだったアルメニアに生まれ戦火で家族はアメリカへ移住、彼の活躍はエール大学の2年の時に始まっている。ジャズのSPレコード数枚をセットにし、解説書を付けてアルバム発売する新企画がレコード会社デッカに採用され

2008年　ジョージ・アバキアンさん

たのだ。アルバムに解説書を付けたのもジャズでは初で、彼は"ライナーノートの父"と呼ばれている。その後コロムビアに入社、サッチモ、ベッシー・スミス、ビックス・バイダーベックなどの SP 盤をアルバムで発売。後にこの様な 1920 年代の音源を『ホット・ジャズ・クラシックス』シリーズで LP 化。こうしてアバキアン氏によるジャケットの"ライナーノード"は、世界のジャズ評論界に大きな影響を与えた。私は学生時代、若き日のサッチモのホット・ファイブ、ホット・セブン等の名演の虜になっていたが、氏の解説に影響を受けた日本の先駆的評論家の方々が書かれる日本語ライナーノートや、ジャズ誌に掲載された評論家諸氏の記事に育てられた"孫アバキアン"だったことを痛感する。そんな"孫"が 2003 年、"親愛なる祖父"にニューオリンズで開催されるサッチモ・サマーフェスト出演でお会いし感激の対面、そして私達の演奏を熱烈に気に入っていただき興奮が冷めやらなかった。以来彼と私たちは共通の絆'サッチモ命'で深く結ばれ、長い間ハートのこもった親密な間柄を続けさせていただいた。

　アバキアンさんはまた、"ライブ録音盤の父"とも呼ばれる。『ベニーグッドマン・カーネギーホール・コンサート』の LP 発売、ジャズ大使、サッチモが世界をまわった『アンバサダー・サッチ』『デューク・エリントン・アット・ニューポート』等のライブ盤はあまりにも有名だ！

　1950 年代、アバキアンさんは、薬の問題等を抱えていたマイルスを立ち直らせ、サッチモと並ぶ"バラード"の名手として評価しコロムビアと契約、『ラウンド・アバウト・ミッドナイト』『マイルス・アヘッド』と続くメジャーからの大ヒットを次々リリース。デイブ・ブルーベックの LP はミリオンヒット、後にはキース・ジャレットのマネージャーも務めるなど、アバキアン氏の功績で、タイム誌やニューズウィーク誌のトピックとなる"大スター"の地位を確立したジャズマンは数多い。ロリンズ、エロル・ガーナー、コルトレーン…もし彼がいなかったら現代にまで

2003 年　ルイの銅像が立つルイ・アームストロング公園で　左：トロンボーン・ショーティー、右端：ジョージ・アバキアン

続くジャズの隆盛はなかったかも知れない！

サンキュー・ミスター・アバキアン……安らかにお眠りください！

46. 世界でもっともサッチモに近かった人！

"良き隣人"セルマ・ヘラルドさんを偲んで

　セルマさんは、私が世界一敬愛したひとの一人だ。

　彼女の住まいは NY クイーンズ区コロナ 107 丁目 34-52 番地、サッチモが 1943 年から 71 年に他界するまで暮らした "サッチモの家" 107 丁目 34-56 番地のすぐ隣…文字通り 'サッチモにもっとも近い人' だった。

　ルイは、1945 年にビッグバンドを解散し、デキシーランド・ジャズのバンド編成のルイ・アームストロング・オールスターズで活動を始めた。そして歴史的タウンホール・コンサート、シンフォニーホール・コンサート等の名演が生まれていく。1923 年生まれのセルマさんは、その頃 20 歳そこそこ…サッチモに可愛がられ、ジャック T、バーニー・ビガード、ビッグ・シド・カトレット、アール・ハインズ、アーベル・ショーの大物メンバーたちとのツアーにもつれていってもらい、トレードマークのハンカチ 150 枚を "携帯用の小型洗濯機！！" で洗濯、アイロンをかける仕事をしたと言う。うら若きセルマさんの身をサッチモは心配して、メンバーが "悪さ" をしないように目を光らせ、ある時など "のぞき" の被害にあわないように部屋の隙間にテープを目張りしてくれた…と笑って話していたセルマさんが懐かしい。

　サッチモハウスを訪れる度に私がラッパを出してサッチモのテーマ「南部の夕暮れ」や「ウエストエンド・ブルース」を吹くと、"トヤマ！！！" と言って家から飛び出してきてくれた。サッチモハウスの入り口のステップで記念写真を撮りながら、サッチモのテーマソング "南部の夕暮れ" を歌ったら、びっくりして目を丸くした。隣人サッチモと長年生きた彼女に、私のサッチモが乗り移り、心が通い合った瞬間だった。以来、彼女は "私のサッチモ" の最大の理解者になってくれていた気がする。

　毎年夏、日本ルイ・アームストロング協会会員やジャズファンの皆様と一緒の "ニューオリンズ NY サッチモ心の旅" を 2015 年まで開催していた。ニューヨークではサッチモのお墓参りが恒例となった。ツアーの皆さんと一緒に、毎年お墓

まで貸し切りバスに乗りこんで同行してくれたセルマさんだが、2011年には息切れと動悸がひどくお墓までの坂を登れず、墓地の入り口にある木陰で待つことになった。お墓で演奏後、彼女に演奏をプレゼントしたいと思い、木陰で待つ彼女を囲んで「マスクラット・ランブル」を演奏した。彼女はすっかり喜んでくれて素敵なステップで踊り出した。

　その数日後、私達はニューオリンズのジャズ祭サッチモ・サマーフェスト2011へ。そしてセルマさんも、そのジャズ・セミナーで講演するため、サッチモハウス博物館のスタッフに助けられ、車椅子で酷暑のニューオリンズにやって来て私たちと再会した。金曜日には老人ホームでの私達の演奏が予定されていた。開演直前、セルマさんが車椅子で入ってきて一番前に陣取り、最後まで楽しんでくれたのが本当に嬉しかった。オープニング・テーマの「南部の夕暮れ」のエンディングで機転を利かせて彼女にマイクを持っていったら、見事サッチモ風に"♪グッド・イブニング・エブリボディー！！"と歌って締めてくれた。その映像、また、「バーボンストリート・パレード」で、車椅子から立ち上がって踊り出したシーンは、嬉しいことにユーチューブで映像を見ることができる！！Youtubeの検索ウインドーで

★ "bourbon selma toyama satchmo"　★ "sleepy selma toyama satchmo"

　翌日のセミナーでは、"良き隣人サッチモ"というタイトルの彼女の講演で、とびきり楽しいサッチモとの想い出を元気いっぱい1時間語り、私たちも楽しませてもらった。

　サッチモ・サマーフェスト最終日の日曜日、恒例の黒人教会でのジャズミサで、私はトレメ・ブラスバンドと演奏した。演奏が終わり教会から出て炎天下のパレードに入ろうとするとき、どこか

2011年　セルマさん（中央）と私　© Alfonso Bresciani

らともなく"トヤマ！！！"と叫び声がした。車椅子のセルマさんだった。彼女は大喜びで車椅子から飛び上がり、ラッパを吹く僕の腕に飛びついて、焼け付くような太陽の中を一緒に腕を組み、しばらくパレードをしてくれた。一生忘れられない想い出だ。

　彼女がこう言ってくれた事がある。「トランペッターは多いけど、本当にサッチモの心を理解しているのは、トヤマ、ユーだけだよ」。私の心も、彼女がそういう気持ちが手に取るようにわかって…そんなお互いの気持ちの通じ合いは不思議な感覚だった。昔亡くなった私の祖母にもタイプや風貌がちょっと似ていて、私の中では、なんだか自分のおばあさんだったような、不思議な気がする。

　2011年のニューオリンズの夏…消えそうになる命の火を揺らせながら、愛するサッチモの故郷を訪れ、ニューヨークでも私達日本から来たサッチモファンと忘れ得ぬ想い出を残してくれたセルマさん。彼女は、その年の12月、88歳で亡くなった。私達、ツアーに参加して下さった皆さん、そしてセルマさんにとっても忘れ得ない夏となった。

　どうぞ愛する隣人サッチモ夫妻とともに、天国で安らかにお眠りください。

Chapter12　サッチモの悪戯
47.　夫婦でサッチモ　50年

　半世紀を超える"サッチモ人生"を共にしてきた最良のパートナー、外山恵子に出会ったのは、大学のジャズのクラブだった。早稲田大学ニューオリンズジャズクラブは、1957年創立、初代河合良一先輩（クラリネット）木村陽一先輩（ドラム）が始めたジャズ研究サークルで、2022年に創部65年を迎える。河合・木村両先輩は、80歳を超えた今も大阪のアマチュア・ジャズバンド、ニューオリンズ・ラスカルズで活躍されている。ラスカルズはなんと1963年、すでにバンドでのアメリカ・カナダ・ツアーとニューオリンズ演奏旅行の快挙を成し遂げた伝説的なバンド。同バンドのバンジョー奏者川合純一さんとも親しくさせていただき、私達の初渡米の際、川合さんからラスカルズのジャズ人脈をご紹介いただき、本当にお世話になり感謝している。

当時は、ニューオリンズ・リバイバルの余波で、若者たちの間でジャズの歴史のラジオ番組が人気、多くのジャズ映画も大ヒットし各大学にデキシーやニューオリンズ、そしてスウィング・ビッグバンドのクラブが必ずあった。TBSラジオでは、大橋巨泉さんがまだジャズ評論家で審査員だった『大学対抗バンド合戦』が大の人気番組となり、大学のアマチュア・バンドの生演奏を毎週放送しているような、そんな時代だった。60年経ち現在大学のデキシーランド、ニューオリンズのクラブは皆無となった。しかし早稲田のニューオリ（通称）だけは、なんと今も65人のメンバーを抱え驚くほどの健在ぶり！世界の大学で“ジャズの原点ニューオリンズやルイ・アームストロングを研究するこのようなクラブ”は全く存在しない。ギネスブックに載ってもいい位である。

　家内、当時大和田恵子は部員が50人いた「ニューオリ」で唯一の女性部員“マドンナ”だった。その心を射止めたのが、当時から若き日のサッチモに狂っていた私だった。卒業後結婚、家庭と生活のため会社一筋で頑張るぞ！の気概に満ちた私を、ニューオリンズへジャズ武者修行に出かけるよう背中を押したのは、実は彼女である。まるで、ルイをNYのフレッチャー・ヘンダーソン楽団に入るよう背中を押した、リル・ハーデンを想い出させる。64年、サッチモの楽屋に忍び込んだ時も、彼女と一緒だった。ただし、つつましい彼女はそんな図々しいことはできないと、廊下で待っていた…。今思うと外山恵子に出会ったのも、サッチモのラッパを吹いたのも、ニューオリンズへジャズ修行に出かけたのも、何かに導かれていたような気がする。サッチモの悪戯かもしれない…。

　思えば私の父母もそうだった…と言っても、父は江戸っ子で都々逸と端唄と落語、母はシャンソン系の洋楽が大好き、歌がとても上手だった。その影響か私は父の宇都宮勤務時代、バプチスト派教会の幼稚園、愛隣幼稚園に通わされ、教会でしょっちゅう歌を歌い、おかげで歌う事は僕にとってまったく自然なこととなった。サッチモの少年時代と“同じように”教会で歌を覚えた！！私の自慢だ。妹の博子も歌とバレー（舞踊）が好きで、映画『五つの銅貨』にはまり、その中で使われた主題歌「五つの銅貨」と「ラグタイムの子守歌」のデュエットを二人でよく歌っていた。父は写真が特に上手い訳ではなかったのだが凝り性で、1950年代にコダックのレチナⅢＣという名器のカメラを買っていた。父の熱が冷めてしまっ

ていたこのカメラは、僕らと共にニューオリンズへ行き、その素晴らしいレンズの
おかげで素敵な写真がたくさん撮れ、40年後には『聖地ニューオリンズ聖者ルイ・
アームストロング』として写真集にしていただく機会に恵まれた。また、民芸が好
きだった父の影響は、次の48話のように、私達に大きな影響も与えてくれた。

こんなサッチモの悪戯のようなことが私達にはよく起こっている。

サッチモの故郷での武者修行はもちろん、滞在中通りかかったイギリスのバ
リー・マーチン・ジャズバンドに夫婦で誘われ1年間、欧州とアメリカ各地を楽旅
する幸運にもめぐり合った。サッチモと同世代のメジャーなジャズメンと出会い共
演する夢の毎日。英国滞在中にレアな16mmジャズ映画のコレクターとも知り合い、
後に私が収集を始めるきっかけとなった。

73年に帰国、バリー・マーチンのやり方を真似て海外で出会った伝説のジャズ
マンを毎年日本に呼び、コンサートとレコーディングの機会にも恵まれた。しかし
バンドの維持に大変苦労しているところに、高校のブラスバンドで私にジャズとラッ
パ、そしてサッチモを教えてくださった先輩奥山康夫さんが、ディズニーランドの日
本への招致に貢献され、そのご縁で1983年から23年間、東京ディズニーランド
（TDL）のファンタジーランドと、アドベンチャーランドの'ニューオリンズ広場'に
も出演する機会に恵まれた。後者のドラムにと名人ジミー・スミスさんに連絡をし
たら「Oh I love Disneyland！」と、ランプをこすった魔法のように、アラジンの
巨人ジーニーにも似たジミーさんが私達のドラマーになった！これも当たって砕けろ
と超大物の彼に電話した我が家のリル・ハーデン、外山恵子の度胸のおかげだった。

1971年 ニューオリンズのトランペット少年たち
撮影：外山喜雄

ロスのディズニーランドの'ニュー
オリンズ広場'は、1968年私達が
初めて移民船ぶらじる丸でロスに着
き、ホームステイをさせていただい
た地元のジャズファンの方がつれて
行ってくれた「アメリカ初体験」の
場所だ。当時'ニューオリンズ広場'
には"ロスのサッチモ"と呼ばれた

1971年　ルシアン・バーバリン（当時14歳でスネアドラ
ム担当）　撮影：外山喜雄

1971年　フェアビュー・バプチスト・チャーチ・バンド　右：
ダニー・バーカー（bj）中央：リロイ・ジョーンズ（tp）　撮影：
外山喜雄

トランペッター、テディー・バックナーが出演していた。1983年、東京ディズニー
ランドの'ニューオリンズ広場'が思いもかけず日本に誕生、初のロスから30年
後の1998年、その同じ場所で私達が"日本のサッチモ"として出演することになっ
たのである。どう考えてもサッチモの悪戯としか思えない。

　その後も、悪戯は続いた。"銃に代えて楽器を持とう"とニューオリンズへ楽器
を贈る"サッチモの孫たちへ楽器を！"の活動では、'サッチモの悪戯'が立て続
けに起こり活動が広がっていった。

　サッチモは天国から見ていたのではないかという気がする。ある日、下を見て
いたらアジアの小さな島『Nippon』の私達に気が付いた。「ンッ、俺の真似をし
てる奴がいる？！　オッ！ちょっと待てよ、あいつは、前に俺の楽屋に入ってきて、
勝手にラッパを吹いた奴だ！！！なんだ、わしの故郷の子ども達に楽器を？……ン
ン、夫婦そろっていいことしてるじゃないか！まあ、少し悪戯してやろうじゃないか
…ワッハッハ、Oh Yes！！」

　そんなことでは無いかと思われる偶然が、ずっと続いてきた50年だった。

48. 民芸理論

　学生時代、外山（大和田）恵子とはいろいろな所でデートをした。ジャズ喫茶
はもちろんだが、美術専修だった彼女に付き合って、よく美術館めぐりもしたもの
だ。東京、駒場の民芸館が私たちのお気に入りの場所だった。民芸館の創始者、

柳宗悦が書いた30頁ほどのガリ版刷りのような本に、『民芸の趣旨』と『民芸のはなし』がある。彼女の祖母が偶然にも柳宗悦氏のご夫人とお茶仲間だったことから、この小冊子が家にあったのだ。また、私の父が宇都宮勤務の時代、新工場落成記念の陶器製ビアマグの制作を、偶然当時名前が知られ始めていた濱田庄司さんに依頼していたこともあり、益子や信楽など焼き物の里にもよく出かけた。民芸運動は、各地の名もない職人さんたちが作った、日常の生活用品だった茶碗や器などの美しさ、その芸術性の高さに、イギリスの美術研究家バーナード・リーチが注目したことから始まった。その後、駒場の民芸館をつくった柳宗悦が中心となり、1950年代から60年代にかけて大きな波となって広がった。

民芸運動では"用の美"という言葉が使われる。"用"…つまり日常生活の中で、実際に道具として"用いられる"ものにこそ本当の美しさがある、というわけだ。"芸術"などという大それた言葉とは無縁の、庶民の雑器が持つ飾らない美しさ。それはたしかに粗末な生活用品にすぎない。しかし、それでも心を込めて美しいものをつくろうと、職人たちは自らの誇りをかける。そして、このエネルギーと熱意の中にこそ、真の美しさと崇高なまでの芸術性が生き生きと息づいてくるのである。

アメリカの黒人、白人の人々の間でダンスのための"実用の音楽"として生まれ、最初は卑しい俗悪な音楽として蔑まれながらも、アメリカの大衆、そして世界の大衆の支持をも得て、20世紀を代表する音楽の一つとなったジャズ。民芸理論の世界は、私たちがニューオリンズの黒人の人たちとの生活の中で出会ったジャズの世界に、不思議にも、あてはまるところがあまりにも多い。

49. 悪戯は続く

私達が"サッチモの孫たちに楽器を"の活動を始めた1990年代、ニューオリンズ市や国の対応は、黒人なんかどうでもいいという風潮にあふれていた。学校の音楽予算はどんどん削られ、世界のジャズ王を生んだ街なのに、子供たちはろくな楽器も持っていない。しかも街には銃と麻薬があふれ、武者修行でお世話になったニューオリンズは悲しい姿になっていた。そこに一石を投ずることができれば、と楽器を贈り始めた。非力な私達の小さな活動で効果が上がることなど、期待していなかったが、しかし私達の気持ちとしては、ささやかでもお世話になったニューオリンズとアメリカに恩返しができれば…英国人のバーナード・リーチが、

日本人が気付かなかった美を見いだし、海外から指摘して庶民の雑器が見直された民芸運動のように、日本から指摘すればニューオリンズの人々の反響を呼ぶかもしれない、というかすかな希望は持っていた。私達の楽器を贈る活動は、かねてから好きだった民芸に、このように支えてもらったと思っている。たまたま家内が持っていたこの二冊の小冊子は、その後の私たちのニューオリンズでの生活、また、現在でも私たちがやろうとしている音楽に、今も大きな影響を与えている。

　サッチモの嬉しい悪戯は、サッチモ没後50年の今も続いている。

　今回この本の出版でお世話になる冬青社の髙橋前社長は、大のサッチモのファンでいらっしゃって、2002年私たちのニューオリンズ・ジャズ武者修行のエッセイ集『ニューオリンズ行進曲』、2008年写真集『聖地ニューオリンズ聖者ルイ・アームストロング』でお世話になった大恩人、感謝でいっぱいだ。

　冬青社の髙橋国博前社長とのご縁も不思議なサッチモの悪戯のようだ。初めて髙橋社長にお会いしたのは、2000年頃、日本ルイ・アームストロング協会会員で、毎年私達が主催していたニューオリンズ・ジャズ・ツアーに参加されていた新田豊彦さんの奥様にご紹介いただき、最初のエッセイ集が日の目を見る事となった。髙橋社長は、冬青社を立ち上げられる前の出版社ご勤務時代、本のタイトルのアイデアがずば抜けていて "タイトルマン" の異名をとったそうで、エッセイ集は『ニューオリンズ行進曲』と言う素敵なタイトルを頂いた。そして私達がニューオリンズで撮影した写真をまとめた、2008年出版の写真集も『聖地ニューオリンズ聖者ルイ・アームストロング』という名タイトルに！なんとも写真集の内容ピッタリの嬉しいタイトルだった。しかも冬青社さんは写真集を多く出版されていため、日本人写真家お二人が撮られた素晴らしいサッチモの写真の存在をご存じで、私達の本にサッチモの写真が掲載できるようご親切にアレンジしていただいたのだ。

　写真家のお一人は有名老舗ジャズ喫茶新宿「DIG」と「DUG」のオーナーで写真家・ジャズ

1970年5月　ルイの家を訪問撮影した写真家故佐藤有三さんにルイが贈呈したサイン入りのブロマイド　佐藤友子さん所蔵

評論家の中平穂積さん。サッチモ 70 歳を祝ったニューポート・ジャズ祭のステージをリハ、本番共にご覧になり素晴らしいショットを残されていた。

　もうお一人の写真家は、その同じ年、スウィング・ジャーナル誌のサッチモ生誕 70 年特別取材で、ジャズ評論家野口久光さんとサッチモの家を 5 月に訪問、アット・ホームで貴重なサッチモとルシール夫人の姿を撮影された故佐藤有三さんだった。冬青社の高橋社長が、写真家仲間で佐藤有三さんと親友だった故目羅勝さんをご存じだったのがきっかけで、奥様の佐藤友子さん（元スウィング・ジャーナル誌）もご紹介いただき、写真の使用をご許可いただいた。

ポスターの元となった「聖地ニューオリンズ聖者ルイ・アームストロング」表紙（2008 年冬青社）

　佐藤有三さんが撮られた、居間でくつろぐにこやかなサッチモの写真は、私達の写真集『聖地ニューオリンズ聖者ルイ・アームストロング』の表紙に使わせていただき、表紙デザインはデザイナー石山さつきさんが担当された。彼女からデザインの参考になるイメージが欲しいとのご希望があり、昔のオープンリールの録音テープの箱に、ルイが趣味でデザインした『サッチモ・アート』を集めたコラージュ集の本をお貸しした。ルイは、自宅で音楽や昔話、友人との会話等を録音するのが趣味で、残された 700 本近くあるテープの箱全部にユニークなコラージュがデザインされ、そのコラージュ集が本になっていたのである。このデザインにヒントを得て、石山さんのアイデアでサッチモ・アートそのままのような表紙ができ上った。

　ニューオリンズで毎年夏、サッチモの誕生日 8 月 4 日の週に開催され、私達も出演していた "サッチモ・サマーフェスト" の女性ディレクター、サンドラ・ダルタスさんにこの本をお贈りすると、彼女はこの本のデザインに一目でほれ込んでしまい、是非アイデアを使わせてほしいと依頼して来たのである。こうして、本場ニューオリンズのサッチモ・ジャズ祭のポスター、チラシすべてが、この写真集の表紙からイメージしたデザインとなり、『Satsuki Ishiyama のアイデアからのデザイン』と英語のクレジット入りで、10 数年後の現在もジャズ祭を象徴するポスターとロゴに使われている。そして今年、高橋社長には再び『サッチモ没

50年に捧ぐ』でお世話になり、これは益々サッチモの悪戯がスケールアップしているとしか思えない！！！

2018年　サッチモ・サマーフェストのポスター

　まだ続きがある…NYの「ルイ・アームストロング・ハウス博物館」は、佐藤有三さんのサッチモ写真が掲載された写真集『聖地ニューオリンズ聖者ルイ・アームストロング』をハウスの売店で販売、また、大変貴重な写真だという事で、私達が仲

2020年9月　ジャズライブ、浅草ハブのサッチモの絵の前で

立ちさせて頂き、'佐藤さんの写真のオリジナル'を奥様の佐藤友子さんからハウスにプレゼントしていただく話もまとまった。数年後、奥様はお嬢様と一緒にNYを訪れハウスを訪問、コグスウェル館長に歓待していただいた。当時、お隣のセルマさんも、ボランティアでハウスの中の案内役もやっていらっしゃって、佐藤さん母娘さんとセルマさんは大の仲良しになられた。その後、ハウスに贈呈されたこの佐藤有三さんの写真を実際に手にしたセルマさんが、ハウスの各部屋をツアーガイドしていた姿を、私達は何度も見かけたものだ。

　そして冬青社は、2021年から新社長に岡野惠子さんが就任された。岡野さんのお母様が"さちこ"さんとおっしゃって、これがまた偶然、もう大のサッチモファン。岡野新社長は学生時代、お母様にこの映画はいいからと勧められ『五つの銅貨』をご覧になり、ご自身もサッチモファンに！　岡野社長のお母様サチコさんは、通称『サッチコ』さん……モではなくコ…です。これは半分冗談ですが。しかも岡野社長は、やはり民芸の風土に魅せられ益子に住んでいらっしゃった時代がある！

1971年　外山喜雄、恵子ニューオリンズ時代

2016年　外山喜雄、恵子

　　さらに本著のデザインをご担当いただいた白岩砂紀さんも、音楽に囲まれたご家庭に育ち、弟さんはギターリスト、今は亡きグラフィックデザイナーのお父様は大のジャズファンでかつていくつかのジャズのレコードジャケットをデザイン。お仲間のジャズミュージシャンがよくお宅にいらっしゃったとか。ご自身もチェロを演奏されるとのことで、サッチモのスピリット溢れる表紙、装丁を生み出して下さっている。

　　どうやら、サッチモの悪戯は、まだまだ続いているようだ。

50. 懐かしのジャズ喫茶「スイング」

　　私たちが若かった時代、日本ビクターから出ていたルイ・アームストロングのLP『タウンホール・コンサート』や『アット・ザ・シンフォニー・ホール』など、この時代のルイのライブ実況盤は、ジャズ喫茶の人気アルバムだった。1960年代で初任給が16000円程度。当時から1枚1500円、2000円もした高価なLPを買うことができず、コーヒー代100円で、貴重なレコードをリクエストして聴くことができるジャズ喫茶に通ったものだ。渋谷道玄坂にあった「スイング」、そして水道橋駅お茶の水寄りの出口を出た所にあった、ドブ川（当時）のようなお堀の土手に引っかかっているかのようなジャズ喫茶「水道橋スイング」。実に懐かしい。コーヒー1杯で1日粘ってリクエストしたLPが、サッチモや、ニューオリンズ・ジャズのジョージ・ルイス。ルイスのAMレコードなどは超高価盤だった。ルイの『タウンホール・コンサート』『アット・ザ・シンフォニー・ホール』は、本当に「スイング」でよくかかった。コロムビア盤の『ホット・ファイブ』『ホット・セブン』、その他『ビックス・バイダーベック』『ベッシー・スミス』など、『ゴールデン・エラ・シリーズ』と呼ばれたジャズ・クラシックのシリーズ。そして、『サッチモ・プレイズ・W.C.ハンディ』『サッチモ大使の旅』。私達の青春の想い出のレコードだ！

　　家内を初めてデートに誘ったのも水道橋の「スイング」だった。彼女に、いまだにうらみがましくいわれる笑い話がある。「スイング」で、例によってリクエストし放題レコードを聞いていた私は、日頃からひそかに想いを寄せていた彼女に意を

決して電話を入れた。なんで急に電話してきたのか首をかしげながらも、彼女は1時間ほどして「スイング」へ現れた。'きっとグループの打ち合わせか何かあるのだろう'と思って来たら、二人だけなので'オヤ?'と思ったそうだ。

　そこで家内いわく、席に座るやいなや私が「何にする?」と聞いたというのである。彼女はすかさず「コーヒーとトースト」と答えた。すると私は、あきれたような、しょうがないなというような顔をして「ちがうよ、レコードだよ」といったそうだ。顔は真っ赤になるし、あんな恥ずかしいことはなかったと、いまだに半分あきれ気味にいわれる。こうして、50人もの他の男性部員を蹴散らして、私が彼女を射止めたのも不思議な話である。私の着るものはいつも真っ黒な学生服。「黒板が歩いているようだ」などと陰では茶化されていたらしい。おまけに私の話す話題は、なんだか聞いたこともないジャズメンの名前ばかり出てくるジャズオタクの話ばかり。「変わった人だわ……」というのが私に対する彼女の第一印象だったそうだ。

　サッチモの悪戯は、この頃からすでに始まっていたようだ……。

1973年9月　ニューオリンズからの帰国　ニューオリンズ空港で

Courtesy of the New Orleans Jazz Museum

1942年　Courtesy of the New Orleans Jazz Museum

1931年　Courtesy of the New Orleans Jazz Museum

1960年　コンゴ共和国キンシャサにて
Courtesy of the New Orleans Jazz Museum

1920年　リバーボート　SS キャピトル　フェイト・マラブル楽団　ルイ・アームストロング（右から 3 人目）
Courtesy of the New Orleans Jazz Museum

1923年　キング・オリバーズ・クレオール・ジャズバンド　ルイ・アームストロング（前中央）　リル・ハーデン（p）
Courtesy of the New Orleans Jazz Museum

1970年5月　自宅でのルイ・アームストロング　撮影：佐藤有三

Courtesy of the New Orleans Jazz Museum

1964年　来日時公演プログラムより　ルイのサイン入り
外山喜雄所蔵

1953年　来日時　共演した与田輝雄とシックス・レモンズ
与田輝雄（右端）一人置いて松本文雄（tp）フランキー堺（drms）
© 与田輝雄

1953年12月　初来日　浅草国際劇場
撮影：松井紀樹

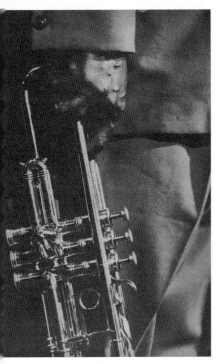

Courtesy of the New Orleans Jazz Museum

1967年　この素晴らしき世界　オリジナル楽譜　外山喜雄所蔵

1970年5月26日　『生誕70年記念録音』でルイ・アームストロングとマイルス・デイヴィス
photo by Jack Bradley,Courtesy of the Louis Armstrong House Museum

Part 4 ♪

ルイ・アームストロングの名曲 50

Courtesy of the New Orleans Jazz Museum

Chapter1　生涯の録音曲数は1000曲以上

1923～1971年　48年間で1000曲！

　一体、サッチモは生涯にどのくらいのレコーディングをしたのだろうか…。

　シカゴの"キング・オリバーズ・クレオール・ジャズバンド"にセカンド・コルネット奏者として加わったルイは、1923年4月5日、インデアナ州リッチモンドにあったジェネット・レコード社でオリバー・バンドと初吹込み、「Chimes Blues」他5曲を録音した。21歳の時だ。そしてルイの生涯最後の録音となったのは69歳、1971年7月に亡くなる約4ヵ月前、2月26日に自宅で録音した「ザ・ナイト・ビフォア・クリスマス（The Night Before Christmas）」だ。年数にして48年、途中、全米音楽家ユニオンが印税の支払い条件をめぐり、レコード会社での録音禁止のストライキに入った1942年から44年、そして47年を除いて毎年録音！このストライキの期間も、米軍が兵士たちに配布したVディスク（勝利VictoryのV）というレコードや、映画、放送への出演等で大活躍を続けているのだ。

　サッチモの全録音、ラジオ・テレビ・映画出演等を詳細に調べた『All of Me:The Complete Discography of Louis Armstrong』（Jos Willems著）という本（ディスコグラフィー）がある。研究家の方々の努力によって驚異的な記録が調べられていて、Netでも『Louis Armstrong Discography』（Michael Minn編纂）があり、どなたでも簡単にアクセスできる。

　400ページの本『All of Me』末尾の曲目索引で、サッチモがらみの曲を数えてみたが数えるだけでも大変な作業だ！ルイが生涯に録音した曲数は約1000曲。同じ曲を違った年代に何度も吹き込んでいるので、トータルの録音回数は3000回になるかもしれない！これはすごい数字だ。48年間、ジャズ史に残る録音を続けたことは驚愕にあたいする。

ネットで瞬時に音が聞ける時代

　ネットの発達で、今回リストアップする曲のほとんどを、題名を『英語タイトル＋armstrong』、または曲によっては『日本語タイトル＋ルイ・アームストロング』と入力するだけで聞くことができる。より細かい指定も可能で、例えば「明るい表通りで」だと、"sunnyside armstrong1934"で34年のパリでの録音、"sunnyside armstrong1956"で56年の『サッチモ自叙伝』の有名なバージョンがかかる。

ストリーミングなどという便利なものもできていて、一定額 1000 円程度の月払いで聞き放題などという、とんでもない時代でもある！Apple Music、Amazon Music Unlimited、Spotify、LINE、レコチョク、MORA、楽天…。

　しかし、やはり CD（又は LP！！）が一番。形がないと持っている気がしない私達の世代である！そんな方々は、日本の『ユニバーサル・ミュージック・ジャパン』や『ソニー・ミュージック・エンターテインメント』、または『オーディオ・パーク』に「ルイ・アームストロング」と続けて入力、CD 情報が得られる。（音声認識で、しゃべるだけでも瞬時に情報が出てくる！例：ユニバーサルミュージックジャパンルイアームストロング…なんという時代だろう！！）

　この 3 社で、ルイの 50 年のかなりの部分をカバーでき、全国レコード店、Amazon、ディスクユニオン、タワーレコード、TSUTAYA、HMV、新星堂などで購入したり注文することができる。廃盤のものもあるが、この章の末尾に CD 情報としてご案内もしたいと思う。私達 "日本のサッチモ" の CD 情報も末尾に加えさせていただく。

Chapter2　サッチモのベスト 50
サッチモの定番　ベスト 35　難しい選曲！

　生涯の録音曲数が 1000 曲以上ある中の 50 曲…こちらを立てればあちらが立たず状態だが、ベスト 50 を選んでみた。50 曲の最後の 15 曲は、サッチモ若き日のホット・ファイブ、ホット・セブン、サボイ・ボールルーム・ファイブ、初期のビッグバンド等、1923 年から 1931 年の名演を吹きこみ順にまとめている。

Courtesy of the New Orleans Jazz Museum

1. When It's Sleepy Time Down South　南部の夕暮れ

　1932 年に初録音、故郷ニューオリンズのあるアメリカ南部を歌った名曲で、1935 年ごろから亡くなる間際までバンドのテーマソングで使われた。必ずショーのオープニングはこの曲の最後に『皆さん、今晩は～♪（Good Evening,

Everybody)』と歌いコンサートが始まった。ショーのエンディングもこの曲が流れ『おやすみなさい～皆さん♪（Good Night, Everybody）』と歌いサッチモのコンサートが終了した。

2. When The Saints Go Marchin' In　聖者の行進

　元々は黒人教会で歌われた讃美歌。ジャズ葬式の帰りに、この世の苦しみからの解放を祝ってジャズのリズムで演奏された。ルイが 1938 年に初録音、その10 数年後、50 年代ごろから有名になり始め、今では "ジャズの国歌" のような曲になった！

　映画『五つの銅貨』（Five Pennies）の中で、ダニー・ケイと掛け合いで歌った「聖者」も楽しい！また映画『五つの銅貨』の中では、サッチモと、ダニー・ケイ、そして娘のドロシーが歌った三重唱『五つの銅貨メドレー』（五つの銅貨、ラグタイムの子守歌、グッドナイトが同時に歌われる Five Pennies Medley）も忘れられない。ぜひ DVD やビデオレンタルでご覧になっていただければと思う。ルイが歌った「ビル・ベイリーお家に帰ってくれないか（Bill Bailey Won't You Please Come Home）」や、ダニー・ケイ演ずるレッド・ニコルスが吹く「リパブリック讃歌（Battle Hymn of the Republic）」も印象に残る！

3. Hello Dolly　ハロー・ドーリー

　1964 年 5 月ヒットチャート・トップだったビートルズを抜き 1 位に。サッチモ 62 歳での世界的ヒットとなった。詳しくは冒頭の章でも解説している。このメガヒットによって、サッチモの名声は "世界の数億人に知られるようになった" と言われている。もとは 63 年に始まったブロードウェイ・ミュージカルの中の曲。

4. What A Wonderful World　この素晴らしき世界

　この素晴らしき世界…素晴らしいタイトルのこの曲は 100 年後、ひょっとすると500 年後も、「聖者の行進」とならんで世界の人に愛されていると思う。1987 年映画『グッドモーニング、ベトナム』で使われ、ドーリーを超える "永遠のヒット" となった。亡くなって 16 年後の世界的ヒットに、サッチモも天国でびっくり。

5. On The Sunny Side Of The Street　明るい表通りで

　1930年に発表されヒットし大恐慌の暗い世相を明るくした名曲。"日陰を歩いて落ちこんじゃいけないヨ！明るい表通りを歩けば人生はスイートだよ！"サッチモにまさしくピッタリの曲。1934年のサッチモのパリでの初録音も、1956年の『サッチモ音楽自叙伝』での録音も、他のコンサートのライブも皆素晴らしい！

6. Basin Street Blues　ベイズン・ストリート・ブルース

　かつてのニューオリンズの紅灯街"ストーリービル"はジャズ誕生のゆりかごとなった地域だ。'ストーリービルの銀座通り'だったベイズン・ストリートを歌った名曲。この通りにはマダム・ルル・ホワイトのマホガニー・ホールほか立派な娼館が立ち並び、10代のルイもこの地域で演奏した。この曲は1953年映画『グレン・ミラー物語』のジャム・セッション場面で使われ、ルイのバンドとジェイムス・スチュアート演ずるグレン・ミラー（tb）とが競演！そしてジーン・クルーパとコージー・コール二人のドラマーの、火の出るようなドラムバトルが興奮を呼んだ。

7. Otchi-tchor-ni-ya　オチ・チョ・ニ・ア

　ロシア民謡「黒い瞳」。サッチモの哀愁をおびた歌とラッパ、そしてテンポが速くなってからのスインギーな演奏とドラムソロが盛り上がる構成でヒットレコードとなり、多くのファンを獲得した。当初映画『グレン・ミラー物語』では「ベイズン・ストリート」かこの曲か、どちらかを使う予定だったという。

8. High Society /High Society Calypso　ハイ・ソサイティー／上流社会

　ハリウッド映画『上流社会』の冒頭、ニューポート・ジャズ祭に出演するサッチモ一座が、小型バスでスポンサーの大邸宅でのリハーサルにやってくる…バスの中で、オールスターズが道中楽しく歌うのが「ハイ・ソサイティー・カリプソ」。モナコの王妃になったハリウッドの大スター、グレース・ケリー、ビング・クロスビー、フランク・シナトラとともに、サッチモがコミカルな舞台廻し役で登場、重要な役割を果たした。バスが大邸宅につくと、サッチモが「これがお話の始まり！」最後もサッチモで、「これでお話はオシマイ」でジ・エンドとなる。

　同名の曲に、ニューオリンズでジャズが始まった頃の行進曲「ハイ・ソサイティ」

もある。作曲は 1901 年。原曲の楽譜のピッコロ・ソロを、ジャズの先駆者、混血クレオールのアルフォンス・ピクーがクラリネットで吹いて大変有名な曲となった。その昔バンドでクラリネットを雇う際、この曲がオーディションに使われていたと言われている。

9. Do You Know What It Means To Miss New Orleans　ニューオリンズ

1947 年に作られたサッチモ出世物語のような映画『ニューオリンズ』のために書かれた名曲。ニューオリンズ・リバイバルで、ニューオリンズ・ジャズがカムバックした時代の作品。"レディー・デイ"と呼ばれた大歌手ビリー・ホリデイが、サッチモやキッド・オリーをバックに唄う素敵な映像が登場する。

10. Jeepers Creepers　ジーパス・クリーパス

英語の表現で'こりゃびっくり'を"ジーザス・クライスト"と言うが、これをもじった表現「ジーパス・クリーパス」。1938 年の出演映画『Going Places』で、競走馬の調教師役のルイが馬に向かって歌い吹いた。曲はアカデミー歌曲賞の候補にもなっている。ネットでは"armstrong jeepers 1938"で、馬の画像と共に見る事ができる。笑

11. C'est Si Bon / La Vie En Rose　セッシボン／バラ色の人生

シャンソンからの名曲 2 曲は、ルイの代表作に数えられるヒットとなった。売れるものは何でも録音したデッカレコード！その希望に見事にこたえた"サッチモ印"の大ヒット作品…1950 年スタジオ・ビッグバンドでの演奏も、55 年ロスのジャズクラブ『クレッセンド』でのオールスターズによるコンボ演奏「Jazz at the Crescendo (California Concerts)」他もルイの魅力全開だ！

12. Blueberry Hill　ブルーベリー・ヒル

初録音は 1949 年。ルイのレコードは当時ビルボード誌の Top40 に入るヒットとなった。'ブルーベリーの丘で君を見つけて、僕はときめいたンダ…' ロマンチックな曲である。元は、歌うカウボーイと呼ばれたジーン・オートリーが歌ったカントリー・ソング。50 年代にはファッツ・ドミノのロックンロール・バージョンも大ヒットした。

ルイはこの曲がとても好きだったようで、'サッチモちょっといい話 5' でご紹介したように、自宅で一人、無伴奏で歌っている音声がある。一人だけでもう完璧で、サッチモは伴奏いらないんだと思った！！！

13. When You're Smilin'　君微笑めば

'君がほほ笑むと太陽が照ってくる、でも泣いていると雨になるよ…' 大恐慌の前年1928年に作られ、大変な時代の心の支えとなった曲。ルイは1929年初録音、また1956年のアルバム『サッチモ音楽自叙伝』のためにも録音。ともに最後のメロディーを1コーラス丸々トランペットの高音ソロで吹き、終わっている。20年代は若々しいサッチモだが、56年の録音には若さをはるかに超える、けた違いとなったサッチモの大きな世界感と表現力の広がりを感じる。スローなバージョンと並んでアルバム『ジャズ・アット・ザ・クレッセンド』のテンポ速めの演奏も最高だ。

14. A Kiss To Build A Dream On　夢を描くキッス

'君と別れる前に、キッスで夢を持たせて…' という、これもロマンチックな歌詞。1951年ミッキー・ルーニーがドラマーを演じ主演した映画『ザ・ストリップ』の主題歌、アカデミー歌曲賞候補となった。ストリップは、ロスのサンセット・ストリップ（大通り）の意味。この曲は1993年、メグ・ライアン、トム・ハンクスの映画『めぐり逢えたら』の最後、タイトルバックで使われリバイバル・ヒットしている。

15. Takes Two To Tango　テイクス・トゥー・トゥ・タンゴ

'ヨットに乗るのも、居眠りするのも一人でできる。でも、タンゴは二人でなくちゃ踊れないヨ…' 売れるものは何でも…何度も言うがデッカに感謝いっぱいの、サッチモのタンゴ。魅力たっぷりあふれる楽しい名演奏だ。

16. A Kiss Of Fire　キス・オブ・ファイヤー

タンゴからもう1曲！原曲「エル・チョクロ」の英語版カバーで、元の意味「トウモロコシ」が、「火の接吻」となった！笑　再び、何でもやらせるデッカに心より感謝の名盤で、この曲のファンも多い。曲の終わり、エリントン楽団でも活躍したニューオリンズ出身のクラリネット奏者バーニー・ビガードが吹くエンディングにか

ぶせ、サッチモの「オー！燃えた！（Ah! Burned me)」のセリフが可笑しい。

17. I Get Ideas　アイ・ゲット・アイデアズ

　もう1曲デッカに感謝の名作。原曲はまたまたタンゴで、日本でも大ヒットした「アディオス・ムチャーチョス（さらば仲間よ）」'君が僕に触れると指から火が出そう…' タンゴの情熱的な感覚を残した曲だが、サッチモのトランペットはオペラのよう。原曲とはまた違ったニューオリンズ・ジャズの魅力をつけ加えている。この曲のファンも多い。

18. Someday You'll Be Sorry　サムデイ

　サッチモが作詞作曲しヒットしたという作品は少ないが、小ヒットとなった1947年の素敵な曲。'君に尽くしたのに、ひどい仕打ち…いつの日か後悔するよ…でも幸運を祈ってるヨ'。1920年代は夫人のリル・ハーデンとオリジナルをたくさん書いたサッチモだが、黒っぽいセンスのジャズ曲が多い。この「サムデイ」は、ポピュラーソングとしての魅力あふれる、ルイ作のジャズ版ラブソングの名作だ。

19. Back O' Town Blues　バック・オ・タウン・ブルース

　少年時代ルイが育ったニューオリンズの街、Back O' Town を歌った自作のブルース。'あんな良い女がバック・オ・タウンにいたのに、俺が悪かった、もう一度帰ってきてくれ…'。ニューオリンズのブルース・フィーリング満杯のサッチモの歌とラッパだ。「世界中探したけど彼女はいない、心配だ」の歌詞にメンバーから「帰ってくるさ」との掛け声で笑いをとるパターンで、44年から60年代後半までコンサートの定番だった。

20. Black And Blue　ブラック・アンド・ブルー

　1929年、現在もNY44丁目ブロードウェイに建つハドソン劇場で大人気となった黒人ショー（コニーズ・ホット・チョコレート）で使われ大ヒットした曲。ピアニストのファッツ・ワーラーがすべてショーの曲を書き、ファッツの名曲「浮気はやめた」もこのショーから生まれた。ブラック＆ブルーは"どうして私は、こんなに黒くてブルー（青色、憂鬱も意味する）なの？"という人種問題への抗議ともとれる歌。

もとは劇中で、肌の黒い女性が肌の色の明るい女性に恋人を盗られ、その悲しみを歌った。1929年当時の録音も1956年世界を音楽大使として廻った時代の演奏も共に最高だ！ 56年初めてのガーナ訪問では、エンクルマ大統領にこの曲を捧げて歌った。サッチモはこの曲について、こう言っている。「なんでこんなに黒い…そりゃあ大変深刻な話さ…でも、それを悲劇的にではなくクスッと笑って歌うのさ」

21. Ain't Misbehavin'　浮気はやめた

　なぜか '浮気はやめた' という迷訳になったこの曲！　ま、意味はそんなところ。ブラック＆ブルーと同じショーでの大ヒット。このホット・チョコレートのショーでは、ルイの歌とトランペットのフィーチャー曲となり、NYブロードウェイでのヒットはルイの名声を高めた。曲を作ったファッツ・ワーラーは、当時養育費の不払いで訴えられ牢屋の中、玩具のピアノを差し入れてもらい、数時間でショーの名曲10数曲を作ったなど色々な逸話が残っている。

22. St Louis Blues　セントルイス・ブルース

　サッチモを代表するブルースの傑作。昔ソニーのコンポの宣伝で "この曲がカーネギーホールで演奏されるのに40数年かかった…" という印象的なCMが流れた。それほどドラマチックなサウンドのサッチモの名演奏だ。ジョージ・アバキアンがコロムビアで作った名作LP『サッチモ・プレイズ・W.C.ハンディ』の代表作。レナード・バーンスタイン指揮NYフィルとの共演の場面も、グーグルの音声検索で二人の名前を続けて日本語で入れて上のタブの〔動画〕をクリック、それだけで見る事ができる。また1925年のベッシー・スミス（Bessie Smith）との録音も最高だ！

23. Indiana　インデアナ

　サッチモのコンサートでは、最初にご紹介したバンドテーマ「南部の夕暮れ」のこんにちはエブリバディー♪ "のエンディングに引き続き、必ずテンポの速いこのジャズ曲「インデアナ」がオープニング・ナンバーだった。サッチモ大使の旅を記録した映画『サッチモは世界を廻る（Satchmo the Great）』でも、冒頭パンナムのプ

ロペラ旅客機内で演奏している場面がある。

24. All Of Me　オール・オブ・ミー

　『サッチモ大使の旅（アンバサダー・サッチ）』という、コロムビア・レコードのジョージ・アバキアンが作った名作LPがある。名演ぞろいのLPだが「オール・オブ・ミー」のこのサッチモの演奏は代表的だ。『私のすべてをとって！』の題名も受けて、日本でも色々な人の演奏で人気があった曲だ。レコードでは「シニューリ・エ・シニューレ、グランデ・ルイス・アームストロング」とイタリア人司会者が紹介しこの曲が始まる。青春の想い出のレコードだ。

25. Royal Garden Blues　ロイヤル・ガーデン・ブルース

　同じ『アンバサダー・サッチ』アルバムの中の名演奏。1919年に作られた速いテンポのブルース曲。デキシーランド・ジャズの代表的な曲の一つ。他にもこのアルバムには「マスクラット・ランブル」「ウェスト・エンド・ブルース」「タイガー・ラグ」「12番街のラグ」「サムデイ」、クラリネットのエドモンド・ホールのソロ「ダーダネラ」他名演揃いだ！

26. Bucket's Got A Hole In It　バケツに穴が開いた

　'バケツに穴があいた、もうビールは入らない…' 裏の意味もあるのか…120年以上前、初代ジャズ王バディー・ボールデンの時代から演奏されたブギウギ調のブルース。ジャズの創成期へロマンを掻き立てられる。映画『サッチモは世界を廻る』の英国の場面でも演奏され、「マーガレット王女も "バケツに穴があいた" を聞きにやってきた」と解説が入る。

27. Mack The Knife　匕首マッキー

　スラムで育った少年時代、ルイの周りには、いつもナイフを持ち歩いているような連中がいっぱいだった。そんな与太者の中には、ルイの憧れだった素敵なドラマー、ブラック・ベニーもいた、とルイは自叙伝で回想している。ドイツのミュージカル『三文オペラ』で使われたクルト・ワイルの曲。原題は「モリタート」。アバキアンが担当したコロムビアで発売され、ポップス的な感覚を持ったジャズの大ヒットとなった。

28. New Orleans Function　ニューオリンズ・ファンクション
Flee as a Bird / Oh,Didn't He Ramble

　ニューオリンズの"ジャズ・フューネラル（葬式）"では、もの悲しい讃美歌を演奏し墓場まで行進。遺体が埋められ帰りは〈歓喜のリズム〉に代わる。ここからジャズのスイング感が生まれた。その模様をサッチモのオールスターズが再現したのが、この「ニューオリンズ・ファンクション（儀式、行事）」。お墓へ行進の「Flee as a Bird」は日本で「追憶」のタイトルで知られる曲。この曲、元は讃美歌だったのだ。葬式の帰り「Oh,Didn't He Ramble」は'ランブルしたんじゃない！'つまり'やりたい放題やったじゃない？大騒ぎしたんじゃない？'みたいな意味だろうか。帰りのパレード目当てに集まった"セカンドライン"と呼ばれる大群衆は、手に手に傘や帽子を持ち強烈にスイングし踊り狂う！

29. Mahogany Hall Stomp　マホガニーホール・ストンプ

　ルイが1929年初めに録音した楽しいテンポのブルース。"マホガニー・ホール"は、紅灯街ストーリービルの目抜き通り、ベイズン・ストリートを代表する有名な娼館だった。オクトルーンと呼ばれた黒人の血が8分の1入った混血、美人マダム、ルル・ホワイトがオーナーで名を馳せた。

30. Rockin' Chair　ロッキン・チェアー

　ルイとバンドのトロンボーン奏者との心温まる掛け合いの歌で有名な曲。年老いてロッキン・チェア（揺り椅子）に座った老いた父といたわる息子、または老いた黒人と黒人の少年…の設定だろうか、メロディーに乗せた会話スタイルで曲が進んでゆく。1947年NYタウンホール・コンサートで、トロンボーン奏者ジャック・ティーガーデン（老人役）と歌った名演以来、晩年までコンサートでの定番となった。作曲はスターダストを書いたホーギー・カーマイケル。1929年の初録音ではホーギー本人が老人役で歌っている。

31. Tenderly ～ You'll Never Walk Alone
テンダリー～ユール・ネバー・ウォーク・アローン

　テンダリーは1946年に書かれ、どちらかというとモダンジャズ系ミュージシャン

の多くが好んで録音している。ルイのバージョンは、ミュージカル『回転木馬』の中のゴスペル・フィーリング溢れる曲「ユール・ネバー・ウォーク・アローン」とのメドレーで演奏される。サッチモは、ニューオリンズの音楽をこう語っていた。「美しい音楽といえば、一度ニューオリンズの葬式を見てほしい。ジャズ葬式で演奏するオンワード・ブラスバンド。まるでオペラの歌手が心をこめて歌うように、悲しさや美しさを、心から音にこめるのさ。」このサッチモのメドレーには、サッチモが残した言葉そのままの、ニューオリンズのフィーリングがあふれている。最近「ウォーク・アローン」は、サッカーのリヴァプール FC の応援歌として、再び有名になっている。

32. Cheek To Cheek　チーク・トゥー・チーク

　"ジャム・セッション"を大人気にしたジャズ・グループ JATP（ジャズ・アット・ザ・フィルハーモニック）の立役者ノーマン・グランツが創設した Verve レコードで 1956 年、大歌手エラ・フィッツジェラルドとルイの共演が実現した。『エラ・アンド・ルイ』は全部で 30 数曲あり、どの曲をとっても実に小粋で選曲に迷うが、代表的なこの曲にする。'君と頬を寄せてダンスをしていると、まるで気分は天国！♪'作詞作曲はアーヴィング・バーリン。

33. Summer Time　サマータイム

　同じくノーマン・グランツのアイデアで、ジョージ・ガーシュインのオペラからの曲集、『ポーギー＆ベス』がルイとエラの共演で実現、Verve から発売された。中でも名曲「サマータイム」で、ストリングスの前奏からルイのトランペットが入ってくる瞬間は、クラシックで普段演奏されるこのオペラよりも数段高い精神的感動を呼ぶのではないだろうか。やはりこの黒人奴隷を描いたオペラは、ルイやエラのような「苦難」を乗り越えてきた人が良く似合う。

34. Nobody Knows The Trouble I've Seen　誰も知らない私の悩み

　年を経るとともにサッチモの世界は広がり、ルイの表現力はあたかも神に捧げて吹いているかのように深まっていった。ラッセル・ガルシア指揮の 32 人編成のオーケストラと Verve に吹き込んだこの録音は、聞くたびに感激で涙が出る。

"armstrong garcia nobody knows the trouble" でぜひ味わってみて頂きたい。ノーマン・グランツに心より感謝だ。

35. When You Wish Upon A Star　星に願いを

　亡くなる3年前1968年に、ルイがディズニーの名曲を演奏した永遠のアルバム『ディズニー・ソングス・ザ・サッチモ・ウェイ』。白雪姫からの「ハイ・ホー」、シンデレラから「ビビデ・バビデ・ブー」、メリー・ポピンズから「チム・チム・チェリー」……いずれの曲も素敵だがあえて選べばやっぱり、ピノキオから「星に願いを」。東京ディズニーランドで23年間演奏した私達には、特に感慨深い『ディズニー・ソングス・ザ・サッチモ・ウェイ』だ。

1920年代　若き日のルイの傑作　ベスト15

　最後に、1920年代"ジャズ語のABC"となった若きサッチモの演奏。ホット・ファイブ、セブンほかの名演を15曲ご紹介したい。他にまだまだ重要な曲があり、オミットした曲には実に申し訳ない気持ちだ。

36. Dipper Mouth Blues　ディッパー・マウス・ブルース
（キング・オリバーズ・クレオール・ジャズバンド）

　1922年シカゴのキング・オリバーズ・クレオール・ジャズバンドに入り、翌23年4月5日初吹込みの翌日、4月6日の録音で、オリバー・バンドの代名詞のような、このディッパー・マウス・ブルースを吹き込んでいる。曲名はルイのあだ名。コルネットのソロはキング・オリバー。このソロは大変有名となり、その後の演奏はすべてオリバーのソロを踏襲している。サッチモ初録音！ぜひ、★ "armstrong dippermouth 1923" で探っていただきたい。

　また、この前日の初吹込み5

1923年　キング・オリバーズ・クレオール・ジャズバンド
Courtesy of the New Orleans Jazz Museum

曲の内、Chimes Blues でルイが吹いたコルネット・ソロは、若さに満ちあふれ、まさにそれまでのジャズを一新するような画期的な演奏となっている。当時の録音技術が未熟でレコードの音質は悪いが、よく聞いてみるとルイがすでに素晴らしいプレイヤーだったことに感動する！★ "armstrong chimes blues 1923"

37. Muskrat Ramble　マスクラット・ランブル

　ルイに初めてプロとしての仕事を与えたキッド・オリーの曲。1925年に始まったホット・ファイブの録音で、翌年26年に吹き込まれ、以来デキシーランド・ジャズの代表的な曲となった。オリー作だが、ニューオリンズ時代演奏を共にしたルイのアイデアがかなり入っている曲だ。ホット・ファイブの演奏は、クラリネットのジョニー・ドッズ、バンジョーのショニー・セン・シア、ニューオリンズ時代のオリーのバンドそのままの音だと思う。

38. Heebie Jeebies　ヒービー・ジービーズ

　史上初、ババッズディゼ…と言ったスキャットが生まれ、歴史的な曲となった。詳しくは、'サッチモちょっといい話12'をご参照頂きたい。吹込みは1926年2月26日、ジャズ界の2・26事件！

39. Cornet Chop Suey　コルネット・チョプスイ

　ニューオリンズにはルイと同年代のコルネットの名手が何人かいた。そんなラッパ吹きバディー・プティのスタイルを取り入れ、ルイの20年代の代表作の一つとなったのがこの曲。アメリカで有名な中華メニュー、チョプスイは、八宝菜のようなものだったり、ワンタンスープだったりいろいろだ。世界初のジャズレコードを出したODJBのレコードに「クラリネット・マーマレード」という曲があるので、きっとルイは「コル

1926年頃 ルイ・アームストロング・アンド・ヒズ・ホット・ファイブ
Courtesy of the New Orleans Jazz Museum

ネット・チョプスイ」と洒落たのだろう。録音は、前曲と同じ 2 月 26 日だ。

40. Wild Man Blues　ワイルド・マン・ブルース

　ブルース調の哀愁を帯びたメロディーを、ヤング・ルイのトレード・マーク、ブレイクソロをふんだんに入れ、当時も今も最先端ともいえるような和音の解釈で、ルイは自由自在のアドリブを展開している。ホット・セブンで 2 テイク、その他に、この 20 日前、ジョニー・ドッズのグループとの録音があるが、全て比較してみると皆驚くほど違ったソロ…ルイの独創性のすさまじさを感じる。高校時代、すっかりはまり、LP レコードの針を何度も落として、音を譜面にとり練習した初めてのルイ…想い出の曲でもある！

41. Potato Head Blues　ポテトヘッド・ブルース

　20 年代のサッチモを代表する曲で 1927 年に吹き込まれた。前曲と同じように、リズムが止まり "ブレイク" という短いソロを次から次へとアドリブしていく。そんなサッチモのジャズ語満載の、もう一つの見本のような曲だ。2 曲ともホット・ファイブにチューバ、ドラム（シンバル）の入ったホット・セブンの名作。タイトルのポテトヘッドは、ジャガイモのような頭の黒人をさすという説や、当時はやりの漫画のキャラクターといろいろ説がある。後者は近年のディズニー映画『トイ・ストーリー』に "ミスター・ポテトヘッド' として登場した。

1926 年頃　ルイ・アームストロング
Courtesy of the New Orleans Jazz Museum

42. Struttin' With Some Barbeque　バーベキュー料理で踊ろう

　ルイのホット・ファイブ、セブンの曲は、その多くがルイと夫人のリルの共作。このバーベキューは、二人の作曲として特に有名だ。今では当たり前だが、シドミソシシ♪ と、メジャー 7th の音を強調するメロディーラインは、当時本当に斬新な驚きだったようだ。大分後になって大ヒットした「オルフェのサンバ」の元のよう

な気がする。ルイはこの曲を後年まで演奏し続けた。1927年の録音、チューバと
ドラムの入った"セブン"の時代だが、編成は5人編成のホット・ファイブ。

43. West End Blues　ウェスト・エンド・ブルース

　歴史的レコードを残したホット・ファイブ、ホット・セブンは録音のためのグルー
プで、当時のルイは、普段シカゴのクラブ"サボイ・ボールルーム"で、小さめの
編成のビッグバンドを率いていた。メンバーには天才的ピアニスト、アール・ハイ
ンズがいて、ルイとハインズ、天才二人の出会いから歴史的な演奏が多く生まれ
ている。1928年「ウェスト・エンド・ブルース」は、そんな傑作中の傑作だ。録
音したのはハインズを含む7名のグループ"サボイ・ボールルーム・ファイブ"。サ
ボイに出ていた11人の楽団の中からのメンバー7名なのに、なぜかバンド名は"サ
ボイ・ボールルーム・ファイブ"笑

　評論家の中には、ジャズ史を変えたと言われるこの演奏を、1863年リンカーン
大統領がアメリカ合衆国の自由と平等の原則を唱えた〈ゲティスバーグ演説〉に
例えている…リンカーンの演説は2分で、サッチモの演奏は3分でアメリカの歴
史を変えた！

44. Weather Bird　ウェザー・バード

　二人の天才的才能の出会い。ルイとハインズがジャズで会話をしているとも、音
で火花を散らしているとも聞こえる。アドリブの応酬が見事な、1928年の二人だ
けのデュオの録音だ。2年後の1930年に、バック・ワシントンのピアノとのデュオ
で録音した『DEAR OLD SOUTHLAND』も「ウェザー・バード」のスリリング
な感覚とはまたひと味違った名演だ。

45. St James Infirmary　セントジェームス病院

　このレコードは、ルイが流行歌的なセンスの曲を取り上げた最初の曲ではないか
と思う。'セントジェームス病院に行ったんだ。彼女がそこに横たわって、冷たくなっ
ていた…'。とてもキャッチーな曲で、その後もキャブ・キャロウェイ他多くのミュー
ジシャンがヒットを飛ばしている。流行歌と言う新しい世界でのルイの成功につな
がる、記念碑的な演奏だ。

46. Tight Like This　タイト・ライク・ジス

　この曲も 1928 年サボイ・ボールルーム・ファイブの録音。単純な和音の繰り返しの中、サッチモの自由自在なアドリブ展開がピカいちの曲である。ニューヨークのヘンダーソン楽団で共演、名編曲者となったドン・レッドマンの女性っぽいコミカルな掛け声も入るユニークな魅力あふれる演奏だ。この演奏がシカゴ時代最後の録音となり、サッチモはニューヨークへ活躍の場を移す。

47. I Can't Give You Anything But Love　捧ぐるは愛のみ

　シカゴからニューヨークに活躍の場を移したサッチモ。NY 初の画期的録音となったのが、この「捧ぐるは愛のみ」。大レコードプロデューサー、ジョージ・アバキアン氏の言葉によれば "まさに革命と言ってよい！" …詳しくは 'サッチモちょっといい話 14' と 'サッチモ・ストーリー' をご参照ください。

48. Shine　シャイン

　1930 年ルイは、活躍の場をニューヨークから西海岸のロサンゼルスにも広げ、当時カルバーシティーにあった "セバスチャンズ・コットンクラブ" に長期出演、ラジオ放送も行った。この街には映画会社 MGM があり、ハリウッド映画で人気上昇中だった映画スターたちも大勢このクラブにやってきた。後にベニー・グッドマン楽団のビブラフォン奏者として有名になる、若干 22 歳の天才ライオネル・ハンプトンがドラムを担当していた。当時の代表的なヒットが、この「シャイン」や「アイム・コンフェッシン」「アイム・ア・ディング・ドング・ダディー」等。「シャイン」は、当時のルイの力強くまたショー的なスタイルをよく表した名曲だ。最後のエンディングは、トランペットのハイ C と呼ばれる高音を吹き続け、バンドが全員でワン、ツー、スリー、フォー……" とカウント、300 近くまで続くこともあったという。最後にさらに、もっと上の F の音で終わるという、当時としてはセンセーショナルな曲芸的な演奏もしていた。1931 年の録音。

49. Lazy River　レイジー・リバー

　この時代の私の大好きなレコード「レイジー・リバー」。1919 年から 2 年間、ルイは、物憂い河（レイジー・リバー）と呼ばれるミシシッピ河に浮かぶリバーボー

トのバンドで演奏した。ルイにとって特別な想い入れのあるこの曲は、オールスターズの編成になってからも好んで演奏され、映画『夜のディズニーランド』でも、マーク・トウェイン号の船上での演奏場面が登場する。作曲はホーギー・カーマイケル。

1932 年頃 ルイ・アームストロング　Courtesy of the New Orleans Jazz Museum

50. Star Dust　スターダスト

　同じくホーギーの作曲したあまりにも有名なバラード「スターダスト」。一般的な、ムードタップリのスターダストではない。サッチモらしいスイング感あふれる演奏なのが、正にサッチモ印！当時の大恐慌後の不況にも負けない時代のエネルギーを感じる。作曲したホーギー・カーマイケル本人は、このルイの演奏が一番のお気に入りだったとか。この曲の 4 小節目のメロディー（歌詞でいうと Dreaming of a song の部分）は、ルイが録音した「ポテトヘッド・ブルース」のブレイクのアドリブから、ホーギーが引用したメロディーだ。

サッチモ…ヤング・アンド・オールド

　私がサッチモの若き日のプレイに出会ったのは高校のブラスバンド時代。油井正一さんの実に楽しい本、『ジャズの歴史』でジャズ史に残る名演奏の数々、特にルイ・アームストロングの「ウェスト・エンド・ブルース」を知った事だった。大学時代、ニューオリンズ・ジャズクラブでも若き日のサッチモに傾倒し、結婚後、夫婦でルイの故郷ニューオリンズへ。1994 年に日本ルイ・アームストロング協会を始めてからも、ルイの一生を演奏でたどる企画に何度も挑戦し、こうした企画を通じて"ヤング・サッチモ"のトランペット奏法が、いかに完成度が高く、日々新しい独創的な音楽を生みだしていたかを改めて再認識させられた。また逆に"ヤング・サッチモ"の偉業を知れば知るほど、後年の円熟し、より精神的な崇高さをも感じさせる"オールド・サッチモ"の世界に、年と共により驚きを感じる様にもなっている。

〔サッチモの定番ベスト 35〕で選んだ 13 曲目、ルイが 1956 年サイ・オリバー楽団と録音した『サッチモ音楽自叙伝』の「君微笑めば（ホエン・ユー・アー・スマイリング）」は、1928 年のオリジナル録音の再演で、オリジナル、再演ともに最終コーラスは高音のトランペット・ソロで終わっている。ルイ研究の第一人者、ジャズ評論家ゲイリー・ギディンスとスタンレー・クラウチが後年のサッチモのこのソロを取り上げ、"この表現力は若き日のサッチモの表現力を大きく上回っている"と解説している。メロディーをストレートに、心から歌い上げるサッチモ。決して楽々と音を出しているとは言えない、渾身の力を込め絞り出すようにラッパから出てくる高音。ラッパを少し上向きにし、ハートの底から、天の神様に向かってラッパで歌い上げるサッチモの姿が目に浮かぶような名演だ。確かに、そこには若き日のエネルギーに満ちた独創的、革新的な巨人とはまた異なる、世界とあらゆる人々への愛に満ちあふれたオールド・サッチモの姿が浮かんでくる。

　Part1 でもふれたが、ルイ・アームストロングはインタビューの中でこう回想している。ニューオリンズで音楽家としてスタートを切った若き日、師匠のキング・オリバーやオールドタイマー達からこんな忠告を受けたというのだ。「メロディーを忘れてはいけないよ。メロディーをストレートに吹いてスイングさせられれば、それが一番さ…」

　またサッチモは、別のインタビューで"ヤング・サッチモ"時代の革新的なアイデアの源泉についても、こう回想している。「"ホット 5"や"ホット 7"で私たちがやったこと、全ては、私が少年時代ニューオリンズで聴いた、キング・オリバーや多くのジャズのパイオニア達の演奏がインスピレーションだったのさ」と。

　若き日のサッチモの革新エネルギーの源泉は、ニューオリンズだった。そして、年をとり深みを増して行くオールド・サッチモの成熟した表現の源泉も、『メロディーを忘れてはいけないよ』というニューオリンズのオールドタイマー達の忠告だったのだ。ニューオリンズびいきの私たちとしては、心から誇らしい気持ちになる言葉である。

　1930 年代、40 年代、50 年代と年代がすすむに連れ、サッチモの音楽は新しい世界観を持つようになっていった。それは、革新と言う若々しさの代名詞のようなエネルギーが、別のより完成された音楽の世界へ向かうエネルギーに変化していった課程だったように感じる。サッチモの音楽は、より大きなスケールを持った

芸術へと変化し、世界中のより多くの人々に愛されるようになるのである。その表現力は成熟し、崇高さまでを感じさせ、テクニックや技巧を超越した“悟り”の芸術の域へと深みを増して行ったのだと思う。

　トランペッターのウィントン・マルサリスが語った、こんな言葉が忘れられない。「20年代のサッチモのプレイは素晴らしい。あのプレイは私にも再現することは可能だ。でも、後年のサッチモがトランペットで出す“ニュアンス”。バンドテーマになっている「南部の夕暮れ」や「明るい表通り」で見せるあのメロディーの吹き方のニュアンス！あの世界は私には真似ることが出来ない」

Chapter3　サッチモの CD 情報

　最後に日本で買えるサッチモの CD 情報をお知らせしよう。

　日本の『ユニバーサル・ミュージック・ジャパン』、『ソニー・ミュージック・エンターテインメント』、『オーディオ・パーク』のルイ・アームストロング…のカタログ（絶版の場合もあります）で、ルイの 50 年のかなりの部分をカバーでき、全国レコード店、amazon、ディスクユニオン、タワーレコード、TSUTAYA、HMV、新星堂等で購入したり注文することができる。ただし、CD の形ではなく、ダウンロードのみの場合もある。amazon 等の海外からの盤は、まだ豊富に出回っている。

ルイが少年院で初めて吹いたコルネットとルイのニューオリンズでの葬儀の花輪
Courtesy of the New Orleans Jazz Museum

【ユニバーサル・ミュージック・ジャパン】

　デッカ時代、Verve 時代、Kapp の『ハロー・ドーリー』のオリジナル LP の再発、ワット・ア・ワンダフルワールドとかなり広い範囲をカバーしている。SHM はスーパー・ハイ・マテリアル仕様の CD。

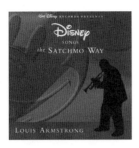

UWCD-8203
ルイ・アームストロング /
ディズニー・ソングス・ザ・サッ
チモ・ウェイ【CD】

B002751802
ルイ・アームストロング /
Pops Is Tops: The Verve
Studio Albums【CD】4 枚組

UCCU-3187
ルイ・アームストロング /
この素晴らしき世界~ルイ・
アームストロング・ベスト【CD】

UCCV-3060/1
ルイ・アームストロング /
サッチモ・アット・シンフォ
ニー・ホール【CD】【SHM-CD】
2 枚組

UCCV-3063
ルイ・アームストロング /
エラ・アンド・ルイ・アゲイン
【CD】【SHM-CD】

UCCV-3065
ルイ・アームストロング /
サッチモ・オールスターズ
1950【CD】【SHM-CD】

UCCV-3066
ルイ・アームストロング /
ルイと天使たち【CD】
【SHM-CD】

UCCV-3067
ルイ・アームストロング /
ルイと聖書【CD】【SHM-CD】

UCCV-3068
ルイ・アームストロング /
サッチモ・シングス【CD】
【SHM-CD】

UCCV-3069
ルイ・アームストロング /
アンダー・ザ・スターズ +8
【CD】【SHM-CD】

UCCV-3070
ルイ・アームストロング /
アイヴ・ガッタ・ザ・ワールド・
オン・ア・ストリングス +8
【CD】【SHM-CD】

UCCV-4134
ルイ・アームストロング /
ベスト・オブ・ルイ・アーム
ストロング【CD】【SHM-CD】

UCCU-5756
ルイ・アームストロング /
この素晴らしき世界【CD】
【SHM-CD】

UCCU-5791
ルイ・アームストロング /
ハロー・ドーリー！【CD】
【SHM-CD】

【オーディオ・パーク】

　東京のオーディオ・パーク社から SP 盤を復刻した、1920 年代、30 年代のサッ
チモを中心に、瀬川昌久先生のご監修で、CD シリーズが発売されている。

ルイ・アームストロング
デビューから人気者へ 1923
～ 1936
APCD6069

ルイ・アームストロング
ホット・ファイブとセブン
1925 ～ 1928
APCD6070

他にも、シリーズが出ているので、
カタログ等でご確認いただきたい。

● ルイ・アームストロング
スタンダード・ナンバーを唄う
1929 ～ 1939
APCD6071

● ルイ・アームストロング
デッカ・オーケストラ・セッショ
ンズ 1936 ～ 1947
APCD6072

【ソニー・ミュージック・エンターテインメント】

　ネット検索で出る盤の多くが生産終了になっているが、amazon 等で、ジャケット・デザインを参考に海外盤を入手可能な場合もある。

SICP-4055
ザ・ベスト・オブ・ザ・ホット
5・アンド・ホット7・レコーディ
ングス
JAZZ COLLECTION 1000

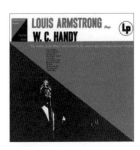

SICP-30231
プレイズ・W.C. ハンディ
【Blu-spec CD2】
【ソニー・ジャズ名盤 100 選】
Legacy Recordings Jazz 編

SICP-4251
サッチ・プレイズ・ファッツ
+11
JAZZ COLLECTION 1000

SICP-4252
アンバサダー・サッチ +3
JAZZ COLLECTION 1000

【外山喜雄、恵子　デキシーセインツの CD】

NOLA1902
サッチモとデキシーセインツ
の楽しい仲間達
外山喜雄とデキシーセインツ

NOLA1903
今晩は Everybody One
Night Live with 外山喜雄・
恵子 Dixie Saints
外山喜雄とデキシーセインツ

NOLA1904
バディー・ボールデンズ・ブルー
ス " ジャズは俺が創った " と
いった男　ジャズの創始者ジェ
リーロール・モートンの世界
外山喜雄とデキシーセインツ

NOLA1401
Keiko's New Orleans Spirit
バンジョー＆ピアノ
1st リーダー・アルバム
外山恵子

NOLA2105
デキシー・マジック・ビビデ
バビデブー AGAIN
『日本のサッチモ』のディズ
ニーアルバム！
外山喜雄とデキシーセインツ

コロムビア
What a Wonderful World
ダウンロード
外山喜雄

ディズニー・ベスト（ダウンロード）
ジッパ・ディー・ドゥー・ダー
外山喜雄＆東京混声ディズニー合唱団

　ニューオリンズ修業時代から 2000 年ぐら
いまで、多くの音源が米国ジャズオロジー社
から出ている。Jazzology toyama でご覧くだ
さい。ご注文は、日本ルイ・アームストロン
グ協会にご連絡で入手可能な盤もあります。

E-mail: saints@js9.so-net.ne.jp

Tel: 047-351-4464

【音楽ストリーミング】

　アマゾン・ミュージック・アンリミテッド等、音楽ストリーミングでもお楽しみ
下さい！ニューオリンズ時代ほか、若き日のCD音源です！　★ "amazon music
yoshio toyama" 等

【外山喜雄・恵子の本】

　全国の書店、ネット、外山喜雄、恵子、冬青社までご連絡で入手可能です。

ニューオリンズ行進曲
ジャズ武者修行 1968 ～
1973　エッセー集
by 外山喜雄 and 外山恵子
冬青社 2002 年

〔写真集〕聖地ニューオリンズ
聖者ルイ・アームストロング
私達の想い出 ジャズとサッチモ
の故郷 1968 ～ 1973
by 外山喜雄 and 外山恵子
冬青社 2008 年

Part 5 ♪

ルイ・アームストロングの映像

1938 年 映画「Going Places」より
Courtesy of the New Orleans Jazz Museum

Chapter1　映画スター　サッチモ 1932 ～ 1971

　私達の青春時代、ハリウッド映画、フランス映画、イタリア映画、そして日本映画の名作も数々登場、映画スターには"銀幕の"という形容詞がよく似合った時代だった。大きな映画館で大勢の人々が一緒に映画を見て楽しむという、私達の時代が経験した映画全盛時代は様変わり、"銀幕の"は死語となり、いまやパソコンやスマホの画面でネットを通じて、またDVDやダウンロード、シネマ・コンプレックスの小規模スクリーンで観る時代。現代の若者にとってサッチモは'ジャズ・トランペッター'、また'この素晴らしき世界'のサッチモ、と言う印象オンリーかもしれないが、私たちの世代にとっては"銀幕の人気者"としてのルイ・アームストロングの存在感も忘れることができない。

　銀幕は想い出となったが、ネットの時代、検索が信じられないほど容易になり、大変気楽に"サッチモの動画"にアクセスできる便利この上ない時代でもある！ネットをやられない方には申し訳ないが〔ルイ・アームストロングの映像〕がテーマのこの章では、ネットで見る、聞ける、ルイにアクセスする"キーワード"も合わせてご案内していきたいと思う。基本的には、「映画タイトル＋ armstrong」また「映画タイトル＋ armstrong ＋曲名」で、google 等で簡単にたどり着けると思う。

　ところで、サッチモの'ショー・ビジネス初舞台'はいつだったろうか？最近、ネットで驚きの情報が見つかっている。1913 年 11 月、ニューオリンズのクレッセント劇場で『White Slave（白人奴隷）』という芝居が上演された。その中に、当時サッチモがいた少年院「ウェイフス・ホーム」のブラスバンドが出演、芝居のハイライトになったとの記事がニューオリンズの新聞記事で見つかったのだ。ルイの名前は出てこないが、ルイはその年 5 月に少年院バンドのリーダーになった。どうやら 12 歳にしてルイは初舞台を経験していたようだ！！！"これはサッチモの初めての『仕事（ギグ）』だ！！！"と騒がれている。因みにこの出演のギャラで、少年院のバンドはユニフォームを新調したという。

　サッチモの映画初登場は、1930 年『Ex-Flame』という映画に出演したらしいのだが、残念ながらフィルムは発見されていない。

　映画の技術が登場したのは 1890 年代のことだ。1900 年代初頭になると無声

映画の人気が出はじめ、間もなくチャップリンや往年の無声映画の大スターが登場、大人気となった。"音の出る映画"『トーキー』になったのは 1920 年代後半からで、アメリカで短編が作られ始めた。長編の音付き映画としては、1927 年歌手アル・ジョルソンが主演した『ジャズ・シンガー』が最初とされる。でも、この映画は全編音が入っているわけではなく、ジョルソンが「マイ・マミー」や「ブルースカイ」を歌う場面のみが"音付き"で、パート・トーキーと呼ばれる。…『ジャズ・シンガー』と言っても、音楽はジャズではない。当時はポピュラー音楽が皆"ジャズ"と呼ばれるほど、ジャズという言葉が斬新だったという事だ！

　全編トーキー映画の最初はウォルト・ディズニーが 1928 年に作った短編、ミッキーマウスとミニーマウスのデビュー作『蒸気船ウィリー』(7分)。そして、この翌年 1929 年には早くもジャズの巨匠二人が主演短編映画（約 10 分）に登場する。"ブルースの女帝"と呼ばれたベッシー・スミス主演の『セントルイス・ブルース (St Louis Blues)』と、デューク・エリントン主演の『黒と茶の幻想曲 (Black and Tan Fantasy)』だ。

　現存するフィルムで、サッチモが初めてスクリーンに登場するのは、サッチモ・ストーリーでも触れたが 1932 年の短編 2 本。"ベティーちゃん"の漫画映画『I'll be Glad When You're Dead You Rascal You』にアニメと実写で登場。ベティーの仲間、ビンボーたちを空から追いかける巨人の顔のアップが、漫画になったりサッチモになったり、面白いアニメだ。★ "betty boop rascal" で検索すると出てくる。同年、もう 1 本実写の『黒とブルーの狂騒曲 (A Rhapsody in Black and Blue)』がある。黒人をある意味、笑いの種にした 10 分ほどのミュージカル・コメディーで、サッチモは、いわゆる"アフリカ先住民"扱いで登場する。そんなシチュエーションでも目いっぱい楽しみ、後年のモダンジャズの若手プレイヤーを思わせる、目の覚めるような斬新なプレイをさく裂させ、そこにはすでに『上流社会』や『ハロー・ドーリー！』で世界の人気者になった"スター"の存在を見ることが出来る。

1932 年　豹の皮を着たサッチモ

また、当時のルイの映像としては1933年10月、2度目のヨーロッパ旅行中、デンマークの映画に出演した映像が残っている。オペラハウスのような劇場で、現地で集めた白人黒人混合のバンドをバックに、「ダイナ」他3曲を演奏した、当時の彼のステージが手に取るようにわかるレアな映像だ。★ グーグルで "dinah armstrong copenhagen" 全編3曲の入った動画もヒットする。

初のハリウッド・デビュー
1936年　大スター　ビング・クロスビーと共演

　その後のサッチモの映画界での大活躍は、1936年に始まる。ルイは映画の都ハリウッドに呼ばれ、映画『ペニーズ・フロム・ヘブン』で大スター、ビング・クロスビーと共演するという、まさにメジャー・デビューを果たしたのだ。オープニングのタイトルにもルイの名前が登場、タイトルバックに流れる主題歌も女優でシンガーのフランセス・ラングフォードに続き、ルイ、ビング・クロスビーの順で、名曲「ペニーズ・フロム・ヘブン」をメドレー、ハリウッド初登場にしてすでにメジャー・デビューの存在感を見せて

1936年　映画「ペニーズ・フロム・ヘブン」より

いる！！この映画の中で、サッチモが骸骨と踊るシーン、「Skelton in the Closet」が楽しい！★ "skelton pennies Armstrong"

　その後ほぼ毎年映画出演は続き、1938年映画『ゴーイング・プレイセズ』で歌った「ジーパス・クリーパス」は、早くも39年第11回アカデミー音楽賞候補の曲になるという快挙！黒人差別の多かった1930年代には大変なことだと思う。サッチモはまだ30代半ばである。

　受賞がらみの映画としては、だいぶ後の時代となるが『グレン・ミラー物語』が1955年アカデミー賞音響賞、1956年の出演、サッチモが舞台回しの大役を果たした映画『上流社会』も1957年アカデミー賞音楽賞ほかにノミネート、1961年『パリの旅愁』では共演したデューク・エリントンがアカデミー賞編曲賞作曲賞

候補となった。1970年には『ハロー・ドーリー！』が3部門受賞等と、素晴らしい映画に出演をつづけた。

　日本の私達にもなじみの深いサッチモが活躍する映画としては、『上流社会』『グレン・ミラー物語』『五つの銅貨』が特に忘れられない。他にも、『パリの旅愁』『真夏の夜のジャズ』『サッチモは世界を廻る』と数えきれない。また、映画の主題歌だけを歌った映画もある。あまり知られていないが、1969年『女王陛下の007』の主題歌のみを英国で録音した「We Have All The Time In The World」は、いわば知られざるサッチモのヒットである。

Chapter2　サッチモの出演した映画　リスト

Max Jones & Joh Chilton 著『Louis』より　　1971 ロンドン

1930　Ex-Flame（film 現存せず）

1932　A Rhapsody in Black and Blue

1932　ベティーちゃんの漫画映画
　　　 I'll Be Glad When You're Dead You Rascal You
　　　（邦題：ベティーの蛮地探検）

1932年　ベティーちゃんの漫画映画より

1934　Copenhagen Kalundborg (Kobenhavn, Kalundborg og - ?)
　　　 デンマーク映画

1936　Pennies From Heaven（邦題：黄金の雨）

1937　Everyday's a Holiday

1937　Artists and Models（邦題：画家とモデル）

1938　Doctor Rhythm（出演場面はカットされた）

1938　Going Places

1942　出征した兵士たちが楽しめるよう開発された
　　　 ジュークボックスのようなのぞき映画
　　　 Shine, Swingin' on Nothin', Sleepy Time Down South,
　　　 I'll be Glad When You're Dead You Rascal You

1932年　ベティーちゃんの漫画映画より

1943　Cabin in the Sky

1944	Atlantic City
1945	Jam Session
1945	Pillow to Post
1947	New Orleans
1948	A Song is Born（邦題：ヒット・パレード）
1949	La Botta e Riposta　イタリア映画
1951	The Strip
1951	Here Comes the Groom
1952	The Glory Alley
1953	The Glenn Miller Story（邦題：グレン・ミラー物語）
1956	High Society（邦題：上流社会）
1957	Satchmo the Great（邦題：サッチモは世界を廻る）
1959	Jazz on a Summer's Day（邦題：真夏の夜のジャズ）
1959	The Beat Generation
1959	Kaerlibhedens Melodi（The Formula of Love）デンマーク映画
1959	The Five Pennies（邦題：五つの銅貨）
1960	La Paloma　ドイツ映画
1960	The Night Before the Premiere　ドイツ映画
1960	Auf Wiedersehen　ドイツ映画
1961	Paris Blues（邦題：パリの旅愁）
1962	Disneyland After Dark（邦題：夜のディズニーランド）
1965	Where the Boys Meet the Girls
1966	A Man Called Adam
1969	Hello Dolly

1947 年
映画「ニューオリンズ」より
Courtesy of the New Orleans Jazz Museum

1953 年　映画『グレン・ミラー物語』

1956 年　映画『上流社会』

最近のネット時代、この上記映画タイトルと、louis armstrong と入れると、画像を見る事ができることが多い！

（例：paris blues armstrong youtube）

1959 年　映画『五つの銅貨』より

Chapter3　新登場テレビの時代

♪ 時には母のない子のように ♪ スタジオは皆泣いていた

　50年代から60年代、日本では"銀幕"の中で会うことが出来たサッチモ。しかしアメリカでは1950年代、全く新しい形のメディアが登場し、お茶の間の人気となっていった。テレビ時代の幕開けである。目の前のブラウン管に映し出される音楽やコメディー、芝居、ニュースなどに全米の人々が釘付けになった。ジャズのライブ・ショーが放送されることも多く、ジャズ・ミュージシャンたちは、短い放送時間と全国に放送される緊張感から、やる気満々のプレイを展開した！

　白黒テレビ時代も、カラーになってからも、サッチモは多くの番組に出演、最近さまざまな珍しい映像が発掘されている。テレビ放送の初期、ビデオ保存の技術はなかったが、テレビ画面をフィルムで撮影して保存する『キネコ』の映像が残っている。

　テレビで元旦と言えば、かつて日本でも大スター達による華やかな顔見世音楽を放映していた時代があった。アメリカも同じだったようで、初期の映像では1952年1月1日フランク・シナトラのショーにサッチモがゲスト出演していたりする。

1957年　ルイとフランク・シナトラ

★ グーグル検索 "sinatra armstrong confessin"

　1960年1月1日にも、NBCテレビで人気だった、電話会社提供の『ベル・テレフォン・アワー』に出演、10分近くの「サッチモ・コーナー」が放映されている。サッチモは、お正月顔見世スターの一人だったのだ！この1960年元旦の『ベル・テレフォン・アワー』ではこんな話が伝わっている。

　演奏されたのは「明るい表通りで」「レイジー・リバー」「時には母のない子のように」「マスクラット・ランブル」と続くメドレー。この中で3曲目に演奏された「時には母のない子のように (Sometimes I Feel Like a Motherless Child)」の演奏は、本当に素晴らしい演奏だ。まるでオペラの中でルイが歌っているような、でも声を張り上げるOpera！ではなくて、黒人奴隷が母のいない悲しみを歌っているよう…しみじみとハートにしみる演奏。黒人として子供時代から苦労を重ねてきた

サッチモの人生そのままの切々たる感情が伝わってくる。演奏が終わった時には、スタジオの全員…ディレクターも、カメラマンも、大道具さんも、その場にいたすべての人たちが泣いていたという。

★ "armstrong 1960 bell" で Google 検索すれば、見る事ができるのでぜひご覧いただきたい！

　今は霞んでしまったアメリカ製大衆普及版の時計のタイメックス。かつてこの時計が、ガンガン CM を打ち、テレビで番組を提供していた1950年時代後半の映像がある。

★ "タイメックス・オールスター・ジャズショー（timex jazz show）" でググるとたくさん出てくる。

　どれをとっても、サッチモ、エリントン、ハンプトン、コールマン・ホーキンス、ロイ・エルドリッジ、ディジー・ガレスピー、ジョー・ジョーンズ、ジョージ・シアリング、ジェリー・マリガン…デキシー、スイング、モダンが入り混じって臨場感あふれる緊迫のジャズ合戦に火花を散らしている。

1957年　ルイとジャック・ティーガーデン
Courtesy of the New Orleans Jazz Museum

　そんな『タイメックス・オールスター・ジャズ・ショー』に、サッチモとトロンボーンのジャック・ティーガーデンのデュエットがある。息子とおじいさんの役回りで、掛け合いで歌う「ロッキン・チェアー（Rockin' Chair）」も素晴らしい。これは、

★ "timex rockin chair armstrong" でググってみてください！

　この後、テレビは白黒からカラーへと変貌、テレビ・ショーは益々盛んになり、サッチモは、ビング・クロスビー（Bing Crosby）、ディーン・マーチン（Dean Martin）、ダニー・ケイ（Danny Kaye）、パール・ベイリー（Pearl Bailey）等のショー、またニュース・ショーのエド・サリバン・ショー（Ed Sullivan Show）、デイビッド・フロスト・ショー（David Frost Show）等、その他、フォード自動車のエドセル・ショー（Edsel Show）…トヨタ自動車提供クラウン・ショーみたいなものですが…

他、かなりの出演場面を youtube で楽しむことができる。

　どの映像も、英語でググっていただければ…ただしスペルが違うと出ないのでご注意！

★ "danny kaye show armstrong youtube" とか

★ "pearl bailey show armstrong youtube" とかです。

　面白いのは、1965 年、スティーブ・アレン（映画『ベニー・グッドマン物語』でベニーを演じた）のショー、『I've Got a Secret』出演。日本でも昔、放送されていた人気番組『私の秘密』の元で、ルイが初めて少年院で吹いたコルネットを袋に隠して登場、最後に、ルイを教えた先生、ピーター・デイビスが登場、共演する！

★ "armstrong peter davis youtube" でググってください。ちょっと英語の会話が長いですが、英語の勉強にも！

　ルイが他界した 1971 年 7 月 6 日の半年前、病気がちで入退院を繰り返し体調がすぐれない中でも常にサッチモ精神は健在だった。亡くなるほんの 6 か月前、1 月 23 日には歌手パール・ベイリーのショーで、ビング・クロスビー、パール・ベイリー、そしてなんと、アンディー・ウィルアムスと共演、7 分近い複雑なメドレーを全員で歌っている。少し体重も回復し元気そうだが、曲のリハーサルも大変だっただろうと思うと、サッチモの気概に感激する映像だ。

　そして、この本の冒頭でもふれた、1971 年 2 月 10 日「ニューオリンズから来た少年＝ A Boy From New Orleans」を歌った番組。旧友ビング・クロスビーと、英国出身の TV キャスター、デイビッド・フロストのショーに出演したサッチモの貴重な姿も残されている。長年映画、ラジオ、テレビで共演してきたビングと、インタビュー席に座ったままでの「ブルーベリー・ヒル」の掛け合い。ビングがところどころ歌詞を覚えていないのも、ギャグにしてしまう。そして、サッチモが番組の最後に歌った曲が「ニューオリンズの少年」だった。

（余談）街の噂情報：映像のネット検索と言うと、確信はないがあっと驚くような発見もある。サッチモは、少年時代、5、6 歳から牛乳配達や石炭売りの馬車に

乗り家計を助けた。もう一つ彼がやっていたのが新聞売りだ。偶然1915年のニューオリンズの目抜き通り、キャナルストリートで撮影された当時の無声映像が見つかり、そこに偶然新聞売り子が瞬間だが映っている。本当に一瞬だが、サッチモの14歳の姿では！！！と話題になっている。Googleで★ "satchmo 1915" と検索すると、この映像に関する記事が出てくる。本当に、動きもサッチモみたい…皆さんは、どう思われるだろうか。ほんとに、チラッとだが…笑。　先入観のせいか、とてもショー的な身のこなしに見える！やはりサッチモには、舞台で、また映画界で活躍する素養が、子供時代からあったと思えてならない。

Chapter4　ネット de 聞こう、見よう、楽しもう

　ネットをやられる方がどのくらいいらっしゃるか…不明ですが、ネットで聞こう、見よう、楽しもう…情報です。Youtubeで無限ともいえる映像、音声が楽しめますよね。

特にレアなサッチモ映像
◆ 1967年ベトナムへ向かう兵士たちの前でのコンサート
「ワンダフルワールド」のベストの演奏を含む9分強です。
★ ワード検索 "louis armstrong fort hood"

◆ サッチモとレナード・バーンスタイン指揮　NYフィル
「セントルイス・ブルース」
★ ワード検索 "louis armstrong bernstein"

◆ サッチモとジャック・ティーガーデンの「ロッキン・チェアー」
★ ワード検索 "armstrong teagarden rockin chair"

Part4で特集した〔ルイ・アームストロングの名曲50〕も楽しめます。ルイ・アームストロング、サッチモ、日本語でも英語でも検索、それぞれ ★ "サッチモ　星に願いを" "サッチモ　明るい" "サッチモ　君微笑めば" 等で出てきますね。

私達のも"ワード検索"してみてくださいネ！

◇"デキシーひと筋50年"放送や新聞記事

◇"ワンダフルワールド　外山"

　　ニューオリンズのテレビ局　WWLモーニングショー

◇ニューヨーク　ジャズクラブ　バードランド出演

　　明るい表通りで　→ "sunnyside birdland toyama"

◇ニューヨーク・ビッグバンド

　　ビンス・ジオルダーノ・ナイトホークスと君微笑めば

　　→ "vince smiling toyama"

　　チャイナタウン・マイ・チャイナタウン→ "vince chinatown toyama"

◇横濱ジャズプロ　山下町パレード

　　→ "横浜ジャズ　外山"

◇NY ルイ・アームストロング・ハウス所蔵

　　1940年のサッチモ・ビッグバンド・オリジナル・アレンジ再現

　　I'm Confessin'　→ "toyama confessin"

　　南部の夕暮れ　→ "toyama sleepy time"

　　捧ぐるは愛のみ　→ "toyama but love"

◇外山喜雄とデキシーセインツ　2020年クリスマス　サッチモ・コンサート

　　→ "sunporo.jp"の「サッチモ・コンサート」をクリック

◇ジャズの故郷から、スウィング・ドルフィンズに楽器が届いた！

　　→ "ジャズの故郷から楽器"

◇ニューオリンズ　WWLテレビ　ドキュメンタリー 25分

　　ハリケーンと津波を乗り越え　日米交流

　　→ "tragedy to triumph bridge new orleans"

◇評論家小川隆夫さんのインタビュー記事　4回

　　証言でつづる日本のジャズ　外山喜雄　恵子

　　→ "証言　外山"

◇日本ルイ・アームストロング協会の活動

『ニューオリンズのリトルジャズメンたち』

　　→ youtube"日本ルイ・アームストロング協会の活動"

◇ 25 周年記念に制作した映像

『サッチモのメッセージの入ったワット・ア・ワンダフルワールドの映像』

ちょっと長いですが…

https://www.youtube.com/watch?v=f78hYKGfl0w&feature=youtu.be

Courtesy of Louis Armstrong House Museum

Part 6 ♪　　　　　　　　　　　　　外山恵子

ルイ・アームストロングの夢をつないで
サッチモがくれたネバーエンディング・ストーリー

Chapter1　銃に代えて楽器を　日本ルイ・アームストロング協会誕生

　私たちが日本にルイ・アームストロング協会（Wonderful World Jazz Foundation: WJF）を発足させたきっかけとなったのは、1989年テレビ東京の番組制作コーディネーターとしてニューオリンズとNYでの取材に同行した事でした。セコム提供でサッチモ特集のテレビ番組を作りたいというお話が、当時CMワールドの永島貞治さんからあり、NY、ニューオリンズ取材のコーディネーターをお願いされたのです。番組は、私たちの収集した16mmジャズフィルム・コレクションの映像をふんだんに使い、『サッチモ・クリスマス・コンサート〜サッチモこの素晴らしき世界』という1時間20分の大作となりました。ディレクターは現在も放送作家として大活躍されている田代裕さんが担当。ジャズ評論家の重鎮、油井正一さん、久保田二郎さん、大橋巨泉さんのお嬢様でジャズ歌手の大橋美加さんと主人もスタジオ出演、サッチモの映像にあふれ、途中のセコムのCMも全部『サッチモのバラ色の人生』と、今では信じられないような素敵な番組となって、1993年クリスマスイブの早朝に当たる12月23日深夜に放送されました。取材にあたり、ニューオリンズに本部があった、ルイ・アームストロング・ファウンデーション（LAF）をおたずねし、会長エディー・エドワーズさんに大変お世話になりました。

　しばらくしてエディー会長と永島さんから、ファウンデーションの日本支部を作ってはとご提案が届きました。いいお話とは思いましたが大変な責任もあり、東京ディズニーランドのレギュラー出演週5日と夜のジャズライブ、1992年からは、毎年アメリカのジャズ祭出演とニューオリンズを廻るツアーの募集も始めていて、それ以上余力があるかしばらく考えさせていただきました。当時ジャズで大変お世話になっていた広告代理店ご勤務のお二人、小林順さん（大阪のジャズ愛好家団体ODJC元会長、後に協会の理事）と山口義憲さん（大学のクラブの後輩で、後に協会の理事兼会報編集長）にご相談し、決断に時間がかかりましたが、1994年謹んでお引き受けすることにいたしました。著名ジャズ評論家並びにジャズ界の皆様にご協賛をお願いし、会員の皆様の募集は、私たちのバンドの長年のファンと一般のジャズファンの方々、サッチモファン、ニューオリンズ・ファンにお呼びかけをしLAF日本支部がスタートしたのは1994年7月6日(サッ

チモの23年目の命日）でした。しかしその後、活動が徐々に大きくなり、ニューヨークのサッチモハウス開館支援などへと支援対象が広がっていく中、支部として活動するのはいろいろと制約があることがわかり、独自に活動するため4年後の1998年日本ルイ・アームストロング協会（WJF）として独立することになりました。

活動の象徴

　1994年、日本ルイ・アームストロング協会の活動を始めた時、活動の目的はサッチモの音楽や映像を楽しむことはもちろんですが、何かルイ・アームストロングのスピリットを伝える、会の象徴となるような活動はないかと思いをめぐらしました。ある晩、サッチモが子供の頃に銃を発砲して少年院に入れられ、そこでコルネットに出会い比類なき才能の開花のきっかけとなった、このサッチモの体験がふと頭に浮かんできたのです。ちょうどアメリカで銃による事件が続発し、日本人留学生服部君がニューオリンズの近郊バトンルージュで射殺された事件が起こった数年後でもありました。銃の氾濫に悩むアメリカ、私達を優しく迎え入れジャズ修行をさせてくれたアメリカに、銃の発砲で少年院に入り楽器と出会い、偉大な生涯を送ったサッチモを想い出してもらいたい。そもそも当時、ニューオリンズではジャズ発祥の地を観光の目玉とし、街にはジャズがあふれているにもかかわらず、子供達の音楽教育はほったらかし、楽器が足りず、あっても壊れて使えなかったりといった状況で、20世紀のアメリカを代表するサッチモを生んだ街とは、とても思えない悲しい状況でした。併せて、サッチモは白人に媚びるアンクルトムだ、などと地元の風潮からも"忘れられた英雄"になりかけていたのです。

　私達のニューオリンズ・ジャズ修業の時代は、公民権運動が実を結び、黒人の人々にとってアメリカは何か大きな夢に満ちた国になり、未来への希望がいっぱいの時代でした。毎夜プリザベーション・ホールの通路の長椅子に座って聞いた老ミュージシャン達のジャズの音からも、新しい時代の幕開けと、未来への希望の叫びが聞こえてきていたような気がしました。しかしその後20年近く時がたつにつれ、ベトナム戦争で疲弊したアメリカの街には銃や麻薬が氾濫し、

私達の大切なニューオリンズは犯罪が増加したすさんだ
都市に変貌していました。黒人の人々の心には、以前と少
しも変わらない社会への怒りも生まれていたのです。サッ
チモの銅像が立つ「ルイ・アームストロング公園」で、海
外からの観光客が射殺されたり…アメリカで一、二を争
う危険な街になったこともありました。現在も小学校か
ら高校まで学校の入り口には、〔銃・麻薬持ち込み禁止〕
の道路標識のようなサインが必ず出ているのです。

2006年 ニューオリンズの学
校の入り口の「銃と麻薬持ち込
み禁止」サイン

サッチモの孫たちに楽器を！

　音楽大使として世界を廻ったサッチモのドキュメンタリー映画『サッチモは世界
を廻る』（1957）には、彼が祖先の故郷ガーナを訪問、小学校を訪問しトランペッ
トをプレゼントする場面があります。若い時にお世話になったアメリカと、サッチ
モとジャズの故郷ニューオリンズに恩返しがしたいと思っていた私達。そうだ、銃
や麻薬に囲まれて暮らさなければならないニューオリンズの子供達に楽器を贈ろ
う。サッチモが少年院でコルネットに出会い偉大な人生を歩んだように、日本か
ら贈られたトランペットで、第2、第3のサッチモが出てきてくれれば…。

　「皆さんの周りに使われない楽器はありませんか？小学校・中学校のブラスバン
ドで使ったけど、高学年になるにつれ進学のためにタンスの上に置かれてしまった
楽器はありませんか？」「そんな眠っている楽器を銃や麻薬に囲まれて暮らすジャ
ズの故郷の子供達"サッチモの孫たち"に贈りませんか！！」

　偉大なる国アメリカに、日本から中古の楽器を贈って果たして喜んでもらえるの
か、という疑問もありました。ニューオリンズのエディー会長に打診したところ、
楽器はいくらあっても足りないとのことでした。そこで私達は〔銃に代えて楽器を
（Horns For Guns）〕をスローガンに、日本で中古楽器集めをスタートさせたので
す。贈られてきたほとんどの楽器には、若い頃自分が使っていた大切な楽器、捨
てるに捨てられない大切な楽器をニューオリンズの子供達に吹いてもらえたら嬉し
い、という内容の手紙が添えられていました。贈ってくださった方々の想いがこもっ
た楽器が、海を渡ってニューオリンズに届くのです。そんな想いを少しご紹介しま
しょう。

北村道子さん（横浜市）からのお手紙

　新聞でニューオリンズの子供たちに楽器を贈る活動を知り、即座に主人が愛用していたトロンボーンを贈ろうと決意しました。大のジャズ（デキシー）好きだった主人は、2年前、癌のため他界しました。享年58歳でした。生前からニューオリンズへの想いは熱く、退職したら一度は行ってみたいと楽しみにしていましたのに、本当に残念でなりません。せめてトロンボーンだけでも行かせてやりたいと思います。そして当地の子供たちの役に立つならこんなに嬉しいことはありません。主人も喜んでくれるでしょう……。

　追伸：主人は高校でデキシーに会い、大学でデキシーバンドを結成、社会人になってからは、東京で2、3のバンドに入れてもらい楽しんでいました。二人の息子にサッチモ（幸茂・ゆきしげ）、ジョージ（丈二・たけじ）と名前をつけるほどでした。（注：ジャズの王様サッチモと、ニューオリンズ一のハートフルなクラリネット奏者、ジョージ・ルイス）。私はあちこちジャズ・コンサートに連れていってもらいました。早稲田のニューオリンズジャズクラブの演奏も何度か聴いています。こんなことを書いていると、若い頃が懐かしく思い出され、胸がときめきます。音楽って本当に素晴らしいものですね…。

秋山典子さん（堺市）からのお手紙

　前略　先日、日本ルイ・アームストロング協会の活動のことを新聞で知りました。ちょうどこの春、実家の引越があり、そこでこのトランペットをみつけました。私が小学校に入ったばかりの頃、母の一番下の弟（＝叔父）が、大学受験のため我が家にいたときによく吹いて聞かせてくれた、あのトランペットです。

　私は4歳のときに父を亡くしていて、当時、母と叔父と三人で暮らしていました。そのときの寂しい気持ちを忘れさせてくれた優しい叔父の形見です。その叔父も他界し、しばらく手元に置いていたのですが、奏でる者のいない楽器はとても寂しそうで……。この活動を知り、ぜひともこのトランペットの奏者をみつけていただきたいと思い、贈らせていただきます。古いもので手入れも行き届いておりませんが、よろしくお願いします。　かしこ

クリスマスに届いた楽器

　こうして日本支部が発足した翌月、一番最初に"銃に代えて楽器を"の趣旨と会の発足を大きく新聞で取り上げ発信して下さった私達のクラブの後輩で読売新聞の阪口忠義記者。続けて毎日新聞、早稲田学報、日本経済新聞、そしてのちに夕刊フジの大連載特集、朝日新聞、朝日イブニング・ニュース、ジャパン・タイムスなどの記事で取り上げていただいたおかげで、なんと、タンスの上に眠っていた楽器が次から次へと宅急便で我が家に届くようになりました。

　また、当時東京九段ライオンズクラブのアクティビティー委員長で、私達のジャズ仲間、アマチュアバンドの元ベーシスト室橋幸三郎さん（故人）のご尽力で1994年、クラブの30周年記念事業として特別に100万円のご寄付をいただけることになったのです！この資金をもとに、ジャズ仲間の故鵜沢緑郎さんが勤めていた楽器代理店「（株）グローバル」の故福田忠道元社長のご協力で、新品の楽器35点（トランペット、クラリネット、トロンボーン各10本とサキソフォーン5点）を、破格の値段でお世話していただき、楽器はテキサス州の代理店から現地に届ける段取りもつけていただきました。こうしてその年の1994年クリスマスには、中古の15点と新品の楽器35点が、エディーさんを通してスラムの子供達のための'ジャズ教育プログラム'にプレゼントされ、"サッチモの孫たち"の手に渡ったのです。

　その後、この運動を新聞でご覧になった有名ジャズコーラス・グループ「タイムファイブ」の勅使河原貞昭さん他、多くの善意の皆様方から楽器が次々と贈られてきましたが、大量の楽器を海外へ輸送するには莫大な費用がかかります。次の年のクリスマス・プレゼントの輸送は、会員で元丸紅（株）ご勤務だった故愛甲晃生さんが本社にかけあって下さり、ボランティアで輸送を引き受けてくださったのです。

日本通運のご協力

　翌年のクリスマスも、幸運なことに歌手ドリー・ベーカーさんのお友達、歌手のジョーン・シェパードさんがユナイテッド航空の社長さんと仲良しで、これもかけあっていただいて、ユナイテッド航空がボランティアで運んで下さいました。でも、こんな幸運はいつまでも続く事はありません。幸い私たちは1992年以降、ロスで開催されていたジャズ祭に出演するようになり、毎年9月、ジャズファンの皆さんをお誘いし"ロサンゼルス・クラシック・ジャズ祭とニューオリンズの旅"のジャ

1998年　ジャズ・ツアー参加の皆さんとスクールバスで楽器を届ける

ズツアーを主催し始めていたのです。ツアーご参加のお客様やバンドメンバーが手分けをしてプレゼントの楽器を運んだことも何度かありました。でも、これだけでは運べる楽器の数に限りがあります。それほど寄贈の楽器が我が家に届いていたのです。

　私達は、企業や会社からの協賛をいただけるよう営業に努めましたが、なかなか良い結果は得られませんでした。そんな中、困り果てていた私達に、まさに救世主があらわれたのです。私達のライブやコンサートによくお見えになる協会の会員森忠彦さんから、ご勤務されている会社と関係の深い日本通運の方を紹介していただきました。そして、1998年日本ルイ・アームストロング協会に組織が変わった年から、"楽器プレゼント－Horns For Guns（銃に代えて楽器を）"の活動に日通の協賛をいただけることになり、以来20年近くにわたり楽器の輸送を全面的に引き受けていただけるようになったのです。日本通運の船便に余裕のある時、楽器を積んでアメリカへ。陸路も同様に空きスペースを使ってニューオリンズまで運んでいただくというわけです。ほんとうに信じられないような、夢のようなことが実現しました。LAF日本支部としてスタートしてから4年目のことです。

　それ以来、毎年6月になるとペリカンのマークのトラックが我が家にやってきて、数時間をかけて一つ一つの楽器を実に丁寧に梱包、まさにプロフェッショナルの仕事に感動しました。偶然ですがペリカンは、ニューオリンズがあるルイジアナ州の"州の鳥"なのです！楽器は毎年ジャズ祭のツアーで私達がニューオリンズに着くタイミングで、ニューオリンズに届きました。最初は9月のロス〜ニューオリンズ・ツアー、2003年からは8月に開催される、サッチモの故

日本通運がニューオリンズへの楽器輸送を全面ご協力

ルイジアナ州の"州の鳥"と同じペリカン

丁寧な梱包作業

郷のジャズ祭"サッチモ・サマーフェスト"出演を兼ね、私達デキシーセインツのメンバーと'ジャズツアー・サッチモ心の旅'一行は、迎えのスクールバスに乗り、支援先の学校やジャズ教育のプログラムを訪問、日本通運のご厚意で到着した楽器の贈呈を続けてきました。ニューオリンズのサッチモ・ジャズ祭が終わるとニューヨークへ移動、サッチモの家「サッチモハウス」を皆さんと尋ね、そのあと"サッチモのお墓参り"に行くというのが毎年夏の恒例行事となりました。

ハリケーン・カトリーナ

　2005年には、嬉しいことに私達が活動のシンボルとして続けてきた"ニューオリンズのサッチモの孫たちへ楽器を"の運動が、当時ニューオリンズの日本総領事でいらっしゃった石川正紀様、坂戸勝様のご推薦で外務大臣表彰をいただけることとなり、サッチモの誕生日にあたる8月4日、ニューオリンズ総領事公邸で表彰式とパーティーが行われました。ツアーの皆様ほか、楽器贈呈先の関係者、現地の親しい友人

2005年　ニューオリンズの新聞でも話題に

やミュージシャン達、現地日本企業、ニューオリンズ市長室長、そしてサッチモ・サマーフェストでの講演にNYからやってこられた、大レコード・プロデューサーのジョージ・アバキアン氏、ジャズ評論家ダン・モーガンスタン氏まで。もちろん私達デキシーセインツとドラマー、ジミー・スミスさんの演奏もありほんとうに楽しい夢のようなひと時でした。

　しかし、その3週間後のことです。8月29日にカテゴリー5の超大型ハリケーン・カトリーナがニューオリンズを直撃、アメリカ史上最悪といわれる未曾有の被害をもたらしたのです。私達デキシーセインツはその時、ロスのジャズ祭出演のためロ

サンゼルスにいました。ホテルの部屋で1日中流れるテレビのニュースを見ていて、その壊滅的な被害にただもう息をのむばかりでした。親しい友人たちがニューオリンズから避難しながら、被害の状況などをメールで知らせてきます。「今ニュースを見たら、家の裏のキャナル（運河）の堤防が切れて、屋根の下まで街が水に浸かって…映像の中に自分の家の屋根を見つけました…」

　全ニューオリンズの80％が被害にあいましたが、一番被害が大きかった地域の一つが、私たちが支援していたカーバー高校がある 'Lower 9th Ward（第9区）' の地域で、最も貧しい黒人貧困層が住む、ニューオリンズで一番地盤が低い土地でした。つまり、お金のある人ほど洪水の被害を避けて、少しでも地盤の高いところに住むのです。私達日本からの一行は、そのわずか3週間前にこの高校を訪れて楽器贈呈をしたばかりだったのです。高校の建物は1階の天井まで水が押し寄せ、贈呈したばかりのすべての楽器も水没してしまいました…。ニューオリンズの人々はそれぞれシェルター（避難所）やアメリカ各地へと逃げ、街はゴーストタウンとなりました。ミュージシャンも同じで、日本の楽器で育ち始めていたカーバー高校期待の若手TBCブラスバンドのメンバー達は、ヒューストンのシェルターへ身を寄せ、貧しい多くのミュージシャンは全員近隣のシェルターへと避難せざるを得ませんでした。

緊急サッチモ祭 "ニューオリンズを救おう！"

　ハリケーンの被害が明らかになる中、ロスの私達は、協会理事小泉良夫さんの東京からのご提案をいただき、ジャズ祭の演奏の合間をぬって日本ルイ・アームストロング協会として〈ニューオリンズで被災したミュージシャン救援のための緊急提言〉をまとめ、会員の方々、全国のジャズファン、ジャズプレーヤーの皆様に向けてインターネットで協力のお願いを発信しました。その反響は想像をはるかに超えるもので、ロスから帰国すると、私達のニューオリンズ救援募金のもとへ続々と義援金や楽器が贈られてくるようになったのです。また、1981年から毎年夏に恒例で主催していた "サッチモ祭" を当時応援して下さっていた、サッポロビール社長故岩間辰志さんのご厚意も忘れることができません。10月10日に、ニューオリンズ支援チャリティー・コンサートを "緊急サッチモ祭" として、サッポロビールのエビスビール記念館銅釜広場で開催させてくださったのです。この緊急サッチ

モ祭には、100人を超えるアマチュア、プロのミュージシャンが駆けつけて演奏、そして3000人を超えるジャズファンが来場され、ニューオリンズに'聖者が"再び"やってくる日'を祈って、義援金を募金箱に入れてくださいました。その日だけで募金はなんと180万円になりました！

　この『サッチモ祭』というのは、サッチモ没後10年にあたった1981年、私達が呼びかけをし、大丸東京店の社内バンド「大丸ニューオリンズ・ジャズメン」のコルネット奏者だった故肥後崎英二さんのご尽力で、東京駅大丸の屋上ビアガーデンでスタートし、サッチモの誕生月とされていた、ニューオリンズの夏を思わせる7月に開催されていたジャズ祭です。ジャズを愛する多くのバンドとファンが一同に集う"東京ニューオリンズ・ジャズ・フェスティバル"として、その後、日本橋東急屋上、ヱビスビール記念館とお世話になり、2004年まで34年続いてきた人気イベントでした。

　"緊急サッチモ祭"が、日本初のニューオリンズ支援のコンサートとなり、テレビ、新聞等多くのメディアで取り上げていただいたおかげで、その後もご寄付は続き、私達のもとに届けられた義援金はトータル1300万円を超えました。ジャズの故郷ニューオリンズを心配するジャズ愛好者が、日本にこんなにたくさんいらしたのですね。『長いこと自分達を楽しませてくれているジャズ、その故郷で被災したミュージシャン達の少しでも助けになれば』とニューオリンズの復興を祈って、日本の各地から続々と温かいご支援が届いたのです。

　私達は、"日本ルイ・アームストロング協会"と言っても、単にサッチモとジャズの故郷ニューオリンズを愛し、ニューオリンズの子供達に楽器を贈ろうという活動を10年続けてきた、力もないジャズ愛好家の集まりでした。日本赤十字社やNHKなどのテレビ局とは、比べものにならない小さな規模のささやかなこの組織に、全国のジャズファンの方々が、ジャズの故郷で被災したミュージシャン達を助けたいという熱い思いを託してくださったのです。

　ニューオリンズでも支援の動きが始まりました。まず、プリザベーション・ホールが被災したミュージシャン救済のための基金〈ニューオリンズ・ミュージシャンズ・ハリケーン救済基金〉を創設、その他、いくつかのミュージシャン救済ファンドが立ち上がりました。その中にはニューヨークに住むニューオリンズ出身のトランペッ

ター、ウイントン・マルサリスが率いるリンカーン・センターの基金もありました。私達は、日本全国のジャズファンの皆様からお寄せいただいた、1300万円を超える心温まる義援金と多くの楽器を、こうした団体、そしてハリケーンで家や楽器をなくしたミュージシャンや学校に、直接お届けすることができたのです。

東日本大震災

　そしてハリケーン・カトリーナから6年後、突然、地震・津波・原発事故が日本を襲いました…東日本大震災です。実はその日その瞬間、浦安にある我が家（WJF事務局です）も液状化現象で大きく傾き、その後全壊と判定されたほどの被害にあいました。我が家のことを心配する間もなく、ニューオリンズからはすぐに激励のメール、電話が次々と入りました。「あなた方がニューオリンズに施してくれた善意を決して忘れていません。今度は私達があなた達を助ける番なのです」と、現地テレビでも伝えてくれていたと聞いています。

　そんな中「もし、津波で楽器をなくした子供達がいたら、あなた達がニューオリンズにして下さったように楽器を贈りたい…」というメールが、ジャズのライブハウスを運営するティピティナス・ファウンデーションから届きました。ご親切な申し出ですが、私達は少し困惑しました。この大災害の大混乱の現地に楽器を贈ってもらっても…でも、仙台で私達の活動に賛同され、2005年以来ニューオリンズ支援を続けてくださっていた佐々木孝夫さんからの情報で、津波で楽器も練習場も全てなくしてしまった気仙沼の中学生ジャズバンド「スウィング・ドルフィンズ」のことがわかりました。

　ティピティナスは、ニューオリンズで日本支援のコンサートを予定していましたが、開催は5月2日でした。実は、気仙沼では、市民の避難所となっていた体育館前の広場で、"定禅寺ストリート・ジャズ・フェスティバル"が被災者支援ジャズ・コンサートを4月24日に開催する計画を進めていました。そしてスウィング・ドルフィンズが、このコンサートに是非出演したいが、楽器も譜面台もないという事が佐々木さんを通じてわかったのです。ドルフィンズのメンバーの中には、この避難所で暮らす子供もいました。早速ニューオリンズに連絡すると、ティピティナスはこの出演に間に合うよう前倒しの寄付を送ってくださることになったのです。ただちに、

楽器をお世話いただいていた（株）グローバルの福田忠道社長に相談。14 点の楽器 180 万円を半額に、そして譜面台 20 台まで付けていただき、ジャズ祭に向けて練習も必要だろうと、大急ぎで手配してくださり 4 月 12 日にはドルフィンズの子供達の手に楽器が届いたのです。ジャズの街宇都宮からも、宇都宮ジャズの街委員会の吉原郷之典さんの手で、指導する「宇都宮ジュニアジャズ・オーケストラ」の使っていたドラムセットが届きました。大震災の発生からわずか 1 か月目のことでした。

ニューオリンズから届いた "恩返し" の楽器

　それから約 2 週間後の 4 月 24 日、避難所となっていた体育館の前での被災者支援ライブコンサートで、ドルフィンズの子供達は思いがけずも新しいピカピカの楽器で演奏することができ、大災害の悲しみも一瞬忘れて、とても楽しそうに笑顔がはじけていました。テレビカメラも数十台が並び、悲惨な状況の中の明るい出来事として全国的なニュースとなりました。この体育館の避難所で暮らす被災された観客の皆さまも、ドルフィンズの演奏する可愛いジャズと、子供達の復活の光景に涙を流している方が沢山いらっしゃいました。

　子供たちのお母様からは、こんなお手紙が後日届きました。
　「昨年は、娘たちが大変お世話になり本当にありがとうございました。3 月 11 日の震災で、自宅、自営の 2 店舗、そして私の実家が津波の被害を受け、片付けても、片付けても、片付け終わらない。これからどうしたら良いのだろう…という日々を送っていました。全国からの食物や衣類の支援物資がとてもありがたく、生きているのだから頑張らないと！！と必死に過ごしていました。まだまだ色々なことが混乱している中に届いた楽器の支援は、今思い出しても夢のような、本当に嬉しい出来事でした。そして学校よりも早くドルフィンズの活動が再び始まりました。楽器を手にした子供達の笑顔を見て、"震災と言う大変なことが起こったけれども、こんなにステキで嬉しいことだってあるんだ" と心がぱっと明るくなった気がしました。お客様の前で精一杯の演奏をした子供達の姿にパワーを感じ、気仙沼は必ず復興すると勇気をもらいました。おかげさまで前向きに一日一日一歩一歩進むことができました…。」

東日本大震災の津波で家も練習場も楽器も何もかもなくしたドルフィンズの子供達に、1か月という短い間にニューオリンズからの恩返しの楽器が届くまでには、ここには書ききれないもっと沢山の方々の善意の連係プレイがあったことは言うまでもありません。被災地を結んだ日米善意のリレーでした。

Chapter2　ニューオリンズと日本をつなぐ音楽の橋
子供達をニューオリンズへ！

　スウィング・ドルフィンズの子供達はそれまでニューオリンズなんて、たぶんご縁もなかったと思うのですが、この思いもかけなかった楽器プレゼントで、急にニューオリンズが子供達の身近な存在になったことでしょう。コンサートのあと、ニューオリンズから贈られた楽器を手にする子供達に「今日のドルフィンズの演奏はほんとに楽しかったわよ！あなた達、ニューオリンズに行ってみたい？」と何げなく聞くと「行きた〜〜い！」と口をそろえて大きな声で答えが返ってきたのです。子供達の目が一瞬キラリと輝いていました。「大きくなったら、きっと行けるわよ！」そう言ってドルフィンズの皆さんとお別れしました。

　でもその時、私達はいつかこの子供達に、楽器を贈ってくれたニューオリンズを見せてあげたい、ハリケーンと津波という大災害をともに体験した子供達を交流させてあげたいという、とんでもない夢が頭に浮かんだのを覚えています。そして私達はいつの間にか、その夢の実現に向かって走りはじめていました。

　このドルフィンズの復活を、英字新聞『ジャパン・タイムズ』の川島健記者が、2012年3月8日に「Torn apart by Disaster, Bound by Jazz(災害で引き裂かれ、ジャズで結ばれた)」と言う全面の大きな記事にして下さり、この英語の記事がきっかけとなり、日米両方からのご協力の道が開けてくるようになりました。半年後、私達が夢に描いた子供達の日米交流相互訪問は、私達日本ルイ・アームストロング協会と、国際交流基金、アメリカ大使館、ニューオリンズのティピティナス財団、そして仙台の佐々木孝夫さんのご協力で、本当に夢のように実現したのです！

　まず2012年、ニューオリンズからウィルバート・ローリンズ先生率いる高校生バンド「オー・ペリー・ウォーカーズ・チョーズン・ワンズ」8名と、ティピティナス

から著名なアルトサックス奏者ドナルド・ハリソンさんが指導する「インターンバンド」8名、関係スタッフを入れると総勢21名の一行が来日しました。一行は、被災地の気仙沼、石巻、仙台などを訪れ、夢のような"ジャズと愛の日米交流"が実現。このツアーには、ニューオリンズのテレビ局 WWL の人気キャスター、エリック・ポールセンさんが同行し、全行程を取材報道していただけました。この方は私達を何度も番組に呼んでくださり、WJF の活動を取り上げてくださった方です。(この日本訪問のドキュメンタリー番組は★ google 検索 "tragedy to triumph bridge new orleans" で視聴できます)

　そしてこの夢の交流から1年後、今度は気仙沼のスウィング・ドルフィンズのニューオリンズ訪問が実現しました。中学生 18 名。そして長年この驚異的な子供たちのジャズバンドを指導してこられた、須藤丈市先生(大震災でご本人も大被害を受けられました)と奥様他、関係スタッフ4名の総勢22名の大所帯でした。ニューオリンズではテレビ局 WWL が、ポールセンさんの編集した『悲劇から勝利へ…ニューオリンズと日本をつなぐ音楽の橋 (Tragedy to Triumph: The Musical Bridge Between New Orleans and Japan)』という 30 分のドキュメンタリー映像を前もってくり返し放映していたとのことで、ドルフィンズはもう超有名、大歓迎を受けました。

　サッチモ・サマーフェストのステージで熱演する中学生のドルフィンズ、それはもう大うけでした。一行はその後、現地の学校を訪問、WWL テレビでの演奏、

2013 年 8 月　スウィング・ドルフィンズ　サッチモの銅像の建つルイ・アームストロング公園で

そして近郊へのミニ観光旅行。最初はカルチャーショックもあってかおとなしくしていた中学生の皆さんも、学校での交流では同じ年頃の生徒さん達につられて、いつの間にかキャッキャと元気に弾けていました。震災のつらい悲しい思いや、不自由な避難生活を少しの間忘れることができたひ

と時だったのではないかと思います。

ルース大使のツイッター

　話は大震災の年にもどりますが、楽
器が気仙沼のドルフィンズの手に届い
た日、ビデオメッセージで「ニューオ
リンズの皆さん、ありがとうございま
した〜！」と元気な声でお礼をいった
子供達の感謝のメッセージが、天国の
サッチモにも届いたのでしょうか。そ
の後の展開は、あたかもサッチモが天
国でいたずらをしていたかのようでし
た。私達があっけに取られている間に、

2013年8月　スウィング・ドルフィンズ　ニューオリンズ・
ルイ・アームストロング国際空港到着

まるで魔法のように扉が開かれてゆくのです。（★　グーグル検索“ジャズの故郷か
ら楽器”で子供たちの言葉をご覧ください！）
　ニューオリンズの子供たちの東北慰問、そしてスウィング・ドルフィンズのニュー
オリンズ訪問という夢の実現は、次のような経過で現実となったのです。

　あの気仙沼体育館前でドルフィンズの可愛いジャズが復活した日、当時の
ジョン・V・ルース駐日アメリカ大使が、この2011年のスウィング・ドルフィ
ンズの復活をツイッターで祝福し、これがきっかけとなってアメリカ大使館の
TOMODACHIイニシアティブの交流プログラムご担当の八巻理恵さんとお話を
する機会がありました。元ニューオリンズ総領事でいらっしゃった坂戸勝さんか
らは国際交流基金アメリカチームの諏佐由有子さん、松本健志さんをご紹介い
ただきました。ジャパン・タイムスの記事をご覧になった、ニューオリンズの有名
ライブハウスの「ティピティナス」のオーナーで、同財団代表の故ローランド・フォン・
カーナトフスキーさんとスタッフのキム・カットナーさんの大きな貢献も忘れられ
ません。こうして2012年、2013年の夢のような子供達の交流が実現へとつな
がったのです。私達WJFも頑張りましたが、日米たくさんの機関と善意の人々
のつながりの中で奇跡が起こったとしか思えません。

我が家も液状化で大被害

2011年8月　手首を骨折して2か月　ギプスで元気いっぱいの外
山恵子　「サッチモ・サマーフェスト」ジャズ祭で
© Alfonso Bresciani

　実は、この頃、浦安の我が家が地震で家が傾き全壊にあたる被害を受け、加えてもう一つの不運にも見舞われました。津波で被害を受けた多賀城の小学生！の驚くべきジャズバンド「ブライト・キッズ」にもティピティナスから寄付を頂けることとなり、震災の3か月後、2011年6月に楽器をお届けにいった時の事です。私は、多賀城の小学校に着くなり、入り口のバリアフリーのスロープで滑って転んで右の手首を骨折してしまったのです。ピアノを弾くにもバンジョーを引くにも大切な手首…でも、日本とニューオリンズの子供たちを結ぶ奇跡のような出来事が続き、興奮していたせいか治りも早く、1か月後の "サッチモ祭" そして、8月初めのニューオリンズ "サッチモ・サマーフェスト" では、もう気を付けながらもギプスをはめ楽器を演奏していました。今思うと、奇跡はこんなところにも起こっていたのです！

ジャズは "プアーマンズ・ミュージック" なんですよ

　1994年から続けてきたニューオリンズへの楽器贈呈では、いろいろ忘れえぬ出会いがありました。

　1997年、トレメ地区のフェアレス・タイガーズ・カルチャー＆アート・センターのケビン・スミスさんから連絡がありました。トレメ地区はルイ・アームストロング公園の裏手にある、ちょっとコワイ、暗くなったら歩けない黒人居住地域。でもこの地域は多くのミュージシャンを生み出している地域でもあるのです。空手の元チャンピオンのケビンさんは子供達に空手とともに黒人ダンスやアートを教え、スラムの少年非行問題に取り組んでいました。ちょうどタイガーズの "トレメ・ジャズプログラム" を始めたいと思っていたところで、ぜひ楽器が欲しいとのことでした。ここへは4回、ジャズツアーにご参加の皆様と訪れ、楽器を贈呈し、子供達の空手やダンスを披露してもらったり楽しい交流をしました。ある時、私はケビンに

「ニューオリンズはジャズの、そして
サッチモの生まれ故郷なのに、ま
た素晴らしい子供達の才能がそこ
ら中たくさんあるのに、どうして市
はジャズと音楽の教育に力を入れ
ないのでしょう？」と尋ねてみまし
た。その時、隣にいたダンスと詩
の先生、キャシーさんがこうコメン
トしたのを忘れられません。

2001年　フェアレス・タイガースの子供たちと

　「でもね、ミセス・トヤマ。貧困の中でジャズは生まれたのですよ。本当に心を
打つ音楽は貧困が生む“ブロークン・ハート”から生まれるのです。昔からそうで
した、ルイ・アームストロングを見て下さい。ジャズは“プアーマンズ・ミュージック”
なんですよ。本当に心に響く音楽は、そうした苦悩をたくさん経験した人々の音
楽なのです」

サッチモ空港に演奏で出迎えてくれる子供達

　彼らに楽器を贈った翌年から、フェアレス・タイガーズの子供たちのバンドが、
ルイ・アームストロング・ニューオリンズ国際空港に到着する日本からのツアーを、
演奏で歓迎しに来てくれるようになりました。ゲートを出ると、私達日本ルイ・アー
ムストロング協会名（WONDERFULL WORLD JAZZ FOUNDATION）とロゴ
を大きくデザインした横断幕を持ち、子供たちが「バーボン・ストリート・パレード」
の演奏で迎えてくれます。おチビさんたちの立派なニューオリンズのビートに、感
激したものです。私達も楽器を取り出して一緒に演奏行進！ダンスの子供たちが、
パレードで踊られるダンス“セカンド・ライン”を華麗なステップで踊りだし、ツ
アーのお客様もつられてニューオリンズ式に傘をかざして踊りだし、空港が時なら
ぬジャズ・フェスティバルになりました！そして、手荷物引取所に到着すると、歓迎
の人々と子供たち全員から「ジャパン、ジャパン、ジャパン」「ワンダフル・ワール
ド、ワンダフル・ワールド、ワンダフル・ワールド」のシプレヒコールが巻き起こり
ました…。一生忘れられない光景でした。（この空港での場面は、★ 検索“サッ
チモの孫達へ楽器”でご覧いただけます）

このフェアレス・タイガーズのケビンさんとの出会いは、天国のサッチモが導いているように、その次のステップの門を開いてくれました。ケビンさんが手配して下さり、2001年ニューオリンズのテレビ局WWLの人気番組、エリック・ポールセン・モーニング・ショーに呼んでいただいた時のことです。デキシーセインツの生演奏と共に、私達の活動についてお話しすると、エリックさんは活動に大いに共感して下さり、その10年後、ニューオリンズの高校生たちの東北被災地慰問の同行取材につながったのです。

　もうひとつ、サッチモのお導きがありました。このモーニングショーに出演の最中、テレビ局にカーバー高校のローリンズ先生から、ぜひ楽器を下さいという電話が入り、後日私達のもとにローリンズ先生からの熱い熱いお手紙が届いたのです。

カーバー高校のウィルバート・ローリンズ先生

TBCブラスバンドの青年たちと　2008年

　ローリンズ先生のいる9th Ward（第9区）にあるG.W.カーバー高校を楽器贈呈ではじめて訪れたのは、2003年の夏でした。学校がある地区は黒人の中でも最貧困層が住む地域で、片親や生活保護者用のプロジェクトと呼ばれるアパートに住む子供達などが通う高校でした。先生方、生徒、それに父兄など50人ほどで迎えて下さり、贈呈式ではバンドの演奏も披露して下さいました。ローリンズ先生指導の下、これから演奏活動を始めようとしていたTBCブラスバンド（To Be Continued ＝未来へ続く、と言う意味）のみなさんでした。それがなんと、ヒップホップ系のスタイルの音楽を演奏するブラスバンド…でもそれは、かつてのジャズが持っていた、とてつもないエネルギーを持った強烈なパフォーマンスでした。

　教室に並べられた、私達からの贈呈楽器のとなりには、ボロボロの修理不能なほど壊れて使えなくなったスーザホンが7本も並んでいました。カーバー高校も

かつては名門校、多くの優秀なミュージシャンを輩出していたそうです。しかし、1980年代あたりから学校経費の削減で音楽教育などの予算が削減され続け、校舎自体も荒れ放題。広いスペースのトイレに30程並んだ便器はほとんどが壊れていて便座もなく、皆さん、どうやって用を足すのかしら、と不思議に思いました。こんな日本ではびっくり、でもアメリカでは当たり前…そんな高校で生徒

2006年　ローリンズ先生（中央）とジミー・スミスさん（左）
外山の右は先生との関係をつないでくれたレナード・スミスさん

達の音楽指導、生活指導をされている熱血漢ウィルバート・ローリンズ先生にお会いしたのです。その後もカーバー高校への楽器の寄贈は継続し、先生は私達の活動 "Horns For Guns" の考えに深く共感され、先生とはすっかり気心が通じ合い、日米のファミリーになったのです。

少年院でルイを教えた先生にも似たローリンズ先生

　先生のお話を少し紹介しましょう。「この学校の生徒たちの中には、靴下さえ買ってもらえない子がいます。でも、そのような子達がここで音楽をやっている子供達なのです。そしてそういう子ほど、素晴らしい演奏をするのです。あの子の父親は今日、刑務所から出てくるので、久しぶりに家族みんなで食事ができると嬉しそうですよ」

　先生は私達に、こうも言いました。「この子たちは外国どころか、アメリカのディズニーランドだって行ったこともない、それどころかこの街さえ出たことがないんです。」

　練習室でバンドの指導をしながら、先生が生徒たちにしたこんな話が永遠に忘れられません。「君たち、今日は日本から楽器を贈ってくれている日本の人たちが来てくださった。どこにあるか知ってるかい？地球の真裏だよ

2003年　カーバー高校に楽器を届ける　撮影：小泉良夫

2012 年 10 月　ニューオリンズの高校生たちと石巻ジュニア・ジャズ
の子供達　「石巻まちなか復興マルシェ」で共演　撮影：小泉良夫

…想像できるかい。君たちが
練習する、この部屋には天井
があるよね、でも天井の上には
空が広がっている…そして空の
向こうには世界が広がっている
んだ！君たちは、夢を見続けて
努力をすれば、日本にだって行
くことができるんだよ！」

　私達は2mに近い長身のロー
リンズ先生に、サッチモを少年
院で教えたピーター・デイビス先生を見た気がしました。このとき私達は、いつ
かこの子たちに日本を見せてあげたいな…そう思ったのを覚えています。

　サッチモの悪戯のように、その夢が 10 年後にかなって、前述のように 2012
年 10 月、彼らは成田空港にやってきたのです。東日本大震災後の子供達のジャ
ズ交流第 1 弾として日本を訪れたローリンズ先生のバンドは、ハリケーン後、一
時閉鎖となったカーバー高校から移り、先生が新しく教えはじめていたオーペ
リー・ウォーカー高校の "Chosen Ones Brass Band" という選抜された優秀
な子供達のバンドでした。ティピティナス財団からの選抜バンドと共に、石巻、
仙台、気仙沼をバスと新幹線で廻り、仙台市宮城野区民センターでは、やはり
ニューオリンズから楽器を贈られた被災地多賀城の小学生ジャズバンド、ブライ

ト・キッズとの共演コンサート
も実現しました。同じく仙台の
東北学院中・高等学校では、
前年までブライト・キッズにい
た千葉隆壱君がトランペットを
吹く、非常に洗練された同校の
ブラスバンドと、ジャズ×クラ
シックの対決！もありました。

2012 年 10 月　気仙沼の津波で陸に乗り上げた大型漁船「第 18 共
徳丸」のために演奏するニューオリンズの高校生達

浅草観光、国際交流基金、そして東京ディズニーランド

　そして日本訪問の終わり近く、彼らは東京にやってきました。浅草を観光し、毎年ニューオリンズからバンドを呼んでいる浅草おかみさん会の会長冨永照子さんのお店「十和田」に全員ご招待いただき、お箸を使っておいしいお蕎麦と天ぷらをご馳走になりました！！その日の夜は、国際交流基金が開催して下さったジャズ交流報告と懇親を兼ねた催しに、元国務大臣でジャズファンの石井一さんもご出席下さり、彼らは全員スマートに決まったおそろいのユニフォームで登場、早稲田大学ニューオルリンズジャズクラブの若者達との共演も実現しました。

　東京での彼らの滞在に私達が用意したのは、浦安にある素敵な雰囲気のホテル・エミオン東京ベイでした。是非彼らを東京ディズニーランドで１日過ごさせてあげたいと、主人のジャズとトランペットの師匠で (株) オリエンタルランド OB、かつて専務までされていた奥山康夫さんにお願いし、園内の‘ニューオリンズ広場’のすぐ隣、アドベンチャーランド・ステージで演奏の機会をいただきました。演奏後１日中、彼らは自分の国では行ったこともなかった“ディズニーランド”を満喫、もう旅の疲れも出てくたくたの状態なのに、閉園まで高校生たちもローリンズ先生もディズニーの夢と魔法の国を楽しんだのです！

　そして日本の最終日、ニューオリンズの高校生たちは、恵比寿のエビスビール記念館で時期を合わせて開催した、私たち主催の“第32回サッチモ祭”に出演、大喝采を浴びました。２週間前、彼らが日本に到着した翌日は、横濱ジャズプロムナードの初日。当時の横濱ジャズプロムナードの事務局長鶴岡博さん、柴田浩一さんのご厚意で、横浜みなとみらいのランドマーク・プラザの特設ステージで特別出演！ジャズ祭で始まりジャズ祭で終わった、高校生たちとローリンズ先生にとって、生涯忘れられない被災地支援日本ツアーとなりました！

悲しい現実

　日本への夢のような素晴らしいツアーを終え、ニューオリンズへ戻って間もなく「Chosen Ones Brass Band」の中の一人、リーダー格だったトランペットのジャスティン・ウォーカーは、銃による殺人容疑で逮捕され、今も35年の刑で刑務所に入っています。彼が本当に犯人かどうかはわかりません。ただし、真犯人を密

告すれば自分が殺されかねない、そんな事情もあると聞きます。結局、自分を犯人と認めれば35年、認めなければ終身刑と言う司法取引に応じたそうです。付き合っていた悪い仲間たちの一員としての行動だったように聞いています。

　最近、彼らと交流を続けている高田房子さんが、日本にやってきた「Chosen Ones Brass Band」の他のメンバーのその後を知らせてくれました。トランペッターのジェイロンはそろそろ大学を卒業、ローリンズ先生のようにバンド・ディレクターになるとのこと。スーザフォンのテランスはもう三人の子供のパパ。先生の話によると、彼は来日当時学校に通いながら、働いて家族の面倒を見て祖父の介護もしていたとか。もう一人のトランペッターは消息不明、あまり良い話は聞いていない。トロンボーンのジュリアスは小中学校でバンド指導。ドラムのメンバーの一人は麻薬で大学を中退、刑務所とホームレスを繰り返し一時は教会に住み込み、働いていたこともあったとか。当時、彼の片親の母が心臓発作で急に亡くなり、いろいろ辛かったこともあったのではとのことでした。

　ローリンズ先生の教え子には、銃で亡くなった生徒もいます。2005年のハリケーンの翌2006年、ニューオリンズへの義援金と支援の楽器を持ち、私達ツアーの一行がルイ・アームストロング空港に着くと、TBCブラスバンドが強烈なリズムで出迎えてくれました。空港で彼らに用意した1000ドルの小切手と手荷物で手分け

2006年8月　空港で渡された新品のサックスに涙を流したブランドン君

して運んできた楽器を贈ると、少年達の歓声が上がりました。早速ケースを開けて金ぴかのテナーサックスを見たブランドン君の目から涙があふれてきました。涙が恥ずかしくなりどこかに隠れてしまい、しばらくしてにこやかな笑顔で戻ってきたブランドン君のことを忘れることができません。その後、彼は演奏活動のかたわら、ローリンズ先生を慕って先生の音楽指導のアシスタントとなり、子供達から慕われる明るい好青年でした。しかし2009年、彼は元ガールフレンドの家の前で男に射殺されてしまったのです。ニューオリンズ、そし

てアメリカは全般にこのような状態なのです。私達が楽器を贈っていた別の先生、ジョナサン・ブルームさんの言葉を思い出します。「私が15年間教えた子供たちの中で、12人の子供たちが銃で亡くなっています」

小さい種の芽が出始めていた!!

楽器を贈りはじめて15年経った2009年暮れのことです。CNNニュースが感謝祭にちなみ"普通の人々が成し遂げた普通でない出来事"を世界から選んで表彰する『CNNヒーロー2009』で、ニューオリンズのスラムで無料音楽プログラム"ザ・ルーツ・オブ・ミュージック"のリーダー、デリック・タブさんが2位に入賞したことを知りました。デリックは

ニューオリンズのトランペット少年

ドラマーでリバース・ブラスバンドのリーダーでもあります。この団体"ルーツ"のスローガンがなんと"Horns For Guns"なんです。びっくりでした。日本からの楽器のプレゼントが、ついにニューオリンズで芽を出し、そして"銃に代えて楽器を"が世界に大きく発信されたのです。

そしてあたりを見まわしてみると、ニューオリンズにはスラムの子供達を麻薬や銃、非行から守ろうという無料音楽プログラムがいくつか出来てきているのを知りました。"Instruments A Coming —楽器がやってくる"はティピティナス財団が主催していました。"Trumpet Not Guns —銃ではなくトランペットを"というのもありました。それまで15年ほどの間に"銃に代えて楽器を"と続けてきたささやかな活動の種が、ついにニューオリンズで根を張り、芽を出しはじめたのです。"ヤッター!"と叫びたいところですが、スラムの黒人たちの置かれている現実は、まだ極めて厳しいと言わざるを得ません。

日本から"サッチモの孫達"に楽器を贈ることで、ニューオリンズの人々にサッチモのことを思い出してもらいたい…アメリカの銃と麻薬の問題にも一石を投じたい…同時にジャズ、ハリウッド映画など素敵なアメリカの文化に癒され、また経済、フルブライト留学、皿洗いから裸一貫のサクセス等々、アメリカにお世話になった

日本…日本のジャズファン達からの恩返しがしたい…そんな私達シルバー世代の、ジャズとサッチモにかけた夢をのせ、1994 年から続けてきた活動が 2009 年、15 年を経てついにニューオリンズの人々を立ち上がらせ、ついには世界の注目を集めたのだという思いでした。

ネバーエンディング・ストーリー

日本ルイ・アームストロング協会のロゴマークの入ったステッカー

数年前にサッチモ・サマーフェスト出演で、一人の若いソプラノ・サックス奏者が私達に声をかけてきました。「あなたたちは、ワンダフルワールドですか?」彼は若手サックス奏者としてプリザベーション・ホールからモダンジャズ系の世界でも活躍しているカルビン・ジョンソンでした。彼が小学生時代、貧しくて楽器が買えなかった頃にテナーサックスをもらったそうです。誰からもらったのかはわからなかったけど、その楽器のケースの内側にステッカーが

はられ〈WONDERFULL WORLD JAZZ FOUNDATION〉と書いてあったのを覚えていたのです。立派なプロ・ミュージシャンが日本からの楽器で育ったことを嬉しく思うと共に、そのとき彼が語った言葉に、私達の贈った楽器が果たす役割の重さにも気づかされた出来事でした。彼はこう言ったのです。

「私達のように、プアーに育って楽器などとても買えない…そんなとき楽器を手にできるか、出来ないか、それは大変な違いなんです」

ロゴ・ステッカーと一緒に寄贈楽器に貼ったステッカー
この楽器は日本のジャズファンからニューオリンズの子供たちへの贈り物
ニューオリンズとサッチモとアメリカが下さった「ジャズ」への感謝のしるし
What a wonderful world, Oh Yes!! ♪と書きました

　日本のジャズファンから贈られた古い楽器。浦安の小中学校からもらった廃棄楽器を、お世話になっている楽器代理店、(株) グローバルの福田忠道元社長へお願いし、同社のグローバル管楽器技術学院の生徒さんたちに再生してもらった楽器もありました。一度は壊れてしまった再生楽器でも、このように"その時"楽器を手にできて未来が開ける子もいるんだ!!　大変嬉しい発見でした。

トロンボーン・ショーティー、ホワイトハウスへ

2012 年　ホワイトハウスでオバマ大統領とトロンボーン・ショーティー（真ん中）

楽器をプレゼントされた子供の中には、大変な成功を手にし、スターとして活躍するトロンボーン・ショーティーもいます。彼はスラムの生まれ。3 歳の頃から、17 歳年上の兄、トランペッターのジェイムス・アンドリューと、バーボン・ストリートの路上で演奏を始めました。長い楽器トロンボーンが、吹いている本人よりも背が高くて'トロンボーンのチビ（ショーティー）'と呼ばれ、そのまま芸名になったのです。名前はトロンボーンですがトランペットも名人、ボーカルも担い今では大スターです！彼の中学時代、ショーティーから「良いトロンボーンが欲しい」と頼まれ新品のヤマハをプレゼント、翌年彼が芸術学校 NOCCA（ニューオーリンズ・センター・フォー・クリエイティブ・アーツ）に入学した年も、トランペットを 2 本贈呈しました。その後、彼は素晴らしい成長を遂げ、オバマ大統領時代の 2012 年 2 月、ホワイトハウスで開催されたブルース・イベント『 White House: Red, White, and Blues』に出演。なんと BB キング、ミック・ジャガー、バディー・ガイ、ジェフ・ベック等並み居るスターたちと共演するまでになりました。現在ショーティーは、子供たちを助ける"トロンボーン・ショーティー・ファウンデーション"を作り活動も始めています。

2001 年　中学時代のトロンボーン・ショーティーに楽器をプレゼント

トランペットは私の武器

　最近では、2020 年 7 月夏こんなニュースが世界に発信されました。

　〔ジャズの街で独自の銃廃絶運動…トランペットと交換します！！〕（日刊ゲンダイ 7 月 31 日より）

♪「ジャズ発祥の地として知られる米ニューオリンズは、銃犯罪に悩まされる街でもある。そんなニューオリンズで、一人のトランペッターが始めたユニークな銃廃絶運動の輪が少しずつ広がっている」このトランペッターは、シャマー・アレンさん。「ニューオリンズに住むすべての若者へ。私のところに銃を持ってきたら、トランペットを1本、進呈するよ。質問は一切しない」として銃とトランペットを交換する。「私にも9歳の息子がいるんだ」とアレンさん。警察とも交渉し、銃を持ってきても背景は捜査しないように話を付けた。シャマーさんは、SNSでトランペットの寄付を呼びかけ、クラウドファンディング「GoFundMe」に「トランペットは私の武器（銃交換プログラム）」というサイトを立ち上げ、トランペットの購入資金集めも始めた。♪

　サッチモが私達に運んでくれた"ネバーエンディング・ストーリー"は、まだ続いていることを感じます。

Chapter3　サッチモの天使に支えられ

　想い出してみると1994年、日本ルイ・アームストロング協会発足の頃から、私達はあたかもサッチモが天国から派遣してくれたような、"サッチモの天使"のような皆さんに守られて活動してきたような気がします。元空手チャンピオン、ケビン・スミスさん、ニューオリンズの高校でスラムの子供達に音楽を通して生活指導をしているウィルバート・ローリンズ先生。先生との最初の出会いの時からずっと見守ってくれて、温かい心のこもった記事を毎年書いてくださっている地元紙タイムス・ペキューンの天使のようなシーラ・シトラウプさん。彼女は私達とローリンズ先生の心の通い合いに感激、地元の新聞『タイムス・ペキューン紙』家庭欄トップのほぼ全面の記事を、20回近く書いて下さいました。地元の人気コラムニスト、シーラさんの記事が無かったら、日本とニューオリンズの親善がこのように広く知られることはなかったと思います。市議会議長のジャッキー・クラークソンさんもこの交流を温かく見守り、2008年ニューオリンズの'市の鍵'を贈って下さり、私達をジャズ大使として世界を廻った"サッチモ大使"になぞらえ"サッチモの大使"と呼んで下さったのです。こんな素晴らしい出会いをつないでくれたニューオリンズの元ガイド、美貴ローボックさん。ジャズ祭"サッチモ・サマーフェスト"の

ご関係者全員、そして、この章でお話をした"銃に代えて楽器を"、"ニューオリンズ支援"、"日米子供たちのジャズ交流"などにお力をくださり、お名前をご紹介させていただいた皆様…。その他数えきれないサッチモの天使のような皆様に支えられて、"サッチモの孫たちへ楽器を"の運動を25年間以上続けることができました。

さすがに私達も"かなりのシニア"となり、楽器の活動は継続できなくなり終了しましたが、日本ルイ・アームストロング協会会員、並びにご賛同いただいた多くの皆様のおかげで「サンクス・アメリカ」「サンクス・サッチモ」「サンクス・ニューオリンズ」のメッセージと共に、850本の楽器をニューオリンズの"サッチモの孫たち"の手に届けることができたのです。

サッチモとニューオリンズの伝道師

私達がニューオリンズで修業をしていた1971年、早大ニューオルリンズ・ジャズクラブの後輩が私達を訪ねてきました。NYの広告代理店で経験を積みに行く道中、先輩の私達を訪ねてきた山口義憲さん。2週間ほどニューオリンズに滞在し楽しい時間を共にしました。帰国後色々助けていただき、ルイ・アームストロング・ファウンデーション日本支部をやらないかとお誘いがあった時、山口さんは私達も住んでいた浦安の近くにお住まいで、地元のとんかつ屋さん「双葉」で多くのご助言をいただきました。

その際、サッチモの世界を、歌い、吹き、弾き、書き、映像を紹介し…と、サッチモとニューオリンズの"伝道師"夫婦を目指すべきですと、大変大切な忠告をいただいたのです。この言葉がきっかけとなって、『サッチモの協会を』とのニューオリンズからの提案をお引き受けすることになり会が発足。加えて山口さんは、会報を作るべきですと自ら編集長となり、年4回発行の会報をご担当くださいました。今回、この本の実現に関しても大きなご助言をいただいたことを感謝しております。(会報編集は山口さんが第1号から30号まで担当。途中、友永麻里子さんにご協力いただき、その後、故小泉良夫さん、主人とリレー、号を重ねて27年間で109号となりました。)

この私達のサッチモに捧げる協会は山口さんと共にこうして始まり、活動に注目

して下さった夕刊フジ（産経新聞社）重鎮、故小泉良夫さんと奥様の全身全霊を傾けて下さったサポート、また小泉さんの書かれた記事をご覧になり新聞社を訪ね、会に参加された元積水化学部長の奥村清文さんの強力なリーダーシップ。小泉さんは、後に会報『ワンダフルワールド通信』の編集でも、百人力で長年全力を尽くして下さいました！私達デキシーセインツの初代トロンボーン奏者で、経理をご担当くださった早大ニューオリ OB の税理士横田昭夫さん。皆さんに会の理事をお願いし、また小学生の時代から、大のジャズファンのお父様、協会会員渡辺理明さんの影響で私達主催のサッチモ祭に毎年来ていた渡辺研介さんと、私達の息子外山洋一にもボランティア・スタッフとして長年活躍してもらいました。加えて初代事務局をお願いした森久美代子さんから引きつぎ、23 年間事務局の仕事を大奮闘してご担当いただいている、ご近所浦安の住民でパソコンに精通されたスーパーシニア！細川ハテミさん。会報の印刷等は、地元浦安の印刷会社（株）アップスの関喜和さん、私の二人の弟、大和田浩、守にも手伝ってもらうという地元浦安と家族も加えた、ごく普通の 10 人程の仲間だけで、こうした色々な活動が長年続いてきました。（大和田守は、国立科学博物館で常に論文に接する仕事をしていて、この本全体の原稿校正で本当にお世話になりました！）

　そして、私の従妹の相馬威宜・浩子ご夫妻、バンドメンバーの奥様や、理事の奥様達、こんなファミリーで運営して続いてきた団体が、多くの会員の皆様、ジャズファン、メディア、会社のご協力をいただき、ネバーエンディングなストーリーをたどってこられたのです。特にデキシーセインツの歴代のメンバーの方々も、演奏、ジャズツアー、協会の活動等の多岐にわたって長年ご協力いただきました大切なファミリーです。

　ここに、私達のバンド「外山喜雄とデキシーセインツ」のメンバー各位への感謝の念を込めて、お名前をご紹介させていただきます。クラリネットの鈴木孝二さん、広津誠さん、後藤雅広さん、サックスの田辺信男さん、右近茂さん、トロンボーンの粉川忠範さん、松本耕司さん、ベースの藤崎羊一さん、古里純一さん、小林真人さん、田野重松さん、ドラムのジミー・スミスさん、サバオ渡辺さん、木村おうじ君、マイク・レズニコフさん、山本勇さん、中島由造さん、バイソン片山さ

ん……心より感謝しております。

　また、ジャズ界の伝説的存在で日本在住だったピアニスト、サー・チャールス・トンプソンさんと牧子夫人も、私達セインツの名誉メンバーとも言える程、ライブ、例会、そしてCDまで、活動を共にさせていただきました。

　この会をWJF会員として当初からご支援下さり、またモダンジャズ一辺倒だったジャズ界にあって、一貫してルイ・アームストロングの偉大さを発信し続けて下さったジャズ評論界の重鎮、瀬川昌久先生には、70回近くも開催した例会コンサートの監修も含めて大変お世話になり、心よりの感謝とお礼を申し上げます。

　また、東京九段ライオンズクラブは発足時の室橋様のご厚意による楽器の支援以来、代々の会長様並びにWJF会員松村善一・世枝ご夫妻に四半世紀以上にわたり現在まで、長年の暖かいご支援をいただいております。

　私たち主催のニューオリンズ・ツアーも気が付いたら24回も開催。このジャズ祭ツアーでは多くの方々がリピーターとなり核を作っていただきました。最初ツアーを担当して下さった故鈴木芳郎さんは"ニューオリ"の後輩でした。その後、日通旅行の太田康治さんが長年ご担当されました。

　また、ツアーご参加全員の'ドクター役'もかねて15回もご参加、毎年のツアーの長老、そして『核』になっていただいた中村宏防衛医大名誉教授と美代子夫人。そしてツアーご参加回数では中村先生を上回る磯野博子さん。司会者でジャズ評論家としても有名な故いソノテルヲさんのご夫人で、初期のツアーにはいソノ先生もご参加、サッチモを心から愛していらっしゃったいソノ先生には、本当にこの本を見ていただきたかったと思います。中村先生と奥様、磯野さん、お三方は大歌手ヘレン・メリルさんと親友の間柄で、毎年のNYツアーでは、サッチモの大コレクターで元日本レコード協会会長佐藤修さん（現日本ジャズ音楽協会理事長）と奥様の美智子さん、元国務大臣石井一さん（現日本ジャズ音楽協会会長）もご参加され、ヘレンさんとの親しい交流も生まれました。この皆様と私達は、ヘレン・メリルさんから"ザ・ギャング"…いい仲間たち、の呼び名もいただきました！

　この中村先生ご夫妻を中心とした、"ザ・ギャング"のサッチモの故郷での楽

2018年　トロンボーンの故ルシアン・バーバリンと　サッチモ・サマーフェスト　© Satchmo SummerFest

しい会話の中から、"日本のジャズ振興に貢献のあったジャズマンたちを表彰しよう" という夢が盛り上がり、その夢は、お父上が1953年にジャズグループJATPを日本に招聘し、ご自身も大のジャズファンの石井一さんと佐藤修さん（元日本レコード協会会長）のご奮闘で、2017年に発足した〔日本ジャズ音楽協会〕として実現を見ました。発足から数年ですでに70名近いジャズミュージシャン、ジャズ関係者を表彰、これもサッチモに導かれて起きたことかもしれません。

　ニューオリンズの旅では、ニューオリンズ・ジャズ博物館の館長で、初代ジャズ王バディー・ボールデンの世界的研究家ドン・マルキさん、そして'サッチモの誕生日が間違っていたことを発見' した故タッド・ジョーンズさんにも一緒のバスに乗っていただき、サッチモゆかりの場所を訪れるツアーも開催しました。また、50年前の武者修行時代、可愛く強烈にスイングする子供バンド「フェアビュー・バプチスト・チャーチ・バンド」のスター・ドラマーだった、ルシアン・バーバリンは、後にトロンボーンに転向、ニューオリンズ一番の奏者になりました。夏のサッチモ・サマーフェストでは、ルシアンと主人、外山喜雄のボーカルの掛け合い「ロッキン・チェアー」が、ジャズ祭の呼び物に！また、同じく50年前、9歳の名ドラマーで、私達が親代わりのようにして面倒を見た少年、一緒に演奏もしていたシャノン・パウ

2012年　ルシアンとジャパニーズ・サッチモの名コンビ「ロッキン・チェアー」

エルのバンドを 2014 年に日本へ呼び、"民音
のサッチモ"の異名をとる松尾勇人さんの企
画による日本全国ツアーを、私達との共演で
実現させていただく事もできました。

長年、楽器贈呈をかねたニューオリンズ・ツ
アーを皆様と重ねさせていただき、気が付いて
見たら私達のサッチモ・サマーフェスト出演は、
2003 年に初めて呼んでいただいてから 15 年連
続となり、主人外山喜雄はニューオリンズで知
らない人のいない"サッチモ・オブ・ジャパン"
と呼ばれるようになっていました。2018 年のサッ

1972 年　少年ドラマー、シャノン・パウエル（当
時 10 歳）　撮影：外山恵子

チモ・サマーフェスト、私達のステージの直前、ジャズ祭のスタッフの皆さんが壇
上に上がってこられ、外山喜雄にトランペットの朝顔をかたどったトロフィーを授与
され驚きました。"スピリット・オブ・サッチモ"生涯功労賞の表彰を長年の活動
に対してくださったのです。このニュースは、AP 通信社から世界に発信され、日
本でも大きく伝えられました。また同じ年には、文部科学大臣表彰もいただき感
激しております。こうした表彰は、この長いストーリーに参加して下さった、すべ
ての皆様と頂いた栄誉だと思っております。

　永い永い間、私達を応援し続けて下さっている日本ルイ・アームストロング協会
の会員並びに、ジャズファン、友人、ご賛同者、ジャズ仲間…の皆様へ、改めて
この紙面をお借りして、心よりの感謝と、心よりのお礼を申し上げます。

私達とサッチモの半世紀

　この半世紀をふりかえってみると、私たちのこれまでの人生は、大冒険の旅だっ
たように思います。社会へ出てまもなく、会社を辞めて移民船ぶらじる丸でニュー
オリンズへ。これが無謀な冒険の始まりでした。道なき道を進み、崖から落ちそ
うになりながらも、物語が想定外にどんどん展開していったネバーエンディング・
ストーリーの 55 年でした。素晴らしい人々との出会いが、次の物語へつないで発

展していきました。どれだけ多くの方達から善意のハートと感動をいただいたことでしょうか。

　今までの長い道のりを振り返ったとき、ニューオリンズジャズ武者修業の5年間の体験が、私たちの全ての原点となり、そして"サッチモ"に導かれた55年であったような気がします。

　2020年5月、黒人のジョージ・フロイドさんが、白人の警察官に首を圧迫されて死亡した事件をきっかけに、人種差別に抗議する〔Black Lives Matter〕がアメリカ全土、又世界各地でも広がりました。このような抗議運動はそれまで何度も何度も繰り返されていますが、この問題は奴隷解放以後も、絶対に解決することのないアフリカ系アメリカ人の宿命的なものと感じています。25年間、ニューオリンズの恵まれない子供たちにと続けてきた"銃に代えて楽器を"の活動を通して、私たちは、50年前の5年間のジャズ武者修業時代にはほとんど見えなかった、ニューオリンズの悲しい実情を知ることができました。そして支援してきたスラムの子供達や、カーバー高校、オーペリー・ウォーカー高校の生徒たちの環境と実情は、サッチモの生まれ育った約120年前と根本的にはあまり変わっていないのではないでしょうか。

　サッチモはイエス・キリストが馬小屋でお生まれになったように、スラムの真っ只中で生まれ、天与の音楽の才能、天与の人間の才能を自力で育て、学び、鍛えあげました。小学校5年生までの学校教育しか受けていないサッチモが、アメリカの文化を代表する音楽、ジャズを創造し、アメリカのみならず世界中に大きな影響を与え、亡くなるまで大スターであり続けたのです。でもその大スター、サッチモの歩んできた栄光の道の裏に、そして、あの輝けるトランペットの音、素敵な歌声とあの笑顔の裏には、どれだけ人種差別の耐え難い苦悩、困難、悲しみがあったことでしょう。私はそのサッチモの音楽、トランペット、そしてボーカルとサッチモの人間に魅せられ、この55年やってきました。もしサッチモとの巡り合いがなかったら、ニューオリンズにも行っていなかったかもしれません。また、プロとして演奏活動もしていなかったのかもしれません。何をやるにも、私たちの前には常にルイ・アームストロングという道しるべがありました。だから迷うことなく、

今までやってこられたのだと思います。

　私は、今でもサッチモを聴く時、時々涙がこぼれてしまいます。それは、サッチモがまるで神に向かって吹いているような、サッチモの魂、叫び、スピリットが伝わってくるからです。また人々に語りかけるように歌うボーカルにも、サッチモの人間性と大きなメッセージを感じます。
　ルイ・アームストロングの「ワット・ア・ワンダフルワールド」が今の時代もなお人々の心を打つのは、まさにサッチモの歌の説得力にあると思います。この曲は、確かに歌詞もメロディーも素敵なのですが、はたしてこの曲を別のどなたかが歌っていたとしたら、こんなにヒットしたとは私には思えません。

　サッチモに巡り合えたことを、神様に心より感謝いたします。
　そして"サッチモとの巡り合い"のきっかけを作ってくれた、主人"外山喜雄"との巡り合いを神様に心から感謝いたします。

" What a Wonderful World !! "

私の"サッチモ"との
そして"ジャパニーズ・サッチモ"
との 55 年でした。

2014 年　サッチモ・サマーフェストで演奏するデキシー・セインツ
トロンボーンはルシアン・バーバリン

♪ ルイ・アームストロング 年表 ♪

〔年〕〔ルイ・アームストロング誕生以前の JAZZ 状況〕

1718　フランス人によってニューオリンズの街が作られ、
　　　ヌーベル・オルレアンと命名される

1720　最初の黒人奴隷がニューオリンズに荷揚げされる

1762　ニューオリンズ、秘密条約によりスペイン領となる

1776　アメリカ独立宣言

1803　ルイジアナ買収によりアメリカ合衆国の領土となる

1865　南北戦争終結と奴隷解放

1877　初代ジャズ王、バディ・ボールデン生まれる

年	ルイ・アームストロング年表
1901	ルイ・アームストロング生まれる
1913	1912年大晦日に銃を発砲し逮捕される 少年院でコルネットを始める
1914	少年院を出所、廃品回収や石炭売り新聞売り等をしながら 音楽への道を進む
1918	キング・オリバーの後釜としてキッド・オリー楽団の メンバーに抜擢
1919	リバーボートの楽団に参加 ミシシッピー河流域の港で演奏
1922	キング・オリバー楽団参加のためシカゴへ
1923	キング・オリバー楽団の第2コルネット奏者として初レコーディング
1924	2月、リル・ハーデンと結婚 9月、NYのフレッチャー・ヘンダーソン楽団に参加 斬新なスイング感がセンセーションを巻き起こす

1879　バンク・ジョンソン ／ 1885　キング・オリバー ／ 1886　キッド・オリー

　　　生まれる

　　　黒人ブラスバンドの結成が相次ぎ葬式の行進の風習が一般化してくる

1890　ジェリー・ロール・モートン生まれる

　　　スーザ、多くの行進曲を作曲（マーチ・ブーム）

1898　ニューオリンズの紅灯街ストーリービル盛んになる

1899　スコット・ジョップリン、最初のラグタイム曲「メイプル・リーフ・ラグ」出版

1900　ニューオリンズにラグタイム・ブームがおとずれ、

　　　白人も黒人も競ってラグタイムを演奏

年	社会状況＆ミュージシャン
1902	初代ジャズ王バディ・ボールデン人気を博す
1907	バディ・ボールデン、精神病院へ収容
1914	W.C. ハンディ「セントルイス・ブルース」など相次いで発表
1917	アメリカ、第一次世界大戦に参戦
	紅灯街ストーリービル閉鎖される
1918	キング・オリバー、シカゴに進出
	スペイン風邪が世界を襲う
1919	キッド・オリー、ロスへ移住
1920	禁酒法発令、米ラジオ放送開始
1922	スコット・フィッツジェラルド　『ジャズ・エイジの物語』出版
1924	ジョージ・ガーシュイン「ラプソディー・イン・ブルー」初演
	ビックス・バイダーベック初吹込み
	NY 株式ブーム

年	ルイ・アームストロング年表
1925	11月、シカゴに戻り「ドリームランド・シンコペータズ」で演奏
	Okeh レコードと契約
	ホットファイブのレコーディングを開始
	12月、アースキン・テイトの楽団でもダブル出演
1926	2月、世界初のスキャット・ボーカル
	「ヒービー・ジービーズ」誕生、大ヒット
	数々のホットファイブの名作誕生
1927	ホットセブンでの録音開始
	天才的ピアニスト、アール・ハインズと録音
	楽器をコルネットからトランペットへ
1928	シカゴでキャロル・ディッカーソン楽団と活躍
	6月、不朽の名作「ウェスト・エンド・ブルース」録音
1929	NYへ進出
1930	7月からロスのセバスチャンズ・コットンクラブに出演
	ライオネル・ハンプトンと共演
1931	ニューオリンズに約10年ぶりの里帰り
	サバーバン・ガーデンに3か月出演
	熱狂的歓迎を受ける
1932	再びカリフォルニアで演奏
	7月、ロンドン最高の劇場「パラディアム」と契約
	初の英国演奏旅行
	英国音楽誌記者から〈サッチモ〉の愛称
	Okeh レコードからビクターに移籍
1933	7月、再度ヨーロッパへ　35年1月まで滞在
1934	4〜11月までパリに長期滞在、レコーディング
	度々、唇のトラブルに見舞われる

年	社会状況&ミュージシャン
1925	D・エリントン、コンボ編成で録音
	シカゴジャズの黄金期始まる
	日本のラジオ放送始まる
1926	ジェリー・ロール・モートンとレッド・ホット・ペッパーズ、
	シカゴで録音開始
1927	リンドバーグ大西洋無着陸横断飛行
	トーキー映画『ジャズ・シンガー』NY で公開
1929	ジャズ・バンドの編成が徐々に大型化
	ビッグ・バンド時代の先駆けとなった
	D・エリントン、F・ヘンダーソン等の楽団が本格的活動を始める
	10 月、ウォール街株価大暴落
	世界大恐慌へ
1931	ビング・クロスビー、ソロ活動を始める
1932	バンク・ジョンソン音楽界を退く
1933	ルーズベルト大統領就任
	フレディ・ケパード死去

年	ルイ・アームストロング年表
1935	1月、NYへ帰るも唇のトラブルに悩まされる
	一生の友となるジョー・グレイザーがマネージャーになり、夏にカムバック
	デッカの専属となり録音再開
1936	初のハリウッド映画出演、ビング・クロスビーと共演
	初の自叙伝『スイング・ザット・ミュージック』出版
	デッカでハワイアンの曲も録音
1938	デッカで精力的に録音『聖者の行進』初吹込み
	毎年のハリウッド映画出演が続く
	31年以来別居していたリルと離婚
	アルファー・スミスと結婚
	映画『ゴーイン・プレーセズ』好評
1940	シドニー・ベシェとニューオリンズ・スタイルの録音
1942	10月、生涯の伴侶となるルシール夫人と結婚
1943	ルイのツアー中、ルシールはNY郊外のコロナに
〜44	現在の「サッチモハウス博物館」となる家を購入
	エスクワイヤー誌の人気投票、トランペット、ボーカル部門1位、
	ハリウッド映画出演と活躍するが、30年代終わり〜40年代半ば
	スイング・ブームの陰に隠れる
1945	ジャズ・ファウンデーション主催コンサートに出演
	バンク・ジョンソンと共演
1946	映画『ニューオリンズ』公開
	ニューオリンズ・ジャズへの興味が高まる
	ビッグバンド・スタイルからデキシーランド・スタイルの楽器編成へシフト

年	社会状況&ミュージシャン
1935	ベニー・グッドマン楽団の大ヒット
	スイング時代幕開け
1936	オリジナル・デキシーランド・ジャズ・バンド、
	リバイバルのレコードを吹込む
	日本で2.26事件
1937	カウント・ベイシー楽団初レコーディング
1938	キング・オリバー、失意の中で死去
	ジェリー・ロール・モートン、国会図書館のためにジャズの歴史を解説、
	録音
1939	『ジャズメン』出版
	ジャズの歴史への関心が高まる
	第二次世界大戦開戦
	チャーリー・パーカー、NYに進出
	グレン・ミラー楽団大ヒット
	D・エリントン「A列車で行こう」ヒット
1940	ルー・ワターズのヤーバ・ブエナ・ジャズ・バンド、
	サンフランシスコで活動を始める
	デッカ、一連のニューオリンズ・ジャズのリバイバル録音を企画
1941	ジェリー・ロール・モートン死去
	真珠湾攻撃、日米開戦
1943	ビー・バップが流行の兆し
1944	キッド・オリー楽団、カムバック
1945	第二次世界大戦終結
1946	日本国憲法公布

年	ルイ・アームストロング年表
1947	ルイ・アームストロング・オールスターズ誕生 伝説的名演となる5月の『NYタウンホール』、 11月『ボストン・シンフォニーホール』等ホットファイブ、セブン時代 以来20年ぶりとなるデキシーランド編成での活躍を始める
1948	オールスターズ世界初のジャズ祭、ニースジャズ祭出演
1949	ズールーの王様に！ニューオリンズをパレード 似顔絵がタイム誌の表紙となる デッカから「ブルーベリー・ヒル」等ヒット テレビ出演も開始
1953	映画『グレン・ミラー物語』大ヒット 12月、朝鮮戦争の軍隊慰問をかねて初来日
1954	7月、コロムビアに移籍 名プロデューサー、ジョージ・アバキアンとのコンビ 「プレイズ・W.C. ハンディ」「プレイズ・ファッツ・ワーラー」（55年） など名作誕生
1955 〜56	自叙伝『Satchmo-My Life in New Orleans』出版 ヨーロッパとアフリカを楽旅 CBS テレビ『Satchmo The Great』制作 アフリカのガーナ訪問 レナード・バーンスタイン指揮 NY フィルと共演 映画『上流社会』出演、エラ＆ルイ（Verve）録音
1957	デッカへ移籍『サッチモ音楽自叙伝』録音 「アイゼンハワー大統領は腰抜け」発言で大騒ぎ
1958	映画『真夏の夜のジャズ』出演 第1回モントレージャズ祭出演
1959	イタリアで初めての心臓発作、一週間で復帰

年	社会状況&ミュージシャン
1947	マイルス・デイビス、チャーリー・パーカーのコンボに参加
	ビー・バップ全盛
	バンク・ジョンソン、往年のラグタイムソング等を録音
1948	テレビ放送がポピュラーに
1949	マイルス・デイビスのクールジャズ登場
	バンク・ジョンソン死去
1950	朝鮮戦争勃発
1953	ハードバップ、ファンキージャズ
	ソール・ジャズ（1952～60年代）
	朝鮮戦争終結
	NHKテレビ放送開始
1954	米最高裁、公立学校での人種分離教育に違憲判決
1956	クリフォード・ブラウン死去
	エルビス・プレスリー大ヒット
	アラバマ州モンゴメリーで人種差別反対バスボイコット闘争
1958	野外ジャズ祭が盛んになる
	映画『死刑台のエレベーター』
1959	アート・ブレイキー『危険な関係』出演
	フリー・ジャズ登場

年	ルイ・アームストロング年表
1961	D・エリントン、D・ブルーベック等と共演、録音
1963	4月、2度目の来日、11回のコンサートを行う
1964	『ハロー・ドーリー』世界的大ヒット
	12月、再々来日
1967	「ワット・ア・ワンダフル・ワールド」を録音
	英国でヒット
1968	『ディズニー・ソングス・ザ・サッチモ・ウェイ』録音
	英国のコンサート出演後、重い病気にかかり入院
1969	4月まで入院
	生涯のマネージャー、ジョー・グレイザー死去
	体調不良の中、英国で『女王陛下の007』主題歌録音
	映画『ハロー・ドーリー』にも出演
1970	生誕70年記念のイベントが並ぶ
	5月、70歳記念アルバム『ルイ・アームストロング・アンド・ヒズ・フレンズ』録音。
	ナッシュビル・リズム・セクションとカントリーソング12曲も録音
1971	3月までテレビ出演、ホテルのショーにも出演後
	心臓発作で重体に
	5月に回復するが7月6日朝、NYの自宅で死去

〔年〕〔ルイ・アームストロング没後〕

1987 映画『グッドモーニング、ベトナム』の挿入歌として「ワット・ア・ワンダフル・ワールド」不滅の世界的ヒットとなる

1988 ジャズ研究家タッド・ジョーンズ、サッチモの誕生日が1901年8月4日だったことを教会の記録から発見

2000 サッチモ生誕100年を祝う数々のイベントが始まり、サッチモとニューオリンズ、そしてジャズの伝説へ関心が高まる。ケン・バーンズのジャズTV放映

年	社会状況&ミュージシャン
1961	ジョン・コルトレーン活躍
	アート・ブレイキー初来日
	プリザベーション・ホール、オープン
1963	ワシントンで人種差別反対自由行進
	ケネディ大統領暗殺
	ニューオリンズ・ジャズ、ジョージルイス来日
	有名ジャズマンの初来日が続く
1964	ベトナム戦争激化
	東京オリンピック
1967	ジョン・コルトレーン急死
1968	7月、キング牧師暗殺
	ジョージ・ルイス死去
	ジャズとロックの結合、エレクトリック・ジャズの実験
1969	7月、アポロ11号、人類初の月面着陸
	ウッドストック・フェスティバル（ロック）開催
1970	大阪万博
1971	ニクソン・ショック起こる
	ジャズ界でフュージョンがブーム
	ジョン・レノンのイマジン、ヒット

2001　生誕100年　サッチモ・サマーフェスト・ジャズ祭スタート
　　　ニューオリンズ国際空港が、ルイ・アームストロング・ニューオリンズ国際空港
　　　と命名される
2003　10月、サッチモ自宅が「ルイ・アームストロング・ハウス博物館」として開館
2021　生誕120年　没後50年

外山喜雄（トランペット、ボーカル）

　昭和19年生まれ。ジャズの王様ルイ・アームストロングの世界的研究者で"日本のサッチモ"と呼ばれている。中学時代サッチモのトランペットに魅了、自己流で楽器を始める。早稲田大学高等学院のブラスバンド時代、先輩の影響でジャズの歴史に興味を持ち、早稲田大学へ進学しニューオルリンズジャズクラブに入部。TBSラジオ番組『大学対抗バンド合戦』で、ルイ・アームストロング HOT5 の「バーベキュー料理で踊ろうよ」を演奏し優勝。同クラブで出会った大和田恵子 (p,bj) と卒業後結婚。

　一度損保に就職するも、学生時代に来日したルイ・アームストロングやジョージ・ルイス、デューク・エリントン他、ジャズの巨人たちとジャズの故郷への憧れを抑えきれず退職。1967年、夫婦でニューオリンズへジャズ武者修行に出かける。以後、通算5年に渡り"ジャズの故郷"でジャズを学び、1年間英国のバリー・マーチン楽団に加入、欧米各地を演奏旅行する。1973年に帰国後、「外山喜雄とデキシーセインツ」の演奏活動を中心に、随筆、ジャズ評論等の執筆活動も行っている。1983年から23年間、東京ディズニーランドの人気グループとしても活躍、海外ツアー公演は25回を超える。1994年、サッチモとニューオリンズの魅力伝道のため「日本ルイ・アームストロング協会」をスタート。

　〔銃に代えて楽器を〕のメッセージと共に850点を超える楽器をニューオリンズへ贈る。東日本大震災の際はニューオリンズから楽器が贈られた。その後、両国の子供たちのジャズ交流と相互訪問を実現。

　夫婦でニューオリンズ市名誉市民、市の鍵も授与。2005年外務大臣表彰、2012年国家戦略大臣感謝状（夫婦連名）、2017年第一回ジャズ大賞、2018年1月に文部科学大臣表彰。同年8月は、米ニューオリンズのジャズ祭で日本人初の生涯功労賞サッチモ・アワードを受賞。2019年4月にも、ミュージック・ペンクラブ音楽賞特別賞を夫婦で受賞している。

　訳書に『独断と偏見のジャズ史』（スウィングジャーナル社）、著書に『聖者が街にやってくる』（冬樹社）、外山喜雄・恵子共著『ニューオリンズ行進曲』、写真集『聖地ニューオリンズ聖者ルイ・アームストロング』（冬青社）等。CDも日本及び、米 Jazzology 社、amazon music unlimited から多数出ている。

外山恵子（ピアノ、バンジョー）

　雙葉中学時代にクラシックピアノを始める。幼少より美術と音楽に興味を持つ。都立立川高校、兵庫県立西宮高校から早稲田大学文学部へ進み美術史を専修。ジャズピアノに興味を持ち、立川高校の先輩が所属していた早大ニューオルリンズジャズクラブへ入部。ジョージ・ルイス、バンク・ジョンソン他ニューオリンズ・スタイルのグループで活躍、TBS『大学対抗バンド合戦』でも入賞する。外山喜雄と出会い意気投合、来日ジャズマンのコンサート・ラッシュを体験。卒業後外山喜雄と結婚、ニューオリンズへ行く意思を固めバンジョーをマスターする。1967年12月30日、夫婦でブラジル移民船に乗り込み、ジャズ武者修行に出かける。以後の経歴、受賞歴、共著著書等は外山喜雄と同じ。2020年、日本ジャズ音楽協会名誉会長賞を衆議院議長大島理森氏から授与。

　現在、ニューオリンズ、デキシーランドジャズ、スイングジャズ等のオールド・ジャズに生きる"ジャズ夫婦"として半世紀を超える活動を継続中。

写真撮影：赤堀佳代（「浦安に住みたい！」編集室）

♪ 日本ルイ・アームストロング協会（WJF）26 年間の活動日記 ♪

例会開催：日本で唯一に近いジャズ映画 16mm フィルム・コレクションを活用し、映像、トーク、スペシャル・ゲストも加えた演奏で、世界的に見ても画期的なシリーズ・コンサート等、69 回の例会を開催。

『ジャズ映画とトークと演奏で楽しむサッチモの世界』（5 回シリーズ）

『若き日のサッチモと 1920 年代のジャズ』

『サッチモ・ワンダフル・オン・フィルム』（5 回シリーズ）

『サッチモ生誕 100 年』（2 回シリーズ）

『サッチモ生誕 100 年、ジャズ創世期への旅』（5 回シリーズ）

『文化庁芸術祭参加　ジャズ創世期の旅　総集編』ヤマハホール

『サッチモとたどるジャズの歴史』5 回シリーズ

      1 －少年サッチモが聴いたジャズ（1901 ～ 1923 ）

      2 －サッチモの黄金時代（1923 ～ 1928）

      3 －サッチモの黄金時代（1929 ～ 1934）

      4 －スイング・ザット・ミュージック（1935 ～ 1945）

      5 －デキシーランドジャズ・リバイバルとサッチモ大使

『ジャズレコード 100 年記念 3 回シリーズ』

      1 －ラグタイムから「JASS」誕生まで

      2 －サッチモ「この素晴らしき世界」から 50 年

      3 －サッチモの「ジャズ事始め」

『サッチモとポピュラーミュージックの世界』

『世界を廻った音楽大使サッチモ』

『ジャズの源流をたどる旅』紀尾井ホール主催・2 回シリーズ

      1 －ニューオリンズ・ジャズと素晴らしきサッチモの世界

      2 －ビッグバンドの時代「スイングしなけりゃ意味ないね」

サッチモ祭：1981 年〜 2014 年

　　　　　　毎年夏 東京ニューオリンズ・ジャズ・フェスティバルとして 34 回開催

海外ジャズツアー：ロス・クラシック・ジャズ祭とニューオリンズの旅

　　　　　　　　ニューオリンズ・サッチモサマーフェストと NY「サッチモ心の旅」

　　　　　　　　他 26 回催行

寄付：ハリケーン・カトリーナ復興支援 1300 万円

　　　　NY ルイ・アームストロング・ハウス博物館開館支援 100 万円

　　　　ニューオリンズ・ジャズ博物館ハリケーンから再開のための寄付 105 万円

サッチモの孫たちへ楽器：26 年間で "銃に代えて楽器を" 850 点を贈る

日米青少年交流：2012 年ニューオリンズの少年たち　東北被災地を慰問

　　　　　　　　2013 年気仙沼スウィング・ドルフィンズ　ニューオリンズを訪問

　　　　　　　〔主催〕日本ルイ・アームストロング協会、アメリカ大使館、

　　　　　　　　　　国際交流基金、ティピティナス財団

　　　　　　　〔協力〕宮城音楽支援ネットワーク

会報発行：日本ルイ・アームストロング協会の会報は 2021 年 7 月時点で 109 号になる

Louis Armstrong　ルイ・アームストロング
生誕 120 年　没 50 年に捧ぐ

著者：外山喜雄
　　　外山恵子

2021 年 7 月 6 日　第 1 刷印刷
2021 年 8 月 4 日　第 1 刷発行

デザイン：白岩砂紀

発行者：岡野惠子
発行所：株式会社 冬青社
〒 325-0103　栃木県那須塩原市青木 27-1969
Tel. 0287-74-2165　Fax. 0287-74-5067
tosei-sha@nifty.com
印刷・製本：矢沢印刷株式会社

© Toyama Yoshio / Toyama Keiko　Printed in Japan
ISBN 978-4-88773-200-1　C0070
価格はカバーに表示してあります。落丁・乱丁本はお取り替えいたします。

Louis Armstrong
Satchmo's Spirit Lives on Forever

Author: Toyama Yoshio / Toyama Keiko

First Edition Printed: July 6, 2021
First Edition Published: August 4, 2021

Designer: Shiraiwa Saki

Publisher: Okano Keiko
Publishing Company: TOSEI-SHA Publishing Co., Ltd.
27-1969 Aoki, Nasushiobara City, Tochigi
zip code: 325-0103
Tel.:+81-(0)287-74-2165　Fax.:+81-(0)287-74-5067
tosei-sha@nifty.com

Printed and Bound:　Yazawa Printing Co. Ltd.

© Toyama Yoshio / Toyama Keiko　2021　Printed in Japan
ISBN 978-4-88773-200-1 C0070